[房地产经营管理丛书]

房地产投资分析

(修订第三版) ◎ 俞明轩 / 编著

FANGDICHAN

首都经济贸易大学出版社
Capital University of Economics and Business Press
·北京·

第三版修订说明

房地产的保值增值性从本质上决定了房地产的投资属性，然而，房地产不仅是投资品，同时还是消费品，更在有些情况下是保障品，因此，房地产投资相对其他资产投资会更多地受到政策调控，同时也是社会各方面都非常关注的问题。

本书自出版以来，得到业内同行及热心读者的关心和鼓励。广大读者与作者之间的交流使作者颇受启发并受益良多，促使作者从货币政策、税收政策、土地政策等角度多视角地认识、分析和阐述房地产投资。投资环境的改善、政策法规的变动、读者朋友的提问，是本书修订的原因，也是本书修订的动力。

本次修订更新了房地产投资数据和房地产投资政策，调整了房地产租价比内容，充实了房地产投资税费内容，丰富了房地产投资可行性案例，还精炼了部分表述与示例。通过本次修订，丰富了内容结构，更新了数据信息，使本书用语更准确，资料更新颖，实用性更强。

在本书修订过程中，王琼、王菡珏、高丹、周亚楠、段瑞珍、张佳、陈亮、谷雨、陈静婷、李一鸣等在提供信息、收集资料、制作图表等方面付出了大量精力，对他们的支持与参与表示谢意。本书第十三章“房地产可行性研究案例”由刘青扬撰写初稿。十分感谢孟岩岭编辑一丝不苟、认真负责的敬业精神，使本书减少了许多瑕疵。同时，在此向所有对完成本书修订给予各种帮助和支持的前辈、同事和朋友表示衷心的感谢！特别要提到的是，房地产投资分析领域已取得的研究成果为本书的修订提供了宝贵的养分。

房地产投资为中国的经济发展和城乡面貌的改善以及人们的安居乐业作出了不可或缺且不可忽视的突出贡献，未来，房地产投资在中国社会经济发展和城镇化过程中仍然大有作为。房地产投资分析是一个充满朝气的学科，还处在发展和完善的过程中，在这一领域有许多问题值得进一步研究和探讨,特别是其研究对象和研究边界。由于作者学识有限,书中不妥之处,需要在不断的探索和思考中充实和完善,需要在不断的实践中创新思路和寻找对策,恳请广大读者继续给予关心和指正。

作　者
2011 年 12 月 28 日

目 录

房地产投资分析

CONENTS

DI YI ZHANG 第一章 绪论

第一节 房地产的概念

一、房地产

房地产是土地和地上建筑物及其衍生的权利的总称,是实物、权益和区位三者的结合体。实物是房地产的物质实体部分,包括建筑物的结构、设备、外观和土地的形状及基础设施完备状况等。权益是指由房地产实物所产生的权利和收益,房地产交易不仅仅是实物交易,更重要的是权益交易,因此,房地产登记在房地产交易过程中具有特别重要的地位。房地产产权包括所有权、使用权、租赁权、典权和地役权等。区位是房地产实体在空间和距离上的关系,除了地理坐标位置,还包括可及性。房地产的位置具有固定性,因此,区位对房地产价值的影响是特别重要的。

对于房地产的分类有不同的划分标准,如果按经营使用方式来划分,可以分为出售型房地产、出租型房地产、营业型房地产和自用型房地产。如果按照其是否产生收益,可以划分为收益型房地产和非收益型房地产。如果按照用途来划分,可以分为以下几类:

第一,商业房地产:包括商业店铺、购物中心、百货商场、酒楼、餐馆、游乐场、饭店、酒店、宾馆、旅店等。

第二,办公房地产:包括商务办公楼、政务办公楼等。

第三,居住房地产:包括普通住宅、公寓、别墅等。

第四,工业和仓储房地产:包括工业厂房、仓库等。

第五,农业房地产:包括农场、牧场、果园、观光农业基地等。

第六，特殊房地产：包括车站、机场、学校、医院、教堂、寺庙等。

第七，综合房地产：指具有两种或两种以上用途的房地产。

对于以上的分类，还可以进一步细分。比如，普通住宅可分为生态住宅和非生态住宅；公寓可分为普通公寓、高级公寓、青年公寓、学生公寓和酒店式公寓等。

二、土地与土地使用权

(一)土地

土地一般是指地球表层的陆地部分，包括内陆水域和滩涂。如果广义地看，土地是指陆地及其空间的全部环境因素，是由土壤、气候、地质、地貌、生物和水文地质等因素构成的自然综合体。土地具有两重性，因为它不仅是资源，也是资产。尤其是城市土地，是人类改造自然、经过加工的改良物，凝结了人类大量的物化劳动，投入了各种基础设施，它是由人类开发和再开发形成的。土地的供给可以分为土地的自然供给和经济供给两个方面。

地球提供给人类可利用的土地数量，叫做土地的自然供给，它反映了土地供人类使用的天然特性，其数量包括已利用的土地和未来可供利用的土地，即后备土地资源。

所谓土地的经济供给，是指在土地的自然供给的范围内，对土地进行了开发、规划和整治，以满足人类不同需求的土地供给。

(二)土地的特性

土地的特性可以分为土地的自然特性和经济特性两个方面。

1. 土地的自然特性

(1)位置的固定性。土地具有位置的固定性，不能随土地产权的流动而改变其空间位置。地产交易不是土地实体本身的空间移动，而是土地产权的转移。土地位置的固定性决定了土地价格具有明显的地域性特征。

(2)质量的差异性。土地的位置不同，造成了土地之间存在自然差异，这一差异导致级差地租的产生。

(3)不可再生性。土地是自然的产物，是不可再生资源，土地资源的利用只有科学合理，才能供人类永续利用。

(4)效用永续性。只要土地使用得当，土地的效用即利用价值会一直延续下去。

2. 土地的经济特性

(1)供给的稀缺性。所谓土地经济供给的稀缺性,主要是指某一地区的某种用途的土地供不应求,形成稀缺的经济资源,造成供求上的矛盾。土地经济供给的稀缺性,与土地总量的有限性、土地位置的固定性、土地质量的差异性等有关。土地经济供给的稀缺性客观上要求人们集约用地。

(2)可垄断性。土地的所有权和使用权都可以垄断。由于土地具有可垄断性,因此,土地所有权或使用权在让渡时,就必然要求在经济上有所体现。

(3)土地利用的多方向性。一块土地的用途是多种多样的,可以作为农田,也可以建住宅或建写字楼,或者建商场。土地利用的多方向性客观上要求在地产估价中需要确定土地的最佳用途。

(4)效益级差性。由于土地质量的差异性而使不同土地的生产力不同,从而在经济效益上具有级差性。

在我国,城市土地的所有权属于国家,农村和城市郊区的土地,除由法律规定属于国家所有的以外,属于农民集体所有,宅基地和自留地、自留山属于农民集体所有。集体土地不能进入房地产市场流转,国有土地所有权也不能进入房地产市场流转。

(三)土地使用权

我国实行国有土地所有权与使用权相分离的制度,土地使用者可以拥有和转让土地使用权,因此地价一般是土地使用权的价格。土地使用权价格可因土地使用年限的长短区分为各种年期的使用权价格。土地使用权出让的最高年限由国务院确定。

1. 土地使用权出让。土地使用权出让是指国家以土地所有者的身份将土地使用权在一定年限内让与土地使用者,并由土地使用者向国家支付土地使用权出让金的行为。土地使用权出让可以采取协议、招标、拍卖和挂牌 4 种方式。土地使用权出让最高年限按下列用途确定:①居住用地 70 年;②工业用地 50 年;③教育、科技、文化、卫生、体育用地 50 年;④商业、旅游、娱乐用地 40 年;⑤综合或者其他用地 50 年。

2. 土地使用权转让。土地使用权转让是指土地使用者将土地使用权再转移的行为,包括出售、交换和赠与。凡未按土地使用权出让合同规定的期限和条件投资开发、利用土地的,土地使用权不得转让。土地使用权转让时,土地使用权出让合同和登记文件中所载明的权利、义务随之转移。土地使用权转让时,其地上建筑物、其他附着物所有权随之转让。土地使用者通过转让方式取得的土地使用权，其使用年限为土地使用权出让合同规定的使用年限减去原土地使用者已使用年限后的剩余年限。地上建筑物、其他附着物的所有人或者共有人，享有该建筑物、附着物使用范围内的土地使用权。土地使用者转让地上建筑物、其他附着物所有权时，其使用范围内的土地使用权随之转让，但地上建筑物、其他附着物作为动产转让的除外。土地使用权和地上建筑物、其他附着物所有权转让，应当依照规定办理过户登记。

3. 土地使用权出租。土地使用权出租是指土地使用者作为出租人将土地使用权随同地上建筑物、其他附着物租赁给承租人使用，由承租人向出租人支付租金的行为。未按土地使用权出让合同规定的期限和条件投资开发、利用土地的，土地使用权不得出租。

4. 土地使用权抵押。土地使用权抵押时，其地上建筑物、其他附着物随之抵押。地上建筑物、其他附着物抵押时，其使用范围内的土地使用权随之抵押。土地使用权抵押，抵押人与抵押权人应当签订抵押合同。抵押合同不得违背国家法律、法规和土地使用权出让合同的规定。土地使用权和地上建筑物、其他附着物抵押，应当依照规定办理抵押登记。抵押人到期未能履行债务或者在抵押合同期间宣告解散、破产的，抵押权人有权依照国家法律、法规和抵押合同的规定处分抵押财产，并应依照有关规定办理过户登记。

土地使用权有偿使用合同约定的使用期限届满，土地使用者未申请续期或者虽申请续期未获批准的，由原土地登记机关注销土地登记。土地使用权出让合同约定的使用年限届满，土地使用者需要继续使用土地的，应当至迟于届满前一年申请续期，除根据社会公共利益需要收回该幅土地的情况外，应当予以批准。经批准准予续期的，应当重新签订土地使用权出让合同，依照规定支付土地使用权出让金。土地使用权出让合同约定的使用年限届满，土地使用者未申请续期或者虽申请续期但依照法律规定未获批准的，土地使用权由国家无偿收回。

三、不动产

不动产是指土地及其定着物。定着物是指附着于土地，在与土地不可分离的状态下才能使用的物体，如房屋、构筑物等。种植的树木也可以说是土地的定着物，但暂时种植的，就不算是土地的定着物，而属于动产。定着物与土地分离要花费相当大的劳动和费用,因而会使地价发生变更。

建筑物包括房屋和构筑物。房屋是指能够遮风避雨并供人们居住、生产、储存物品或进行其他活动的工程建筑,一般由基础、墙、门、窗、柱和屋顶等主要构件组成;构筑物则是指除房屋建筑物以外的工程建筑,人们一般不直接在其内进行生产和生活活动,如桥梁、水井、隧道、水坝、烟囱、水塔等。

由此可见,不动产与房地产的概念既有联系,又有一定的区别,地产和房产均属不动产,但它们又不是不动产的全部。

四、房地产的特性

房地产与其他物品相比,有着明显的自身特征。具体来说,主要包括以下几点:

(一)位置固定性

房地产是不可移动的,因而其位置是固定的。也就是说,房地产的相对位置是固定不变的。可以说,地球上没有完全相同的两宗房地产,即使有两宗房地产的地上建筑物设计、结构和功能等完全相同,因土地位置的差异,也会造成价格的差异。房地产的不可移动性决定了房地产的开发利用受制于其所处的空间环境,房地产市场是一个区域性的市场。房地产的供求状况和价格水平在不同地区之间是不同的。这里值得注意的是,房地产的自然地理区位是固定不变的,但其经济地理区位和交通地理区位是会发生变化的。

(二)数量有限性

土地是大自然的产物,总量是有限的,不能增加。由于受土地总量的限制,房地产开发的数量也受到制约,不可能无限多地建造出来。相对于人类的需要来说,房地产的供给是有限的。

(三)用途多样性

同样一宗房地产,可以具有不同的用途,如供商业、办公、居住、工业、道路、农业等用。在不同的用途下,房地产的经济价值也不一样。房地产的用途受到城市规划和相关法律法规的制约。

(四)供求区域性

由于土地位置的固定性,房地产还具有区域性的特点。一个城市房地产的供给过剩并不能解决另一个城市房地产供给不足的问题。例如,海南大量空置的房地产并不能解决上海房地产供给不足的问题。房地产供求关系的地区差异又造成区域之间房地产价格的差异性。

(五)长期使用性

由于土地可以永续利用,建筑物也是耐用品,使用年限可达数十年甚至长达上百年,使用期间即使房屋变旧或受损,也可以通过不断地翻修来延长它的使用期。

(六)大量投资性

房地产生产和经营管理要经过取得土地使用权、土地开发和再开发、建筑设计和施工、房地产销售等环节,每个环节都要投入大量的资金。如大城市地价和房屋的建筑成本都相当高,无论开发者和消费者,一般都难以依靠自身的资金进行房地产投资,因此,金融业的支持和介入,是发展房地产必不可少的条件。

(七)保值与增值性

一般物品在使用过程中由于老化、变旧、损耗、毁坏等原因,其价值会逐渐减少。与此相反,在正常的市场条件下,从长期来看,土地的价值呈上升走势。由于土地资源的有限性和固定性,制约了对房地产不断膨胀的需求,特别是对良好地段物业的需求,导致房地产价格上涨。同时,对房地产的改良和城市基础设施的不断完善,使土地原有的区位条件改善,也导致土地增值。

(八)投资风险性

房地产使用的长期性和保值增值性使之成为投资回报率较高的行业,但与此同时,房地产的投资风险也比较大。房地产投资的风险主要来自三个方面:首先,房地产无法移动,建成后又不易改变用途,如果市场销售情况不好,很容易造成长期的空置、积压。其次,房地产的生产周期较长,从取得土地到房屋建成销售,通常要 3 ~ 5 年的时间,在此期间影响房地产发展的各种因素如发生变化,会对房地产的投资效果产生影响。再次,自然灾害、战争、社会动荡等,也都会对房地产投资产生无法预见的影响。

(九)难以变现性

由于房地产具有位置固定、用途不易改变等特性,房地产不像股票和外汇可以迅速变现,变现性较差。

（十）外部影响性

一宗房地产的兴建、使用会对邻近的房地产产生影响，这种影响可能是正面的，也可能是负面的。例如，兴建一个购物中心，会给人们带来购物方便；修建一个花园，会带来观赏价值；而兴建一个化工厂，则可能带来环境污染。

（十一）使用限制性

为了增进公众安全，保护公共利益，促进城市合理布局，减少房地产外部影响的负面性，房地产的使用和支配会受到限制，房地产市场受国家和地区政策影响也较大。如，城市规划、土地利用规划、土地用途管制、住房政策、房地产信贷政策、房地产税收政策等都会对房地产的价格产生直接或间接的影响。其中，城市规划对土地用途、建筑高度、容积率、建筑密度和绿地覆盖率等有具体限制和规定。此外，政府为了公共利益需要，也可以征用单位或个人所拥有的房地产。

第二节　房地产投资概述

一、房地产投资的含义

投资是指垫付货币或其他资源以期望获得价值增值的经济活动过程。从广义上来讲，这里的资源可以是各种生产要素，如资金、土地、人力、技术、管理、智力等；从狭义上来讲，这里的资源特指资金。在房地产投资分析中使用的投资概念是狭义的。

（一）房地产投资的内涵

房地产投资是指国家、集体或个人等投资主体，将一定的资金直接或间接的投入到房地产开发、经营、管理、服务和消费等活动中，期望获得价值增值的投资行为。其主要包括以下几方面的内容：

1. 房地产投资的主体可以是国家、集体或个人。具体来讲，可以是各级政府、企业、银行和个人，以及港、澳、台地区和外国的投资者。

2. 房地产投资所涉及的领域是房地产开发经营和中介服务等，包括房地产开发、经营、管理、服务和消费等。

3. 房地产投资的目的是获得价值增值。一般来讲，投资者所期望的报酬是未来获得的更大的收益。

房地产投资从本质上说是一种放弃即期收益而期望获得未来更大的预期收益的经济行为。因为房地产本身具有保值增值的特点,投资者投资房地产的目的就是为了获得未来更大的收益,达到预期的投资目标。

(二)房地产投资三要素

房地产投资的三要素指的是时机、地段和质量。

1. 时机。在房地产投资中,对时机的把握很重要。什么时候投资哪一类房地产,对投资成败至关重要。比如说,当市场上崇尚小户型而小户型房地产又很缺乏的时候,就可以对小户型房地产进行投资机会研究。再比如说,当低密度别墅很稀少,而当地经济水平较高,交通条件又不错时,就可以考虑投资该种房地产。对时机的把握事实上是对房地产市场上各种信息的综合考虑,是将房地产市场上供需状况、区位条件、消费者偏好和经济发展趋势作为一个有机整体系统地加以考虑。

2. 地段。地段对于房地产的重要性是不言而喻的。好的地段,增值潜力大,因而对于房地产投资者来说是商家必争之处。地段不仅仅是一个自然地理位置的概念,还应包括经济地理状况和交通地理状况。不同的地段适于建造不同的房地产,购物中心和商场之类的商业房屋应建在繁华的商业中心,在那里,顾客集中,流量大;建造别墅应选择风景优美、环境幽静、气候宜人的郊区,以满足别墅使用者寻求宁静与休闲的愿望;住宅应建在交通方便、购物便利、服务设施齐全的场所,以便于居民的工作和生活。房地产投资地段的选择对房地产投资的成败有着至关重要的作用。但是,区位的优劣是与开发商的自身经营状况紧紧联系在一起的,在一个普通的自然地理位置上也一样能创造出房地产投资奇迹来。比如,有的房地产开发商专门在远郊区开发高档住宅,并且销售业绩非常好。因此,区位价值是投资商的主观反映,而非地点本身所固有。

3. 质量。质量是房地产投资开发的生命线。这里所说的质量包括两个方面,一个是房地产物质实体质量,比如,建材质量是否达标、环保,施工质量是否合格,装修质量是否令人满意等;另一个是服务质量,如物业管理服务质量等。这两者都很重要。随着经济的发展,人们对房屋质量和工作环境质量的要求越来越高。目前在有的城市,消费者在购房时已经将质量看得比价格和位置还要重要。

房地产投资能带来巨大的社会效益和经济效益,同时也具有重要的外部效果,因此,政府对房地产投资的监管也较多,如通过立法、公示、城市规划等多种手段加强对房地产投资开发的管理。随着我国人民生活水平的不断提高和城市化进程的不断推进,对居民住宅和商业用房的需求大大增加,加之房地产投资可以获取高额利润,因此,房地产投资已成为一个热点。

(三)房地产投资的特点

房地产自身的特性决定了房地产投资也具有自身的特点。

1. 投资金额巨大,回收期长。房地产投资需要大量的资金,少则需几百万,多则千万元,甚至数亿元,因此,房地产投资开发项目很少是完全靠开发商自有资金周转的。对于房地产项目来说,回收期也较长,一般为3~5年,对于出租型房地产项目来说,投资回收期则需要更长的时间。

2. 投资不确定因素多,风险较大。房地产的不可移动性,以及房地产投资数额巨大、回收期长等特点,使得房地产投资在漫长的回收过程中,受经济、社会、政治、法律,以及自然、环境等多方面因素的影响。

房地产投资是一项风险较大的投资活动,投资者的任务就是在相同风险情况下,设法最大限度地增加收益,或者在相同收益水平情况下将风险降到最低。房地产投资风险可以概括为政策风险、社会风险、经济风险、技术风险、自然风险和国际风险等。

3. 流动性较差。房地产由于其位置的固定性,一旦投资开发或购买房地产,巨额的资金在较长时间内就沉淀在房地产上。相对于股票、债券等投资工具而言,房地产销售过程复杂且交易成本高,因此以出售或出租形式收回投资资金需要较长时间。

4. 具有保值增值性。房地产经久耐用,不易损坏,能够产生较稳定的现金流,同时房地产投资通常被看做是一种应对通货膨胀的保值手段。当物价上涨、货币贬值时,由于房地产相关行业,如建材、装潢、建筑、电器等行业的产品价格上涨,会带动不动产价格的上涨。同时,通货膨胀通常会刺激人们的消费,包括购买房地产,致使房地产价格进一步上升,因而起到投资保值作用。

随着经济的发展和人民生活水平的提高,人们对房地产的需求也会日益增长,但是土地资源具有不可再生性和稀缺性,使得房地产在相当长的时间内成为供不应求的商品,房地产价格在一般情况下会不断上升。因此,从长远来看,投资房地产是一种比较可靠的增值手段。

这里需要特别说明的是，土地具有增值性，建筑物也具有增值性；同样，建筑物具有贬值性，土地也具有贬值性。在有的地方，可能是土地与建筑物同时增值，也可能是一个增值一个贬值。但从长期来看，房地产具有增值性。这个增值应在房产和地产之间进行合理分割。

当然，有时房地产市场上也会出现短期的价格下降的情况，但一般来说，这并不影响其长期的增值特性。长期来看，房地产价格的上涨率不会落后于总体物价水平的上涨率。美国、英国的研究资料表明，房地产价格的年平均上涨率均高于同期年通货膨胀率，从我国过去十几年住宅市场价格变化情况来看，其年均增长幅度也超过同期通货膨胀的平均水平。

5. 受政府政策影响较大。由于房地产不仅是生产资料，也是生活资料，同时房地产会对城市发展、生态环境、城市风貌、产业布局等产生重大影响，其在社会经济活动中具有重要影响，因此，政府对房地产市场十分关注，经常会出台新的政策措施，以调整房地产商品在生产、交易、使用过程中的法律关系和经济利益关系。政府用来调控房地产市场的政策主要表现在土地供给、住房制度、金融和财政税收政策、城市规划等方面。

6. 依赖金融部门的支持。巨额的投资，使房地产投资者在很大程度上依赖金融部门的支持。由于房地产是不动产，不会丢失，一般又具有保值增值性，所以商业银行、保险公司、抵押公司等金融机构都愿意给房地产投资者提供较高数额的贷款。房地产投资者通常可以获得70%左右的抵押贷款，甚至更高，而且还常常可以享受金融机构利率方面的优惠。这使得许多自有资金不足的投资者能够通过金融机构的支持满足其投资房地产的愿望。因此，金融机构的参与，几乎成了房地产业持续发展的关键。

7. 具有专业性。房地产投资开发需要具备诸如法律、经济、管理、建筑、城市规划等方面的专业知识和相应的经营管理经验。因此，房地产投资一般会请专业人士作咨询顾问，或者聘请设计师、造价工程师、经纪人等提供专业服务。

8. 投资具有相互影响性。房地产投资的相互影响性是指在一个区域范围内，房地产的投资价值往往与周边情况的好坏有关。如果政府在道路、公园、学校等公共设施方面加大投资，往往能显著提高附近房地产的价值。如果投资者通过市场调查，准确预测到政府在某区域将进行大型公共设施的投资建设，并在附近预先投资，将会得到很大的利益。另外，有些相邻房地产项目投资的成功，也会影响到其他房地产投资者的决策。

二、房地产投资的目的和作用

(一)房地产投资的目的

房地产投资是将资金投入到房地产开发、经营、管理和服务中去,以期获得资本增值的一种经济活动。因此,房地产投资的目的,就是为了通过开发和经营等过程获取未来更多的收益。这些未来收益的来源渠道是多样的,主要有:销售收益、现金流量收益、避税收入等。

1. 销售收益。房地产投资的销售收益是指房地产销售收入减去房地产开发经营成本之后的差额。它是房地产投资者在出售房地产时所获得的投资利润。销售收益是房地产投资收益中的主要部分。销售收益既可以来自于房地产开发投资,也可以来自房地产置业投资。

对于房地产开发投资者来说,其投资的主要目的是获取销售开发利润;对于房地产置业投资者来说,投资的主要目的是为了获取现金流量收益,也就是将投资购入的物业出租给使用者,获取较为稳定的租金收入。这两种情况下的销售收益都是房地产相关收入减去纳税和有关成本后的余额。所以,要增加销售收益,重要的是在房地产投资前期,对投资时机、地段和质量予以充分重视,以减少投入成本,增加销售收入。

2. 现金流量收益。现金流量收益一般是指投资者直接经营房地产而获取的经营(租金)收入中扣除各种支出后的余额。租金收入减除经营费用,再减除偿还借款费用,剩余的金额就是税前现金流量;再扣除所得税后,就是税后现金流量。房地产投资现金流量的大小主要取决于房地产租金总额、房地产的总营运费用和投资借款的偿还方式和数额等三个因素。利率对融资成本具有直接影响,租金水平除了取决于同类房地产的市场供求关系,还取决于房地产的种类、地段、质量等。合理降低营运费用对增加现金流量收益具有重要的作用。

3. 避税收入。房地产投资的避税收入,是指因提取房地产折旧而降低纳税基数,给投资带来收益。房地产投资的所得税是以实际经营收入扣除经营成本、贷款利息、建筑物折旧等后的净经营收入为基数乘以税率征收的。在实际经营收入相同的情况下,提取的折旧越多,所要缴纳的所得税就越少,从而起到了避税的作用。

西方的投资者非常重视房地产投资的节税作用。比如在美国,政府允许房地产所有者选择加速折旧方法对房地产计提折旧。当折旧大于偿还借款时，或当折旧大于税前现金流量和偿还借款之和时，就可以达到避税目的。另外，在美国，因抵押贷款而偿付的利息也可在税前减扣，从而起到避税效果。

(二)房地产投资的作用

房地产投资是房地产业发展的重要动力。积极增加房地产投资，对促进房地产业乃至整个国民经济的发展，都有非常重要的作用。

1. 带动相关产业的发展。增加房地产投资，不仅可以直接提高房地产业的经济产出，而且也为建筑、建材、冶金、化工、通信、机械等相关产业产品提供了巨大的市场。同时，它也会刺激金融、商业、旅游业等部门的发展。

2. 促进家庭合理消费。我国实行住宅商品化改革以来，更多的消费者积极投资住房，不仅使我国通过房地产投资的作用加快了住房建设速度，增加了房源供应，而且可以吸收大量的消费资金，促进家庭合理消费，使住房需求与支付能力相联系，促使家庭消费结构更加合理。

3. 改善城市环境。由于房地产的发展，使得相当一部分城市的基础设施得到改善，也使得投资环境得以改善，进一步促进了城市协调发展。

4. 抵御通货膨胀影响。由于土地资源的不可移动性和不可再生性，以及人类对房地产需求的日益增长，使得房地产从长期来看具有保值增值的特点。房地产的这一特性使得投资房地产能够抵御通货膨胀对资本价值的影响。实践证明，房地产价格的年均上涨率一般高于同期通货膨胀率的平均水平。因此，房地产投资是抵御通货膨胀的有效工具。

三、房地产投资的类型

依据不同的划分标准，房地产投资可以划分为不同的类型。房地产投资类型的划分主要有以下几种：①按房地产投资形式来划分；②按房地产投资用途来划分；③按房地产投资经营方式来划分；④按房地产投资对象来划分。

(一)按房地产投资形式划分

按房地产投资形式，可以将其划分为直接投资和间接投资两大类。二者的主要区别在于投资者是否直接参与房地产有关投资管理工作。

1. 房地产直接投资。房地产直接投资是指投资者直接投资于房地产开发或购买房地产的活动，并参与有关的投资管理。根据直接投资的目的不同又可将其分为房地产开发投资和房地产置业投资两种形式。

(1)房地产开发投资。这是指投资者从购买土地使用权开始,通过在土地上进行进一步的投资活动,即经过项目策划、规划设计和施工建设等过程,建成可以满足人们某种需要的房地产,在房地产市场上销售或租赁转让给其他投资者或使用者,并通过这个转让过程收回投资,实现自己的预期收益目标。房地产开发投资通常属于短期投资,它形成了房地产市场上的增量供给。一般来说,房地产开发投资风险较大但回报也比较丰厚。

(2)房地产置业投资。这是指投资者购买开发商新建成的房地产(市场上的增量房地产)或市场上的二手房(市场上的存量房地产),以满足自身生产经营需要或出租经营需要,并在不愿意持有该物业时可以将其转售他人以获取转售收益的一种投资活动。置业投资的主要目的一是满足自身生活居住或生产经营的需要,二是通过转售或租赁获得收益。置业投资的作用一般主要体现在保值、增值、收益和消费四个方面。

2. 房地产间接投资。房地产间接投资是指投资者投资于与房地产相关的证券市场的行为,间接投资者不需要直接参与房地产经营管理活动。其具体形式包括购买房地产开发、投资企业的股票或债券,投资于房地产投资信托基金或房地产抵押贷款证券等。

(1)购买房地产开发、投资企业的股票或债券。房地产投资金额巨大,需要筹集大量资金,除了银行贷款外,发行股票或债券是房地产企业常用的融资方式。因此,为了降低融资成本、解决所需资本金不足的问题,很多大型的房地产企业需要通过资本市场直接融资,尤其是上市的房地产企业。对于房地产间接投资者,投资于房地产企业的股票或债券,一般仅承担有限的债务清偿责任,并且资金流动性较好。他们购买房地产企业的股票或债券,成为该企业的股东,分享部分房地产开发收益,不直接参与房地产的经营管理活动。

(2)投资于房地产投资信托基金。房地产投资信托基金(Real Estate Investment Trusts,REITs)是采用公司拥有资产的形式,将股东的资金吸引到房地产投资中,以共同基金的方式购买、开发、管理和出售房地产资产。房地产投资公司由职业经理人负责管理,REITs 将其收入现金流的主要部分分配给投资者,而本身仅起着投资代理的作用。因此,其收益水平通常高于一般的股票投资。

(3)投资于房地产抵押贷款证券。抵押贷款证券化,就是把房地产金融机构所持有的个人住房抵押贷款权益转化为抵押贷款支持证券,然后通过出售证券融通资金,购买证券的投资者就成为房地产的间接投资者。其主要做法是将银行所持有的个人住房抵押贷款汇集重组成抵押贷款集合,每个集合内贷款的期限、计息方式和还款条件大体一致,通过政府、银行、保险公司或担保公司等担保,转化为信用等级较高的证券出售给投资者。

(二)按房地产投资的用途划分

按房地产投资的用途,可以将其划分为住宅房地产投资、商业房地产投资、工业房地产投资和特殊用途房地产投资。

1. 住宅房地产投资。住宅房地产为人们提供生活居住的场所,包括普通商品住宅、高档公寓和别墅等多种类型。住宅是人类最基本的生存条件之一,对住宅的需求是随着社会经济的发展和人口的增长而不断增长的,对特定住宅的需求还取决于其区位和环境等因素。住宅投资成败的关键在于投资地点和投资时机的选择,因为这两个因素对住宅房地产来说非常重要。人们都希望能有自己的住房,同时,在这方面的需求随着人们生活水平的提高和支付能力的增强不断向更高层次发展,因此,住宅房地产投资市场潜力最大,投资风险也相对较小。

2. 商业房地产投资。商业房地产有时也称经营性房地产,包括写字楼、商场、酒店和旅馆等,这类房地产主要以出租经营为主,收益较高,但同时承担的风险也较大。区位条件关系到城市土地级差地租所能产生的超额利润及其增值潜力,商业房地产经营者的效益在很大程度上取决于其与社会接近的程度,因此,商业房地产投资对其所在的区位条件和客流量要求很高,是投资者获利的首要条件。商业房地产投资成本一般要高于其他物业房地产投资成本。

3. 工业房地产投资。工业房地产通常为人们的生产活动提供空间,包括轻工业厂房、重工业厂房、高新技术产业用房等。一般来说,重工业厂房由于其建筑物的设计需要符合特定的工艺流程要求和设备安装需要,通常适用性差,投资这类房地产风险较大。工业房地产对投资者的吸引力通常小于商业房地产,但是工业房地产投资对所处的位置只要求交通方便,水、电、煤等能源动力供应充足,并不一定要靠近市中心,因此,其投资成本低于商业房地产。工业房地产的投资效果受国民经济运行状况影响较大,因而要注意把握好投资时机。

4. 特殊用途房地产投资。特殊用途房地产是除去住宅、商业、工业等典型房地产类型后剩下来的非典型的、不具有代表性的各种房地产的统称，主要包括加油站、停车场、高尔夫球场、休闲旅游房地产、温泉、码头车站、高速公路等。这类房地产交易量小，同时其经营的内容通常要得到政府的特许，因此对这类房地产的投资多属于长期投资，投资者靠日常经营活动的收益来回收投资，取得投资收益。一般来说，特殊用途房地产适用性较差，因此投资风险也较大。

（三）按房地产投资经营方式划分

按房地产投资经营方式，可将其划分为出售型房地产投资、出租型房地产投资和混合型房地产投资。

1. 出售型房地产投资。这是指房地产投资以预售或开发完成后出售的方式得到收入、回收开发资金、获取开发收益，以达到预期投资目标。

2. 出租型房地产投资。这是指房地产投资以预租或开发完成后出租的方式得到收入、回收开发资金、获取开发收益，以达到预期投资目标。

3. 混合型房地产投资。混合型房地产投资是出售型和出租型的综合，是指房地产投资以预售、预租或开发完成后出售、出租、自营的各种组合方式得到收入、回收开发资金、获取开发收益，以达到预期投资目标。

（四）按房地产投资对象划分

按房地产投资对象，可将其划分为地产投资、房产投资及物业管理和服务投资。

1. 地产投资。地产投资只投资于土地，通过对土地进行开发和再开发，以出售或出租的方式经营，从而获取投资收益。最主要的地产投资形式就是土地开发投资，一般可以分为旧城区土地开发投资和新城区土地开发投资两类。

（1）旧城区土地开发投资。这是指在原有城市建成区范围内对土地进行再开发，以提高旧城区土地利用价值的投资。旧城区土地开发投资成本主要包括拆迁费和旧城区改造费两项。旧城区土地开发投资的优点主要是一般都具有好的获利前景，因为旧城区往往都地处城市中心，历来是商业、文化活动的聚集地，这种区位的优越性使得将来在旧城区建成的商业、办公、旅游等项目出售或出租的价格水平较高，能够给开发商带来很高的级差地租。但旧城区土地开发投资也面临一定的挑战，如旧城区土地开发费用高昂、环境污染较严重、受规划限制大等，这使得在旧城区进行土地开发的投资成本和投资风险都较高。

（2）新城区土地开发投资。这指在原有城市建成区以外对土地进行开发，将农用地转变为非农建设用地的投资。新城区土地开发投资主要包括土地征用费和城市基础设施建设费。新城区土地开发投资的优势在于受周围环境制约少、城市规划条件限制也少、拆迁安置补偿费低等，但新城区土地开发投资的不利之处在于新区一般都是不具备开发建设条件的生地，配套设施少，基础设施条件不完备。通常，由于新城区一般都处于城市的外围，环境幽静，适于建造高级住宅和公寓。

2. 房产投资。房产投资主要是用于房屋开发和建设的投资，它是固定资产投资中非生产性建设投资的重要组成部分。目前，房屋开发投资由土地征用费及拆迁补偿费、前期工程费、房屋建筑安装工程费、公共配套设施费、基础设施建设费、开发管理费和投资借款利息支出等构成。通常，纯粹投资于房产的情况比较少见，房产投资需要结合地产投资进行综合考虑。

3. 物业管理和服务投资。这是指用于物业管理和相关服务（如维修、保养）的投资。物业管理资金一般来源于物业维修基金、物业管理服务费以及物业管理公司的经营性收入等几个途径。我国物业管理起步较晚，是在借鉴其他国家和地区经验的基础上逐步发展起来的。随着我国房地产业的发展，越来越多的房地产消费者开始关注物业管理的质量，把物业管理的质量和房地产价格、地理位置等作为选择房地产的同等指标。因此，投资者逐渐意识到良好的物业管理是提高投资回报率的重要因素。物业管理和服务投资一般都属于长期投资，随着我国房地产市场的发展，物业管理和服务投资具有广阔的投资前景。

四、房地产投资过程

投资活动一般都呈现出一定的周期性，一项投资经过投资的形成、分配、使用、回收等阶段后，又形成下一项投资的开始，整个投资活动是一个周而复始的循环过程。房地产投资由于其自身的特性，投资周期一般较长，整个过程一般可分为投资机会寻找、项目可行性研究、取得土地使用权、项目规划与合同谈判、项目建设、房地产租售等六个主要环节。

第一，投资机会寻找。在机会寻找过程中，投资者往往根据自己所掌握的信息寻找投资的可能性，因此科学收集相关信息非常重要。投资者需要收集的信息主要有某一区域的宏观经济信息、房地产需求和供给方面的信息、房地产市场交易方面的信息、政策信息、金融信息和房地产税收等方面的信息，在数据分析的基础上，找出科学理性的投资机会。

第二，项目可行性研究。可行性研究是项目投资决策的依据，也是编制下一阶段规划设计方案的依据。房地产开发项目的可行性研究分为投资机会研究、初步可行性研究、详细可行性研究和项目评估与决策四个阶段。其主要内容有开发项目用地的现状调查及动迁安置、市场分析和建设规模的确定、规划设计方案的选择、资源供给、环境影响和环境保护、项目开发组织机构及管理费用研究、开发建设计划、对项目的经济及社会效益进行分析等。

第三，取得土地使用权。目前在我国，投资者获取土地使用权的方式主要有土地使用权划拨、出让、转让三种。以划拨方式取得土地的类型，相关法律有明确的规定；出让主要是针对土地一级市场，主要形式有招标、拍卖、挂牌交易、协议等；转让主要是针对土地二级市场，包括出售、交换和赠与等。投资者还应注意取得的土地使用权的年限，各种用途用地的最高使用年限我国法律上有明确规定。

第四，项目规划与合同谈判。项目规划的主要内容是委托建筑设计单位进行项日规划、设计，项目报建，领取施工许可证，制定筹资方案，获取项目贷款等。投资者根据市场调查得到的信息，确定最终设计方案之后，与各方面合作者进行合同谈判，签署合作开发、建设贷款和长期融资等协议。

第五，项目建设。开发项目获得批准之后，投资者和开发商通过建筑工程施工的招标，确定施工单位；在施工阶段，要安排工程监理人员对施工现场进行监督，确保工程进度和施工质量，直至项目的竣工验收。

第六，房地产租售。竣工验收之后，投资者一般通过委托销售、自行销售、租赁经营等形式获取利润，实现其投资价值。这一阶段应特别注重房地产广告、促销和定价策略的运用，良好的房地产营销将有助于房地产投资目标的顺利实现。

五、房地产投资的影响因素

影响房地产投资的因素较多，其中，主要因素有经济因素、社会因素、政治因素、政策法规因素和技术因素等。

（一）经济因素

影响房地产投资的经济因素主要有经济发展状况，居民储蓄、消费水平，财政收支及金融状况，居民收入水平等。

一个国家或某一地区的经济发展，预示着对商场、办公楼、住宅、厂房和各种文娱设施的需求增加，房地产投资就会愈加活跃。居民的储蓄多、消费水平高，相应地就会在绝对数量上增加对房地产的消费，给房地产投资带来巨大的投资空间。财政收支情况良好，金融市场繁荣，房地产投资者会比较容易获得投资资金，从而促进房地产投资。

（二）社会因素

影响房地产投资的社会因素主要有社会秩序、城市化水平、人口水平等。

社会秩序包括当地社会的稳定性、安全性，当地居民对本地经济发展的参与感，对外来经济实力的认同感等。一个地区社会秩序好，就会优化投资环境，尤其是房地产的投资环境。城市化意味着人口向城市地区集中，造成城市房地产的需求不断增加，从而带动房地产投资增加。人口的不断增长，每个人都需要一定的生活空间，从而会增加对房地产的需求，使得房地产价格上扬，进而刺激房地产投资。

（三）政治和行政因素

影响房地产投资的政治和行政因素主要有政治局势、行政隶属变更、城市发展战略和城市规划等。

一个国家或者某一地区政局稳定，奉行连续的有利于经济发展的政策，就会吸引很多国内外投资者投资于房地产，促进房地产业的发展。由于行政隶属变更，如将某个非建制镇升格为建制镇，或将某个市由原来的较低级别升为较高级别，无疑会促使该地区的房地产价格上涨，从而促进房地产投资。城市发展战略、城市规划、土地利用规划等对房地产投资都有很大的影响，特别是城市规划对房地产用途、建筑高度、容积率等的规定对投资的影响非常大。

（四）政策法律因素

影响房地产投资的政策因素主要有房地产政策、金融政策、税收政策；法律因素主要是指房地产相关法律法规。

政策方面，影响房地产投资的政策主要是土地、房地产政策和金融政策。首先，随着我国土地制度和住房制度改革的不断深化，土地由无偿划拨使用转变为有偿有期限使用，住房制度也逐渐实现由福利分房向住房分配货币化转变，这就使房地产作为商品进入市场，保证了房地产投资较好的利润,从而会吸引大量投资。其次,金融政策、贷款政策对房地产投资有很大影响。因为房地产投资很大一部分来自贷款,贷款利率的高低对房地产投资收益有非常重要的影响。再次,有关房地产的税收政策对房地产投资的影响也非常大,房地产开发投资方面的税收政策合理,就会使得房地产投资增加,相反就会相应地减少。

法律方面,影响因素主要是土地和房地产以及投资的相关法律的完整性、法制的稳定性和执法的公正性。完整性是指投资项目所依赖的法律条文的覆盖面,稳定性是指法规是否变动频繁,公正性是指法律纠纷争议仲裁过程中的客观性。相关的法律越完整,法制越稳定,执法越公正,对房地产投资的促进作用也就越大。

(五)技术因素

影响房地产投资的技术因素主要包括施工技术、房屋装修技术等。良好的施工技术能够保证房地产物质实体的高质量,对于房地产投资是非常有利的。此外,房屋的装修技术好也是房地产价值增值的有效影响因素。

第三节　房地产投资分析概述

房地产投资分析是房地产项目投资开发活动进行之前的分析论证过程;其核心问题是研究投资项目的可行性以及选择最佳投资方案。

一、房地产投资分析的研究对象

房地产投资分析的研究对象是房地产投资运动的基本规律,主要侧重于房地产投资效益分析和房地产投资决策方法。房地产投资分析与投资学、工程经济学关系非常密切,是理论与方法相结合的应用学科。

具体来说,房地产投资分析的研究范围和主要内容有:

第一,房地产投资的基本原理。房地产投资分析在实践经验的基础上,要遵循一定的基本原理。这些原理包括投资要素原理、边际成本及规模收益理论、资本资产定价模型、风险预测理论、风险—收益原理等。

第二,房地产投资环境分析。在投资前期,充分了解和把握投资环境,对于制订正确的房地产投资方案,作出正确的房地产投资决策是非常重要的。

第三，房地产投资市场分析。房地产投资项目在投资决策确定之前，是通过房地产市场完成增值过程的，因此，有必要调查房地产市场需求情况，辨识把握房地产市场动态。

第四，房地产投资成本估算。以尽可能少的投入，获取尽可能多的收益，是理性的房地产投资者的必然要求和选择。客观而准确地估算项目投资额，科学地制订资金筹措方案，对于降低项目投资额，减少建设期利息等项支出，实现利润最大化目标具有重要的意义。

第五，房地产投资经济评价。利用特定的经济参数和分析方法，分析房地产投资项目的净现值、内部收益率、投资回收期等。

第六，房地产投资不确定性分析。在房地产投资项目的经济分析中，运用了大量的经济数据，如销售单价、成本、收益、贷款、利率、工期等。由于这些数据都是投资分析人员根据资料对未来的可能性作出的某种估计，所以分析中必然带有某种不确定性。房地产投资项目一般都有较长的投资建设和经营期，在此期间，由于主客观条件的变化，会使这些数据也发生变化。通过这些不确定因素进行临界点分析、敏感性分析，可以揭示项目所能达到的盈利水平和面临的风险。

第七，房地产投资风险分析。风险分析是综合考虑各种风险变量的概率分布，来推求一个项目在风险条件获利的可能性大小。这种可能性描述了房地产项目在特定收益状态下的风险程度，进而为投资者决策提供可靠依据。

第八，房地产投资决策分析。在房地产投资活动中，一般都会有不同的投资方案可供选择，需要在众多的投资方案中找出最佳方案。

二、房地产投资分析的特征

房地产投资分析是一项高技术含量的工作，需要分析人员科学严谨的工作态度和渊博的分析知识与丰富的实践经验，而且分析人员要对分析结果承担技术责任。房地产投资分析有以下几个重要特征：

第一，客观性。这是房地产投资分析的基本属性。它要求分析人员的分析依据必须是真实的，是经过调查得到的客观的数据和资料。分析人员要善于利用自己的经验和各界的统计资料。即使是客观资料有时不尽一致，但同样要求分析是客观的。客观性是保证分析结果正确的基础。

第二，全面性。这是指分析人员要对投资活动的方方面面作出分析，从投资方向、投资形式、价格确定、资金筹措到投资收益、投资风险等均加以分析。

第三,责任性。分析人员不仅要告诉投资者所面临的客观投资环境,更重要的是告知投资者如何去适应和利用客观投资环境,为投资者出谋划策。一项好的投资分析可为投资者节省大量资金和谋取巨额收益,而一项质量较差的分析则可能使投资者误入歧途。投资分析者要对分析结果负责,应具有良好的职业道德。

三、房地产投资分析的方法

房地产投资分析是一门应用性学科,其分析方法主要包括:

第一,理论联系实际的方法。房地产投资分析主要是以微观经济学和工程经济学为理论基础,其中诸如投资、费用、成本、折现率、收益、价值等都有自身的内涵和定义,而这门学科又是应用型的,需要将经济学理论与房地产投资实践紧密地结合起来,这样才能真正解决实际问题。

第二,定量与定性分析相结合。在房地产投资分析中,既有定量分析又有定性分析,既有客观分析,又有主观判断。在定性分析的基础上,针对房地产投资目的的实际情况和房地产市场的客观状况,分析房地产市场调研资料,确定一系列的评价指标,进行定量分析。在定量分析的基础上,进行投资方案的对比和优化,并作出投资决策或决策建议。定量分析是一个过程,是一个工具,在投资分析中非常重要,占有重要地位,定量分析的结果直接影响到投资项目能否正确决策,但是,定量分析最终是为定性分析服务的,房地产投资分析的最终决策建议是通过综合分析得出的。

第三,静态分析与动态分析相结合。房地产投资分析在投资决策的不同阶段,对精度的要求不一样。因此,在有的情况下,需要考虑资金的时间价值,而在有的情况下,可以不考虑资金的时间价值,因此,在房地产投资分析中,需要恰当地运用好静态分析和动态分析方法。

第四,宏观分析与微观分析相结合。既要研究分析房地产投资项目所处的宏观环境,诸如市场环境、政策环境、社会经济发展环境等,又要从微观的角度分析房地产投资项目的运作成本、资金筹措情况、销售方式、收益指标等。

第四节 我国房地产投资现状

一、影响房地产投资的政策回顾

近几年,我国出台了一些对房地产投资具有重大影响的房地产金融和土地供应等方面的政策,以下作一简单回顾。

2003 年,中国人民银行发布《中国人民银行关于进一步加强房地产信贷业务管理的通知》(银发〔2003〕121 号)(简称 121 号文);2003 年 8 月 12 日,国务院又下发《国务院关于促进房地产市场持续健康发展的通知》(国发〔2003〕18 号)(简称 18 号文)。121 号文对房地产信贷中的开发贷款、建筑业流动资金贷款和个人住房抵押贷款提出了一系列原则性要求,一方面起到了警示房地产信贷风险的作用,另一方面使得商业银行和房地产投资者、开发商之间的贷款融资行为受限。国务院下发的 18 号文,充分肯定房地产业已经成为国民经济的支柱产业,要求对符合条件的房地产开发企业和房地产项目给予信贷支持,指出需要加强房地产贷款监管,严禁违规发放房地产贷款,控制和化解房地产信贷风险。这对促进房地产市场健康发展起到了非常重要的作用。2004 年 9 月 2 日,中国银行业监督管理委员会发布《商业银行房地产贷款风险管理指引》。2005 年 5 月 28 日,中国银行业监督管理委员会办公厅发布《关于加强信托投资公司部分业务风险提示的通知》(银监办发〔2005〕212 号),要求信托投资公司对新发生的证券投资业务要严格执行《中国银行业监督管理委员会办公厅关于规范信托投资公司证券业务经营与管理有关问题的通知》(银监办通〔2004〕265 号)的规定;新开办房地产业务应符合国家宏观调控政策,并进行严格的尽职调查,对未取得国有土地使用证、建设用地规划许可证、建设工程规划许可证、建筑工程施工许可证("四证")的项目不得发放贷款;申请贷款的房地产开发企业资质不低于国家建设行政主管部门核发的二级房地产开发资质,开发项目资本金比例不低于 35%。为了进一步落实《国务院办公厅转发建设部等部门关于调整住房供应结构稳定住房价格意见的通知》(国办发〔2006〕37 号)精神,加强和改进银行业金融机构房地产信贷管理,促进房地产市场持续健康发展,2006 年 7 月 22 日,中国银行业监督管理委员会发布了《关于进一步加强房地产信贷管理的通知》。

2007年1月23日,中国银行业监督管理委员会发布2007年第2号令《信托公司管理办法》,明确信托公司可以申请经营不动产信托业务。2007年9月27日,中国人民银行发布《关于加强商业性房地产信贷管理的通知》,鼓励个人自住性购房,限制投资性购房。

2008年5月15日,中国人民银行、银监会发布《关于金融促进节约集约用地的通知》(银发〔2008〕214号),该通知旨在为贯彻落实国务院关于促进节约集约用地的精神,充分利用和发挥金融在促进节约、集约用地方面的积极作用,这使得从紧的货币政策的态势持续。2009年5月25日,国务院发布《关于调整固定资产投资项目资本金比例的通知》,决定保障性住房和普通商品住房项目的最低资本金比例为20%,其他房地产开发项目的最低资本金比例为30%。2009年6月19日,中国银行业监督管理委员会发布《关于进一步加强按揭贷款风险管理的通知》,要求加强信贷管理,切实防范按揭贷款风险,促进按揭贷款业务健康有序发展,坚持重点支持借款人购买首套自住住房的贷款需求。2009年12月17日,财政部、国土资源部、人民银行、监察部等五部委联合发布《关于进一步加强土地出让收支管理的通知》,将开发商拿地的首付款比例提高到了五成,且分期缴纳全部价款的期限原则上不超过一年。而此前各地方土地出让大多执行20%~30%的首付政策。2011年1月26日,国务院办公厅发布《关于进一步做好房地产市场调控工作的有关问题的通知》(新国八条),要求将第二套房的房贷首付从原来的不低于50%改为不低于60%,同时要求各直辖市、计划单列市、省会城市和房价过高、上涨过快的城市,在一定时期内,要从严制定和执行住房限购措施。

土地供应政策主要有国土资源部2002年发布的《招标拍卖挂牌出让国有土地使用权规定》(11号令)、2003年发布的《协议出让国有土地使用权规定》(21号令)和2003年发布的《关于清理各类园区用地加强土地供应调控的紧急通知》(45号文)。11号令明确规定了"商业、旅游、娱乐和商品住宅等各类经营性用地必须以招标、拍卖或者挂牌方式出让",并且对招拍挂出让国有土地的内容和程序作出了规定。之后,国土资源部于2003年下发了21号令,规定非经营性用地在协议出让前和出让后都必须向社会公布,接受社会监督,同时,对协议出让国有土地价格标准也有了新的具体规定。别墅市场方面,国土资源部2003年2月18日发布45号文件,明确要求对各地的别墅用地进行控制,停止高档住宅项目的土地审批,并且要求深化土地"招拍挂"制度。2006年,国土资源部发出《关于进一步从严土地管理的紧急通知》,按照土地利用总体规划，要求对地方政府及有关部门批准建设的用地项目，就其必要性、是否符合国家产业政策和规划、是否纳入计划等进行严格审查、充分论证，从严并放缓了建设用地审查报批。国土资源部制定的《招标拍卖挂牌出让国有土地使用权规范》和《协议出让国有土地使用权规范》正式施行，规范对招标拍卖挂牌或协议出让国有土地使用权的范围作了细化，并建立国有土地出让的协调决策机构和价格争议裁决机制。2006 年 9 月，《国务院关于加强土地调控有关问题的通知》发布，该通知提出要规范土地出让收支管理、建立统一的全国工业用地出让最低价标准、提高城镇土地使用税标准、建立多部门协调机制加大惩罚力度等内容。2006 年 11 月，财政部、国土资源部、中国人民银行三部门联合下发《关于调整新增建设用地土地有偿使用费政策等问题的通知》。通知规定，自 2007 年 1 月 1 日起，新批准新增建设用地的土地有偿使用费征收标准在原有基础上提高 1 倍，并按照实际新增建设用地面积征收。2006 年 12 月，新版限制禁止用地项目目录发布，该目录共涉及 24 个行业 208 类项目，与 1999 年《禁止供地项目目录》相比，在其他项目中，增加了别墅类房地产开发、高尔夫球场、赛马场项目等六类项目。2006 年 12 月 31 日，《国务院关于修改〈中华人民共和国城镇土地使用税暂行条例〉的决定》发布，对我国实行了近 20 年的城镇土地使用税税额标准作出了重大调整。从 2007 年 1 月 1 日起施行的新标准比过去的标准提高了两倍，并将征收范围扩大到外商投资企业和外国企业。2007 年 9 月 28 日，国土资源部发布第 39 号部令《招标拍卖挂牌出让国有建设用地使用权规定》，进一步规范国有建设用地使用权出让行为。2008 年 1 月 3 日，发布《国务院关于促进节约集约用地的通知》（国发〔2008〕3 号），要求土地闲置满一年不满两年的，按出让或划拨土地价款的 20% 征收土地闲置费。对闲置土地特别是闲置房地产用地要征缴增值地价。

2010 年 3 月 8 日，国土资源部出台《关于加强房地产用地供应和监管有关问题的通知》，内容包括"开发商竞买保证金最少两成"、"1 月内付清地价 50%"等 19 条土地调控政策。2010 年 9 月 21 日，国土资源部、住房和城乡建设部联合发布《关于进一步加强房地产用地和建设管理调控的通知》（国土资发〔2010〕151 号），要求强化住房用地和住房建设的年度计划管理，加快推进住房用地供应和建设项目的审批，严格住房建设用地出让管理，加强对住房用地供地和建设的监管。

这些政策的出台，一方面起到了防范房地产经营风险的目的，另一方面加强了土地供应管理，使获得土地使用权的途径更加清晰和公开化，这对房地产投资者具有重大意义。

二、我国房地产投资的数据

2011 年 1 ~6 月，全国房地产开发投资累计完成额 26 250 亿元，其中住宅投资累计完成额 18 641 亿元，分别同比增长 32.9% 和 36.1%，增速环比分别下降 1.5% 和 1.7%，房地产开发投资增速放缓。2011 年 1 ~6 月，全国商品房销售面积 44 419 万平方米，其中住宅销售面积为 39 805 万平方米，分别同比增长 12.9% 和 12.1%，增速环比分别为 3.8% 和 3.6%，商品房销售面积连续两个月环比上涨。受商品房销售增速放缓的影响，房屋新开工面积增幅明显放缓，2011 年 1 ~6 月，全国房屋新开工面积为 99 443 万平方米，其中住宅新开工面积 76 866 万平方米，分别同比增长 23.6% 和 20.7%，增速环比基本保持稳定。全国房屋竣工面积为 27 558 万平方米，其中，住宅竣工面积为 22 059 万平方米，分别同比增长 12.8% 和 12.3%，增速分别环比下降 0.1% 和 0.4%，处于历史较低水平。

2011 年 1 ~10 月，全国房地产开发投资 49 923 亿元，同比增长 31.1%。其中，住宅投资 35 832 亿元，增长 34.3%。全国商品房销售面积 79 653 万平方米，增长 10.0%。其中，住宅销售面积增长 9.0%。房地产开发企业本年资金来源 68 429 亿元，同比增长 20.2%。从城市情况来看，10 月统计的 15 个主要城市销售总面积同比下降约 39%，较 9 月份约 35% 的降幅继续扩大。一、二线城市销售面积同比降幅均在 39% 左右，限购的一、二线城市降幅明显大于全国整体水平，大致测算 10 月份三、四线城市的同比降幅在 4.5% 左右，比 9 月份估算的 15% 的增幅明显下滑。从环比情况来看，10 月份各城市新房销量有升有降，变动幅度在 15% 左右。10 月二手房销量环比继续下降，平均降幅在 14% 左右，成交绝对量仍在低位，各城市二手房同比降幅在 50% 左右。2011 年 10 月，开发企业资金来源增速继续回落，整体资金来源增速连续两个月回落，其中贷款资金增幅仅为 1.0%，增速较前一个月回落 2.7 个百分点；由于销售增速回落，1 ~9 月其他资金来源增幅 18.8%，增速较 9 月下降 1.9 个百分点；自筹资金增速连续三个月高位回落，10 月份增速为 30.8%。

全国及北京、上海、天津、重庆等城市有关房地产投资数据见表 1 -1 至表 1 -8（数据来源：《中国统计年鉴 2010》和《2010 年国民经济和社会发展统计公报》)。

表 1-1 全国房地产投资情况 单位:亿元,%

年份	GDP	国内生产总值指数	房地产开发投资	房地产投资增长率	城镇住宅开发投资	住宅投资增长率
2006	216 314.4	112.7	19 422.9	22.1	13 638.4	25.6
2007	265 810.3	114.2	25 288.8	30.2	18 005.4	32.0
2008	314 045.4	109.6	31 203.2	23.4	22 440.9	24.6
2009	340 902.8	109.2	36 241.8	16.1	25 613.7	14.1
2010	401 202.0	110.4	48 259.4	33.2	34 026.2	32.8

GDP:按当年价格计算。

国内生产总值指数:按不变价格计算,上年=100。

表 1-2 2010 年直辖市固定资产投资 单位:亿元

城市	全社会投资	城镇固定资产投资	房地产开发投资
北京	5 403.0	4 916.5	2 901.1
天津	6 278.1	5 896.5	866.6
上海	5 108.9	4 630.5	1 980.7
重庆	6 688.9	6 170.6	1 620.3

表 1-3 全国城镇施工和竣工房屋面积及价值 单位:万平方米,亿元

年份	施工房屋建筑面积		竣工房屋建筑面积		竣工房屋价值	
	总计	住宅	总计	住宅	总计	住宅
1999	144 319.3	91 835.4	79 646.1	55 868.9	6 791.0	4 012.2
2000	151 691.3	94 441.6	80 507.9	54 859.9	7 014.6	4 122.1
2001	166 837.6	103 643.6	85 278.9	57 476.5	7 463.5	4 463.7
2002	189 973.4	113 848.5	93 018.3	59 793.6	8 435.3	4 920.0
2003	221 258.1	124 386.5	93 114.7	54 971.5	10 126.4	5 883.7
2004	259 252.2	142 936.6	101 033.8	56 897.3	11 119.0	6 144.1
2005	304 904.3	166 143.4	118 125.8	66 141.9	13 952.4	7 682.8
2006	345 152.0	187 898.4	120 705.3	63 046.9	15 340.1	8 196.2
2007	414 941.8	226 159.7	134 247.5	68 820.8	18 043.4	9 622.2
2008	489 110.6	269 918.4	147 066.4	75 969.1	21 515.3	11 371.6
2009	577 357.3	312 039.7	164 539.3	82 101.5	27 128.4	14 081.3
2010	706 379.2	376 588.5	175 429.6	86 879.8	31 627.0	16 270.8

表 1-4　2010 年直辖市城镇施工和竣工房屋面积及价值　单位:万平方米,亿元

城市	施工房屋建筑面积		竣工房屋建筑面积		竣工房屋价值	
	总计	住宅	总计	住宅	总计	住宅
北京	13 558.7	6 649.8	2 935.3	1 566.4	763.9	349.2
天津	12 294.7	5 525.5	2 917.2	1 702.8	842.8	501.7
上海	13 688.6	7 325.0	2 402.4	1 397.2	920.9	537.1
重庆	22 359.1	15 628.6	4 301.5	3 120.4	844.8	605.8

表 1-5　全国房地产开发企业资金来源　单位:亿元

年份	资金合计	国内贷款	利用外资	自筹资金	其他资金
1998	4 414.94	1 053.17	361.76	1 166.98	1 811.85
1999	4 795.90	1 111.57	256.60	1 344.62	2 063.20
2000	5 997.63	1 385.08	168.70	1 614.21	2 819.29
2001	7 696.39	1 692.20	135.70	2 183.96	3 670.56
2002	9 749.95	2 220.34	157.23	2 738.45	4 619.90
2003	13 196.92	3 138.27	170.00	3 770.69	6 106.05
2004	17 168.77	3 158.41	228.20	5 207.56	8 562.59
2005	21 397.84	3 918.08	257.81	7 000.39	10 221.56
2006	27 135.55	5 356.98	400.15	8 597.09	12 781.33
2007	37 477.96	7 015.64	641.04	11 772.53	18 048.75
2008	39 619.36	7 605.69	728.22	15 312.10	15 973.35
2009	57 799.04	11 364.51	479.39	17 949.12	28 006.01
2010	72 944.04	12 563.70	790.68	26 637.21	32 952.45

表 1-6　2010 年直辖市房地产开发企业资金来源　单位:亿元

城市	资金合计	国内贷款	利用外资	自筹资金	其他资金
北京	5 790.61	1 439.08	13.90	1 762.97	2 574.66
天津	1 665.54	539.59	8.34	457.74	659.88
上海	3 229.29	819.57	96.05	1 070.88	1 242.78
重庆	2 859.53	584.72	83.93	685.00	1 505.89

表1-7 全国房地产开发企业个数 单位:个

年 份	企业个数总计	内资企业	港澳台投资企业	外商投资企业
1998	24 378	19 960	3 214	1 204
1999	25 762	21 422	3 167	1 173
2000	27 303	23 277	2 899	1 127
2001	29 552	25 509	2 959	1 084
2002	32 618	28 657	2 884	1 077
2003	37 123	33 107	2 840	1 176
2004	59 242	53 495	3 639	2 108
2005	56 290	50 957	3 443	1 890
2006	58 710	53 268	3 519	1 923
2007	62 518	56 965	3 524	2 029
2008	87 562	81 282	3 916	2 364
2009	80 407	74 674	3 633	2 100
2010	85 218	79 489	3 677	2 052

表1-8 房地产开发企业主要指标 单位:万平方米,亿元,元/平方米

指 标	2007	2008	2009	2010
本年土地购置面积	40 245.8	39 353.4	31 909.5	39 953.1
本年完成投资额	25 288.8	31 203.2	36 241.8	48 259.4
其中:住宅投资额	18 005.4	22 440.9	25 613.7	34 026.2
商品房销售面积	77 354.7	65 969.8	94 755.0	104 764.6
其中:住宅销售面积	70 135.9	59 280.4	86 184.9	93 376.6
商品房平均销售价格	3 864	3 800	4 681	5 032
住宅平均销售价格	3 645	3 576	4 459	4 725
资产负债率(%)	74.4	72.3	73.5	74.5
主营业务收入	23 397.1	26 696.8	34 606.2	42 996.5
土地转让收入	427.9	466.8	498.0	519.2

本章重点回顾

房地产　土地　土地使用权

土地的经济供给　土地的特性　房地产的特性

房地产投资　销售收益　现金流量收益

避税收益　房地产直接投资　房地产间接投资

房地产投资过程　房地产投资分析

DI 第二章 ZHANG 房地产投资基本原理

第一节　投资要素原理

在假定投资的动机是来源于赚取净利润的前提条件下，只有当投资收益大于投资成本时，投资者才会投资。因此，理解投资必须考虑三个基本要素：收益、成本和预期。房地产投资也同样离不开这三个基本要素。

一、收益

投资的一个非常重要的因素是产出水平，产出在一定意义上支配着收益。由于投资资金不断流动变化，不确定性普遍存在于经济生活中。也就是说，风险与收益是紧密联系在一起的，收益的表现形式可以是利润，利润应该包括与风险相联系的三种不同的报酬：

其一，社会风险补偿。收益中的一部分是在良好的经济环境条件下的超额利润，用以补偿诸如破产或萧条这样的经济风暴时期的损失。

其二，承担风险的收益。由厂商所承担的某些风险不可能被全部分散或加以保险。但是，投资商一般是厌恶风险的——他们必须得到风险补偿才会持有这样的风险资产。

其三，创新利润。在一个持续创新的世界中，企业家从创新中能得到利润或暂时的高额收入。

只有当投资商能够售出更多的产品或使产品成本较为低廉时，才能给投资商带来额外的收益。房地产开发中的成片开发可以发挥投资资金的规模收益，而房地产投资商千方百计地降低建造成本，就是为了获得更多的收益。因此，建材价格的涨落和地价的起伏，是房地产投资商所关注的投资风险，努力减少这些风险，是为了获得风险收益。一般来说，收益的总体水平受国民经济周期变化的影响，收益效用支配着经济周期中投资的变动方向。投资资金总是向着收益效用较高的方向流动，当房地产投资利润高于社会平均利润时，房地产投资领域就会吸收投资资金。

二、成本

利率和税收是影响投资成本的两个重要因素。利率在经济中具有重要作用，是投资成本和总需求的一个重要决定因素。实际利率是借款者用实际物品和劳务偿付的利息，它等于名义利率减去通货膨胀率，即实际利率=名义利率-通货膨胀率。利率作为经济生活中的一种调节工具，具有两种职能：首先它是那些想积累财富的人进行消费、储蓄、投资的决策依据；其次，它也是一种资源配置的手段，促使投资者选择具有最高收益率的投资项目。然而，随着被积累的资本越来越多以及收益递减规律的作用，资本收益率和利率将会由于竞争而有所下降。当利率下降时，会刺激投资，储蓄资金有可能流向包括房地产在内的投资领域，由于房地产具有保值增值功能，因而对资金更具有吸引力。

税收的增减，直接影响房地产投资成本。如，土地增值税的开征，影响着房地产投资成本，尤其是土地增值额的评价标准不同时，将会导致不同的土地增值额评估结果，从而影响房地产投资成本的大小。

三、预期

投资中的第三个因素是投资商对未来的预期。投资归根结底是对未来进行风险决策，所决策的也就是未来收益是否能大于投入成本。由于未来事件非常难以预测，因此投资决策随着对未来事件的不同预期而有所不同。房地产投资一般是长线投资，因而对未来的预期就显得格外重要。房地产投资中对土地区位的预期和对房地产需求的预期将直接影响着房地产投资类型的决策。

第二节　边际成本及规模收益理论

一、边际成本递减递增规律

边际成本递减递增规律是描述总成本的变化率与产量之间关系的规

律，是根据微观经济学中的成本函数导出的微观经济规律。它是投资决策的重要原理之一。边际成本曲线随产量的增加迅速降到最低点，过最低点以后，便随产量的增加而迅速上升。总成本是生产一定产量所必须支付的全部成本。表示总成本和产量之间关系的公式被称为成本函数。

边际成本开始时随产量的增加迅速下降，降到最低点以后，便随产量的增加而迅速上升，上升的速度比平均可变成本更快。

由边际成本递减递增规律可以看出，投资成本与投资规模不是呈线性比例关系，在房地产投资中也是如此，因此，房地产投资决策需要注意投资规模研究，以确定合理的成本收入。

边际成本递减递增规律是规模收益理论的前提和基础。

二、规模收益理论

规模收益理论是描述投入与收益之间关系规律的理论。西方经济学认为，根据一种可变投入的生产函数，可以得出边际产品递减规律。即在其他投入固定不变的情况下，随着一种可变投入的增加，总产品的增量即边际产品在超过某一点之后就开始递减。

微观经济学根据上述关系将生产分为三个阶段。第一阶段是收益递增阶段，第二阶段是收益递减阶段，第三阶段是负收益阶段。在第一阶段，每增加一个单位的可变投入都能提高平均产量，因而边际产量高于平均产量。这表明，和可变投入相比，不变投入太多，很不经济。在这一阶段，增加产量是有利的。有理性的投资商不会停留在这一阶段内的任何产量上，他必定会增加可变投入，扩大产量。第二阶段的起点是边际产量等于平均产量的那一点，第二阶段的终点是边际产量等于零的那一点。有理性的投资商总会在从可变投入的平均产量最大值到边际产量为零值的区间中进行选择。在第三阶段，可变投入的边际产量为负值。这时，每减少一个单位的可变投入都能提高总产量。这表明，和可变投入相比，不变投入太少，很不经济。在这一阶段，减少可变投入是有利的。有理性的投资商不会停留在这一阶段内的任何产量上，他必定会减少可变投入。

由此可见，第二阶段是投资商的投资范围。但是，在第二阶段的产量中，投资商究竟选择哪一点即选择哪一产量进行投资，不仅取决于生产函数，还取决于成本函数。

在某些投入不是固定不变的情况下，投资商不仅可以使用更多的劳动，而且可以使用更多的土地，更多的厂房、机器等设备，以扩大生产规模。生产规模的变化必然会引起产量的变化。西方经济学将产量和生产规模之间的关系分为三种情况：规模收益递增、规模收益递减、规模收益不变。

首先是规模收益递增。各种生产要素的投入数量按照固定比例增加，而产量增加的比例超过所有投入增加比例的情况叫做规模收益递增。换一个说法，产量变化率大于投入变化率的情况叫做规模收益递增。

其次是规模收益递减。各种生产要素的投入数量按照固定比例增加，而产量增加的比例低于所有投入增加的比例，也就是产量变化率小于投入变化率，这种情况叫做规模收益递减。

最后是规模收益不变。各种生产要素投入增加的比例和产量增加的比例相等，即产量增长率等于投入增长率的情况叫做规模收益不变或固定规模收益。

规模收益理论将生产划分为三个阶段，即一定技术水平下，一定量的土地上可变投入与产出的变化可划分为三个阶段。在第一阶段，每增加一个单位的变量资源，都能使土地上的产量急剧增加，每一单位的平均收益递增；但是，由于变量资源与固定的土地资源在数量上没有能够充分配合，土地生产潜力没有能够充分发挥出来，因此投资者一般不会停留在这一阶段，而要继续增加投入。在第二阶段，随着可变资源投入的不断增加，在现有的技术水平下，土地的产量不断上升直至最高点。如果继续增加变量资源投入，土地的产量将不再上升，甚至降低，理智的投资者不应继续增加投入，扩大规模。在第三阶段，随着变量资源的投入增加，边际收益和平均收益进一步递减，从而导致总收益递减。因此只有在第二阶段，投入的可变资源与土地的比例相适应，是投资者应该选择的收益与投入相比最合理的阶段。这一规律在土地经济学中称为土地收益递减规律。①

土地报酬递减规律是指在技术不变的条件下，土地的集约利用有一定的限度。当增加对土地的投入时，土地的收益呈递增趋势。当土地的开发超过某一点时，从土地中所获得的收益开始呈递减的趋势，即生产物增加的比例低于投入土地的劳动增加的比例。例如，在美国曾作过这样的研究：在一块面积为160×172英尺（约48.8米×52.4米）的土地上修建大楼，其地皮价值为150万美元，应修建几层楼，其投资利润率最高？当修建一座5层办公楼

① 刘书楷，张月蓉．土地经济学原理．南京：江苏科学技术出版社，1988.

时，其投资利润率是4.36%，10层为6%，15层为6.82%，20层为7.55%，25层为6.72%，30层为5.56%，从中可知，报酬递减点是在20层以后。[①]

第三节 风险回报原理

一、投资风险—收益分析

一般来说，风险和收益之间总是相生相伴的。投资的风险—收益分析，可以通过风险—收益等价曲线（图2-1）来量化。所谓“等价”，就是说风险与预期收益之间存在着一定的转化关系，风险大的项目预期收益高，风险小的项目预期收益低，在投资者看来，不同的风险项目对应着相应的预期收益率，并且风险与收益是等价的。风险—收益曲线清楚地表明了这些关系。一般用概率作为对风险的估计，表示风险的大小；收益用预期收益率表示，通过对不同的投资者对待风险的态度给出风险—收益曲线。在这条曲线上，任一点所对应的风险与预期收益，投资者均认为是等价的。在图2-1中，当风险度为0.3时，取得的预期收益率为15%；当风险度为0.4时，取得的预期收益率为20%，投资者会感到同样的满足。

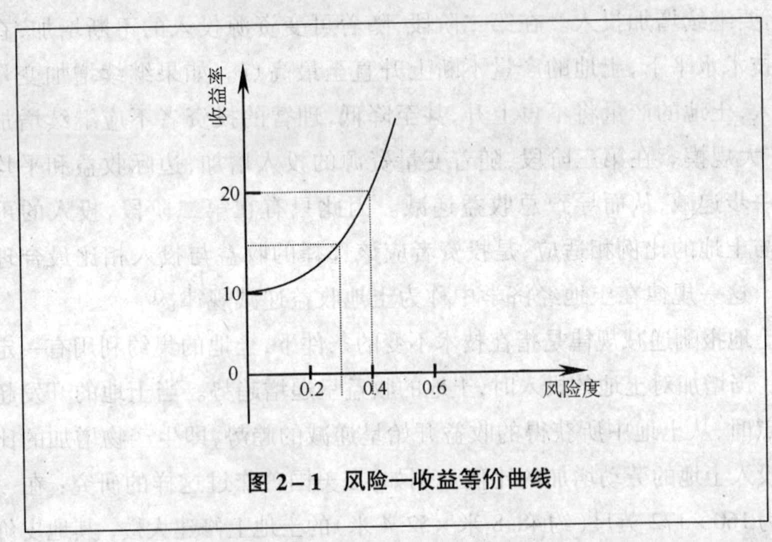

图2-1 风险—收益等价曲线

① 陈业．建设用地管理学．天津：天津人民出版社，1991．

投资的风险—收益等价曲线分析在房地产投资决策中是非常重要的，为房地产投资者进行风险分析提供了一种量化工具。房地产投资商在进行诸如商业中心、写字楼、住宅、花园别墅、工业厂房等投资项目决策时，可以根据不同风险程度下的预期收益率来决定是否值得冒此风险。

二、投资风险—效用分析

投资者在进行投资时，对于方案选择一般遵循以下两条原则：①相同收益率的方案，选择风险小的方案；②风险相同的方案，选择收益率大的方案。然而在实际生活中，投资决策除了考虑投资方案的效益外，还与投资决策者对于风险的态度及其对后果的偏好程度有关。一个投资方案的决策，不仅与决策者所处的社会经济环境有关，而且还与决策者本人的地位、素质、心理状态有关。投资决策者对待风险的态度往往是决定投资行为的重要因素。这样，在进行投资决策分析时，风险—效用分析就显得非常重要。

在决策中，运用效用标准去选择投资方案，必须比较效用的大小。效用的具体度量称为效用值。效用值是对几种方案相比较得到的相对值。一般来说，一旦每个条件结果变成现实，就会引起决策者的心理感受，或高兴，或不满意，这样每一个条件结果都对应一个效用值，由此，通过比较效用值的大小，来决定方案的取舍。

效用值具有二重性，一方面具有客观性，效用大小与一定的客观条件有关，通过测算其相对数量值，将其用于不同决策方案间的比较；另一方面，它也有主观性，受决策者个人对待风险态度的影响。一般将人们对待风险的态度分为三种：①回避风险型；②冒险型；③中间型。

第一种是回避风险型，这种人在投资决策时，力图追求稳定的收益，不愿冒较大的风险，在选择各种投资机会时，对预期收益大但风险也大的项目往往采取回避的态度，而倾向于预期收益小但风险也小的项目，把效用看得很重。这样投资虽然容易成功，但不会有多大的收益；投资如果失败，也不会受到致命的打击，还有较多回旋的余地。

第二种是冒险型，这种人有较强的进取心和开拓精神，为了追求较大的利益，宁愿承担较大的风险。在风险程度不同而且收益也不同的方案之间进行选择时，他们往往选择预期收益大、风险也大的方案，有时尽管投资方案的成功率较小，但由于预期收益很大，也乐于争取，甚至不惜付出孤注一掷的代价。这种人可能获得巨大的成功,也可能一败涂地。

第三种是中间型。上述两种对待风险的态度处于两种极端情况,介于二者之间的属于中间型,他们认为有风险和没有风险的结果没有多大差别,认为效用值与期望值是一致的,在决策中往往利用期望值作为选择方案的标准。

效用理论对决策者来说是十分实用的。当投资者试图摆脱风险时,潜在利润的预期收益便不足以衡量一项风险投资的吸引力了,此时,合理决策产生于可选方案预期效用的比较。投资风险—效用原理对于房地产投资决策分析具有一定的指导意义。如,进行诸如商业购物中心、普通住宅、花园别墅等项目的投资决策时,便存在着商业购物中心收益大,风险也大;普通住宅风险小,收益也小;花园别墅的收益和风险介于两者之间这一情况。这时,回避风险型的投资者有可能选择普通住宅项目,冒险型的投资者有可能选择商业购物中心项目,而中间型的投资者则会通过计算,选择期望收益最大的投资项目。

第四节 投资价值与市场价值

一、市场价值

市场价值是指在完全竞争开放的市场中,买卖双方对市场熟悉并且都处于理智状态下的最可能交易价格。市场价值的假设前提是买卖双方对市场的认知程度、交易时的议价能力和交易时双方的地位都是相等的。市场价值是房地产估价中常用的术语,一般认为是待估房地产在某一个时点众多市场交易主体各自认同的最可能交易价格的平均值。“市场价值是客观的、非个人的价值。”①

《国际评估准则》中对市场价值定义如下:“自愿买方与自愿卖方在评估基准日进行正常的市场营销之后,所达成的公平交易中某项资产应当进行交易的价值的估计数额,当事人双方应当各自精明、谨慎行事,不受任何强迫压制。”

根据市场价值的定义,市场价值应具有以下要素:

---

① 柴强.房地产估价.4版北京:首都经济贸易大学出版社,2003:70.

其一,买方自愿。买方自愿包括两个含义:一方面不是强迫的,即具有购买动机,但并没有被强迫进行购买;另一方面没有特殊情况,即该购买者会根据现行市场的真实状况和现行市场的期望值进行购买。

第二,卖方自愿。卖方自愿指卖方一方面不能急于出售,另一方面是不以投机为目的。卖方应当在进行必要的市场营销之后,根据市场条件以公开市场所能达到的最佳价格出售资产。

其三,公平交易。公平交易即买卖双方是对等的、平等的,是在没有特定或特殊关系的当事人之间的交易。

其四,资产在市场上有足够的展示时间。这是指资产应当以恰当的方式在市场上予以展示,以便让买卖双方能够充分地了解,把握资产的相关情况。

其五,当事人双方各自精明,谨慎行事。这是指双方都应把握市场,了解市场,合理地知道资产的性质和特点、实际用途、潜在用途以及评估基准日的市场状况,谨慎行事以争取在交易中为自己获得最佳利益。

市场价值反映了组成市场的市场主体对被评估房地产效用和价值的综合判断,不同于特定市场主体的判断。

二、投资价值

投资价值是指特定投资者将某一房地产作为投资时的价值。投资价值因投资主体不同而不同,而市场价值却基本上不因投资主体的不同而不同。对于某一个房地产项目来说,不同的投资主体会产生不同的投资价值;但对于不同的投资主体来说,包括对于买卖双方来说,市场价值应该是一样的。

投资价值是投资者预期未来收益的价值,反映了投资者对某一房地产未来产生收益的能力的预测和判断,同时还反映投资者对房地产可能的持有期、销售价格、经营成本、税收情况、融资状况以及影响房地产投资项目净利润的所有其他因素的推测与判断。不同投资主体自身的经营实力和经营能力不一样,在很大程度上会对上述影响因素做出不一样的考虑。因此,不同投资主体所判断或认同的投资价值是不可能相同的。

房地产投资价值除了与房地产投资项目预期收益的总量有关外,还与投资项目的收益时间和获得收益的确定性有关。因此,房地产投资价值与投资者对时间的偏好和对风险的偏好都有关。不同的偏好会产生不同的投资价值。

房地产投资价值可以认为是权益现值加上债务现值。债务现值是抵押融资总额,权益现值包括项目持有期内的预期税后现金流量的现值和持有期末处置物业所得收益的现值。不同的投资者对未来经营收益的预期不同,所得税状况不同,对推迟消费意愿和承担风险的态度也不同。因此,这就进一步说明了不同的投资者对同一个房地产投资价值的判断是不一样的。

三、交易价格

交易价格是指在房地产市场中买卖双方通过交易行为所形成的价格。交易价格是实际发生的数据,一般认为是历史价格。交易价格是买卖双方讨价还价的结果,与买卖双方对房地产市场的熟悉程度、对购买物的偏好以及购买时的心态、情绪和动机等都有密切关系。

实际交易价格是通过一个价格交易区间形成的。卖方在出售房地产时会设置一个卖价最低线,而买方在购买房地产时会设置一个买价最高线,低于卖价最低线或高于买价最高线都无法成交。由卖方最低价和买方最高价构成的区间就是价格交易区间。

在房地产交易过程中,买卖双方具有如下特点:

其一,买卖双方对房地产销售价格的看法可能不一致;

其二,买卖双方对房地产投资价值的看法可能不一致;

其三,从卖方的角度看,投资价值是其所愿意接受的最低价格;从买方的角度看,投资价值是其所愿意支付的最高价格。

从卖方来说,只有当未来的交易价格大于投资价值时才会考虑出售;而对买方来说,只有当投资价值大于未来的交易价格时才会有意愿购买。因此,只有当买方所认为的投资价值大于卖方所认为的投资价值时,交易才会成功。由买方所认为的投资价值和卖方所认为的投资价值构成的区间就是交易价格的可能区间。如图 2-2 所示。

在图 2-2 中,在乙情况下,由于卖方认为的投资价值大于买方认为的投资价值,因此交易无法达成。在甲情况下,由于买方愿意支付的最高价格大于卖方所能接受的最低价格,因此,交易能够达成,交易价格将在 88 万元至 90 万元之间形成。至于最终的成交价格是多少,取决于双方的议价能力和技巧。

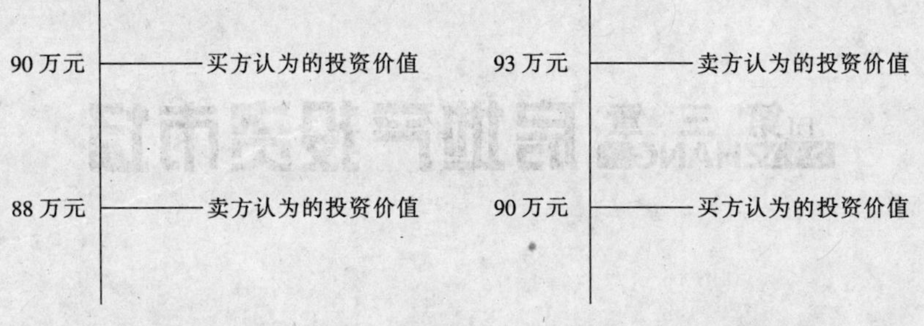

图 2–2　买卖双方对投资价值的判断

本章重点回顾

市场价值	投资价值	交易价格
投资收益	投资成本	风险补偿
预期	边际成本递减递增规律	土地报酬递减规律
风险—收益等价曲线		

DI SANZHANG 第三章 房地产投资市场

房 地 产 投 资 分 析

第一节 房地产市场概述

一、房地产市场的独特性与主要特征

(一)房地产市场的独特性

房地产市场是整个社会市场体系中的一个子市场,具有市场的共性特征,在本质上与一般市场相同,受价值规律、供求规律和竞争规律等经济规律的制约。但由于房地产本身固有的特点,区别于其他一般商品,这就导致了房地产市场又具有区别于一般市场的独特性。

房地产市场不仅是房地产交易的场所,也是房地产商品所经过的流通过程的总和,即包括房地产商品的买卖、租赁、交换、抵押、信托和融资等。房地产市场的独特性可以从以下几个方面理解:

1. 市场供给缺乏弹性。供给弹性是生产者对市场需求和价格变化的反应和敏感程度。由于房地产具有位置固定、数量稀缺、产品不可替代及建设周期长等特点,特别是土地自然供给缺乏弹性,因此,房地产开发商很难在短期内增减市场供给总量,房地产供求不平衡的调整是较为缓慢的。

2. 市场供给的不同质性。房地产不可能像一般产品那样进行批量生产,每一幢房屋都是单件产品,都具有个别性。由于房地产在位置、环境、数量、朝向、档次上的差异,以及房地产企业的生产能力和社会需求的变化,房地产市场上的房地产产品一般是不同质的产品。这就决定了房地产市场是一个不完全的市场。

3. 政府垄断土地出让。我国实行土地所有权和使用权相分离制度,政

府垄断土地出让行为。农村集体土地在被征收为国有土地之前不得进入房地产市场进行流转。因此,价值规律的发挥在房地产市场中就不同于一般的自由竞争市场而受到一定的限制。政府对于房地产市场的干预和宏观调控力度也较大。

4. 市场需求的广泛性。人们的日常生活和一切社会经济活动都离不开对房地产的需求,土地是一切经济活动和社会活动的基础,房地产是人类生存和发展的基本物质条件。随着社会生产力的发展、人类生活水平的提高和活动能力的增强,人们对房地产的需求将会越来越广泛。

5. 与银行融资关系密切。由于房地产开发需要大量资金,同时对于一般购房者来说,也需要一笔庞大的资金,因此,不论是房地产的投资者还是消费者,通常都需借助金融信贷机构和社会资金的融资作用。因为房地产是非常好的抵押品,因此,银行一般都愿意提供房地产抵押贷款。目前,在银行的贷款业务中,房地产抵押贷款占据相当大的比例。

6. 房地产市场具有较强的区域性。房地产的不可移动性决定了一个地区的房地产短缺不能依靠其他地区的房地产来解决,因此,房地产市场具有较强的区域性,这种区域性表现为区域供求状况的差异、区域价格的差异、区域市场政策的差异等。

7. 房地产价格与区位关系密切。在不同地段上开发房地产,房地产的价格可能会有天壤之别,这与一般商品的价格截然不同。一般商品不论在何地生产,其价格基本一样,房地产价格与地理位置的密切关系,充分显示了地段或区位在房地产市场中的重要作用。

8. 房地产交易需要专业人士提供服务。由于房地产市场是一个不完全竞争市场,房地产市场中的供求状况和价格变化信息一般来说透明度不高,同时,房地产市场受政府的宏观调控影响也较大,因此,房地产市场需要专业人士提供专门服务,如房地产估价师、房地产经纪人、物业管理人员、律师、房地产咨询师等。

(二)房地产市场的主要特征

我国房地产市场的特征是与我国的土地使用制度和住房制度以及社会主义市场经济体制密切相关的,其主要特征表现为:

1. 垄断与竞争相结合。在我国,城市土地归国家所有,农村集体土地属于农村集体所有。土地的所有权为国家和农村集体所垄断,不能转让给私人。土地使用权的出让为国家垄断,农村集体土地欲进入土地市场,必须先征收为国有土地，才能进入市场转让。

在房地产转让市场，由于房地产市场上买卖双方的数目众多，他们之间存在着同一般商品市场中一样的激烈竞争。所以说，房地产市场是垄断与竞争相结合的市场。

2. 房地产市场的区域性。房地产产品是不动产，其位置固定，消费者不能移动房地产产品实现消费。房地产产品的区域性使之具有产品差异化。质量完全相同的房地产，由于它们所在的地点不同，使它们不能相互替代。一个地方房地产的稀缺不能由另一个地方房地产的富余来补充。这与普通的商品市场是不同的。

3. 房地产市场供求的反经济循环性。一般市场的行情都同经济增长同方向波动，而房地产市场存在某种反经济循环的趋势。因为房地产不仅可直接用于生产和生活消费，还具有保值与增值的功能，所以当经济不景气时，人们为避免货币贬值而购买房地产。另一方面，在经济繁荣时，社会的大部分资金为其他产业部门吸收，投入到房地产行业的资金少了，限制了房地产业的发展；当经济不景气时，恰恰有一批资金从其他产业部门转移到房地产业，又促进了房地产业的发展。

4. 房地产业的社会制约性。房地产业是国民经济发展的支柱产业之一，是国民经济尤其是城市经济发展的基础产业，它的发展能带动一批相关产业的发展，所以无论是发展中国家还是发达国家，都对房地产市场采取不同程度的各种措施进行干预。由于土地资源的有限性，其利用是否科学对国民经济有重大影响，为此很多国家都制定了相应的管理措施。由于房地产业为国民经济各部门提供生产资料和为人民提供生活资料，因此它对工资、产品的价格，各行业的利润率等指标均有影响，社会对此必然要强化控制与管理。

5. 流通方式和交易形式的多样性。房地产商品具有固定性、使用周期长、价值大、产权性质多样的特点，使得房地产市场流通方式和交易方式具有多样化的特点。从交易方式上分，有购买、租赁和抵押等形式。购买有现售和预售，程序上有拍卖、招标、协议等方式。租赁有长期、短期之分和直接租赁、转租的区别。从交换媒介和商品货币关系上来分析，除了用货币购买商品外，还有抵押、典当及调换等形式。从权益关系来分析，有使用权和所有权的交易或交换，有完全产权交易和部分产权交易等。

二、房地产市场的功能

(一)价值评价的功能

按照价值规律,商品交换应该以价值为基础进行等价交换,而交换对象的价值却没有直观的评价尺度。在实际中,市场是解决这一问题的有效途径。

一种产品的价格是否合理,对该产业部门的发展有重要影响,从而影响到相关产业的发展并对整个国民经济产生影响。房地产商品是房地产业和建筑业的共同产品,其价格不合理,将直接影响到这两个产业的发展。价格偏低,这两个产业部门不能得到合理的利润和满足自身发展的资金的积累,会阻碍两个产业的健康发展;价格偏高,使开发商和建筑商获得正常利润以外的超额利润,易造成投资过热,使过剩的房地产形成积压,造成资金和资源浪费,以及带来国民经济的膨胀,使其无法协调发展。所以,充分发挥房地产市场的价值评价功能,不仅对房地产业,而且对整个国民经济都有重要意义。

(二)调节供求的功能

根据微观经济学原理,产品的价格对供给和需求均有影响。在这里,供给是指在一定价格水平上,厂商愿意而且能够提供的商品和劳务的数量;需求是指在一定的价格水平上,公众愿意而且能够购买的商品和劳务的数量。价格对供给的影响是正方向的,即随着价格的上升,供给增加;对需求的影响是负方向的,即随着价格的上升,需求减少。市场通过价格的变化,可以调节供求总量和供求结构,从而使供求达到平衡。

在实际当中,房地产商品的总供给与需求以及某类房地产商品的供给与需求通常是不平衡的。市场可以通过价格的变化使这种不平衡保持在一定的限度之内。房地产市场的自我调节功能,一方面使房地产业与社会经济协调发展,另一方面也可以调节房地产业的产品结构。

(三)优化资源配置的功能

土地实行有偿使用后,土地使用权和房屋所有权及使用权均可以入市交易。实行合理的房地产价格,进行房地产转让、租赁、抵押,可以促进房地产资源的优化配置,优化城镇用地结构,提高房地产资源使用效率。

(四)政府宏观管理的基础

房地产业是国民经济尤其是城市经济发展的基础产业,是国民经济发展的支柱产业之一。它的发展能带动一大批相关产业的发展,其发展状况对整个国民经济影响较大,必须对房地产业进行宏观管理。

国家对房地产业的宏观管理有两种途径,一种是直接管理,另一种是间接调控。在市场经济条件下,后者是主要途径。国家对房地产业的间接调控是指利用产业政策、行政、法律、经济等手段来引导、监督和服务房地产市场,以促进和规范房地产业的发展。因此,为了对房地产业进行合理的宏观调控,建立起相对完善的房地产市场是其前提和基础。

三、房地产市场的结构

在房地产市场交易活动中,房地产的权属关系、经营活动、交换行为等存在着不可分割的客观规律。房屋所有权的转移将导致与之相关的土地使用权的转移,土地到期回收,土地上的建筑物也随之回收,体现了房地权属主体的一致性及其相互的连带关系。在房地产交易中,房价和地价互相影响,体现了价格上的相关效应。

房地产市场是一个多功能的综合性市场,目前,我国房地产市场可划分为三个不同层次,即一级市场、二级市场和三级市场。

(一)房地产一级市场

一级市场是指国家以土地所有者和管理者的身份,将土地使用权出让给房地产经营者与使用者的交易市场,又称土地出让市场。在该级市场中,表现为政府与经营者和使用者之间的交易行为,政府直接参与交易活动。

房地产一级市场有以下几个特点:

1. 垄断性。房地产一级市场是完全垄断市场。因为在一级市场中只有一个卖主——国家。在我国,农村集体所有的土地不能直接对外出让,需要出让时必须先转为国有土地。因此,在土地出让市场上只有一个卖主,一级市场为政府所垄断。

2. 有限的竞争性。土地资源是一种稀缺资源,而且一级市场的卖方由政府垄断,所以房地产一级市场的竞争是有限的,只能在买方之间展开。政府处于垄断地位,可以利用市场机制,有效配置土地资源。

3. 政策导向性。在一级市场上,政府既是卖方,又是土地宏观管理者。政府出让土地是一种政府行为,而不是一种纯粹的商业行为。政府凭借垄断地位控制一级市场,其目的不是收益最大化,而是合理配置土地资源,提高土地使用的社会效益与环境效益。因此,政府需要根据城市的发展规划和经济发展的需要,制定一些产业政策,调整土地出让计划、规模和结构,引导开发商的开发经营行为及产业的发展,达到宏观调控的目的。

(二)房地产二级市场

房地产二级市场是房地产开发商与房地产使用者之间的交易市场,是取得土地使用权的房地产开发公司对土地进行开发后,将“生地”变为“熟地”,或在熟地上建成各类房屋(住宅、厂房、仓库、写字楼、商场、旅馆、停车场、游乐场等),然后将开发后的土地连同地上建筑物转让给使用者即消费者的经济行为。

(三)房地产三级市场

三级市场是指投入消费使用后的房地产交易,包括房屋买卖、租赁、土地转让、房地产抵押等项交易活动。三级市场上并没有固定的卖方和买方,几乎所有的土地使用者、房产所有者和使用者,包括企事业单位、机关、个人都可成为市场主体,价格也主要在市场中自由竞争形成。三级市场具有调节消费需求的性质,房地产呈横向流通,是使用者、消费者、经营者之间的平等转移。

与房地产一、二级市场相比,三级市场有以下特点:

1. 竞争充分。买者与卖者的数量极多,难以形成垄断。

2. 交易主体多样。土地使用者、房产的所有者和使用者都可以在市场上进行交易。交易主体既包括个人,也包括机关、企事业单位。

3. 交易分散,交易规模有大有小。

4. 交易对象多为存量房地产。

一、二、三级市场共同构成一个完整的有机的房地产市场体系,其整体功能的发挥,可促进房地产资源的优化配置和房地产业的全面协调发展。

四、房地产市场的类型

房地产市场是一个多功能的综合性市场,从不同的角度出发,有多种不同的分类方式。一般说来,有以下几种划分方法:

(一)按房地产的实物形态划分

1. 地产市场。地产市场是指土地使用权交换的市场,在该市场中城市土地使用权通过供求双方之间自愿地有偿让渡,实现地产的交换和流通。

地产市场与一般商品市场相比,具有以下特点:

(1)一般市场对商品出售后的用途不加限制,土地的使用则有限制,地上建筑物必须符合城市规划。

(2)一般商品进行交易时,同时出售了商品的所有权和使用权,而地产市场进行交易的只是土地的使用权,城市土地所有权归国家所有,农村土地所有权归农村集体所有,不能进入市场进行交易。

(3)一般市场上商品的运动是单独完成的,而城镇地产的流动大多数情况下伴随着房产的流动。

2. 房产市场。房产市场不仅反映一定时期内房产供给量及有支付能力的房产需要量之间的经济联系,而且反映出房地产生产者与消费者之间、房产买卖双方之间、房地产业与国民经济其他部门之间的经济关系。

房产市场与一般市场相比,具有以下特征:

(1)经营对象的不可移动性。房产市场的主要经营对象是房屋,是不动产,在房地产交易过程中只能通过交换产权契约的交易活动而发生所有权和使用权的转移,不发生物质实体空间的移动。

(2)流通形式的多样性。房产商品具有位置固定、使用周期长、价值大、产权性质多样等特点,因而具有多种流通形式。除房产的买卖、租赁两种主要流通形式外,还有调换、抵押、信托等形式。

(3)较强的区域性。房地产是不动产,一个地区的短缺不能由其他地方的积压来补充,市场具有较强的区域性。

(二)按交易方式划分

1. 房地产买卖市场。房地产买卖市场是指从事房地产买卖活动的场所,包括房产所有权和土地使用权买卖。

房产买卖是房产出售者与购买者之间在房产所有权占有方面的一种经济关系。房产出售者让出房产所有权而获得房地产价值的货币收入;购买者通过支付货币买到房产所有权。该方式是房产交易中最重要、最典型的方式。除此之外,土地使用权的长期让与,即购买长期使用权的买卖方式,亦可视为房地产买卖行为。

房地产买卖可分为现货买卖和期货买卖。

房地产现货买卖是指买卖已存在的新、旧房地产成品，其具有以下优点：①能够迅速满足用户需要；②产品差异性易于比较。

房地产期货买卖是指在房地产尚未建成前预先将其销售出去。房地产期货买卖是一种有效的融资方式，能加快资金循环，提高资金使用效率。但其也有不足之处，如买卖双方都要承担较大的风险；期货交易容易产生投机行为，扰乱房地产市场正常的秩序。

2. 房地产租赁市场。房地产租赁是房地产出租者将房地产使用权在一定期限内交给承租者，而房地产的所有权不变。出租者售出的是房屋在一定期限内的使用权，得到的是租金收入；承租者买到的是房屋在一定时期内的使用权，付出的是房租。

3. 房屋调换市场。房屋调换有两种形式：一种是房屋所有权的调换，交换双方原有所有权相互转移；另一种是房屋所有权不变，只发生使用权转移。

4. 房产抵押市场。房产抵押是房产所有权人因借款或为第三者担保债务的履行，将房产及相应的土地使用权抵押给债权人作为保证。房产抵押不转移房屋占有、使用和收益权利，但所有者不能随意处置房屋，直到还清债务、抵押消失为止。

5. 房屋典当市场。房屋典当是将房屋出典于人，收取一定的典价，在一定时间内原价回赎，过期不赎作为绝卖。在典期内，典权人有权使用房屋，享有在典期内将房屋出租和转典的收益权，出典人在典期内如使用房屋则需缴纳房租。出典人有权在典期届满时交回典价赎回房屋，不付利息。如双方同意，也可由承典人按房价向出典人补足典价的差额而取得房屋的所有权。

（三）按交换物的性质划分

按交换物的性质划分，可将房地产市场分为实体类房地产市场和非实体类房地产市场。前者指房产和地产的实物交易，可分为房产市场和地产市场；后者指与房地产的生产、流通、分配、消费相关的资金、劳务、技术信息等的交易。非实体类房地产市场具体可分为以下几类：

1. 房地产金融市场。房地产金融市场是房地产资金的供应者和需求者进行资金融通和有价证券买卖交易的场所，是房地产货币资金经营方式和经营行为的总和。

2. 物业管理市场。这主要是指向住户提供房屋修缮、加固，危房鉴定改造，屋内装潢、保安、绿化等服务的市场。

3. 房地产中介服务市场。这主要指提供各类房地产业务的中介、技术咨询、房地产交易、行业情况预测分析及国内外有关资料等服务的市场，包括房地产价格评估和房地产经纪人活动以及房地产咨询等。

五、房地产市场的主体和客体

（一）房地产市场主体

房地产市场主体是指房地产市场活动的参与者。根据房地产市场主体所处的地位，可将其划分为供给主体、需求主体、中介机构和管理者四类。

1. 供给主体。房地产市场供给主体是指向房地产市场提供房地产品的经济行为主体。它主要包括：

（1）政府。政府是一个特殊主体。政府在一级市场上通过出让或出租土地使用权的方式向企事业单位和个人提供土地。

（2）房地产开发商。房地产开发商是指从事房地产开发、经营活动的企业。它是房地产市场中最基本的开发经营主体，也是房地产商品的主要供给实体。特别是住房制度改革以后，实物分房的形式被取消，房地产开发商成为最主要的房地产商品供给实体。

（3）企事业单位。企事业单位把它们拥有的部分土地使用权和闲置的房屋推向房地产市场，进行交易。

（4）居民。居民在房地产市场上用自己的房屋进行交易（出售、出租、置换）。

2. 需求主体 。需求主体是指房地产市场中以有偿方式取得房地产商品的所有权或使用权的单位或个人。它是房地产市场中不可缺少的部分，如果没有需求，就不会有交易活动和生产活动，也就不能形成市场。房地产开发商只有了解需求的种类、数量、价格等因素，才能开发出有销路的房地产商品。房地产市场需求者主要有以下几类：

（1）居民。住房是每个人必不可少的生活和生存的物质基础。居民对住房的需求主要通过自建、购买、租赁等方式来满足。

（2）房地产开发商。房地产开发商既是房地产市场的供给者，又是最大的需求者。他们要从事房地产商品的开发，必须要有土地，因此产生了对土地使用权的需求。

(3)政府、企事业单位。政府对房地产产品的需求主要是办公楼、会议厅、住宅等;企业需要的是厂房、仓库、办公楼等;事业单位对房地产产品的需求量也比较大,如文化、体育、卫生、教育、科研、社会团体等单位需要办公楼、体育场、医院、教学楼、实验室、图书馆及住宅等。

(4)涉外房地产商品需求者。随着我国改革开放的深入,我国与其他国家和地区之间的交往日益密切,外国政府、国际组织、跨国公司等在我国设有领事馆、办事处、分支机构、三资企业,这就必然产生对房地产商品的需求。

3. 中介机构。房地产中介机构有广义和狭义之分。广义的中介机构是指在房地产投资、经营、管理、消费活动的各个环节和各个方面,为租赁双方、买卖双方、资金供需双方、房地产纠纷双方、房产所有者与使用者双方从事居间活动或委托代理业务的机构。狭义的中介机构仅指在房地产流通中提供租、售的居间活动或委托代理业务的机构。

房地产市场中介机构包括房地产咨询机构、房地产价格评估机构、房地产经纪机构。

(1)房地产咨询机构,指依据房地产市场供求双方的需求,就投资环境、市场供求、项目评估、质量鉴定、建筑测量、购买手续、法律政策等方面的信息提供咨询服务的机构。

(2)房地产价格评估机构,指对现有房地产或拟建房地产价格进行评估的机构。价格评估是房地产投资决策、开发建设、买卖交易、抵押入股、典当等经营活动的基础工作,所以,价格评估机构是房地产中介机构的重要组成部分。

(3)房地产经纪机构,是指从事房地产买卖、租赁、置换、抵押、典当、信托等民间活动和代理业务,收取一定佣金的独立中介机构。

4. 管理者。在我国,房地产市场管理者主要指政府及其所属的具体职能部门——建设部和国土资源部及地方管理部门。此外,财政部、国家发展与改革委员会、中国人民银行、国家工商行政管理总局、国家税务总局等也监管房地产市场。

(二)房地产市场客体

房地产市场客体是指房地产交易对象。房地产商品客体与其他商品客体相比,有自己一系列的特点,其中最基本的特点是房地产商品在流通中,流通或转移的不是商品自身,而是房地产的产权。房地产市场交易对象包括地产和房产以及与它们相关的服务及信息。

第二节　房地产市场供求

一、房地产市场供给及影响因素

(一)土地的自然供给和经济供给

地球提供给人类可利用的土地数量,叫做土地的自然供给,它反映了土地供人类使用的天然特性,其数量包括已利用的土地和未来可供利用的土地,即后备土地资源。土地的自然供给是相对稳定的,不论在哪一个区域,只要区域范围不变,其土地的自然供给数量基本上是固定的。这个数量几乎不受任何人为因素或社会经济因素的影响,因此,它基本上是无弹性的。

具有什么条件的土地是可供人类利用的呢?一般来说,自然供给的土地有5个特性:①有适宜于人类生存和工作的气候条件;②有适宜于植物生长的土壤质地和气候条件;③有可以利用的淡水资源;④有可供人类利用的生产资源;⑤有一定的交通条件。

所谓土地的经济供给,是指在土地自然供给的范围内,对土地进行了开发、规划和整治,以满足人类不同需求的土地供给,它是通过人类加工过后的部分自然供给土地。因而,土地经济供给数量会受人类社会活动的影响。比如,开发新土地、调整用地结构、提高土地集约率等活动都影响土地的经济供给数量。由此可见,土地的经济供给是有弹性的。

土地经济供给的变化可能是直接的或间接的。直接变化是指土地经济供给的绝对面积变化或某种用途土地数量绝对面积的变化;间接变化是指单位土地面积上集约率的变化。

(二)房地产市场供给

房地产供给是指在一定时期内人们为社会提供房地产。房地产供给具有实物供给和价值供给两种形态。实物供给形态是指市场上供交换的房地产数量,通常用公顷、幢、平方米表示;价值形态的供给表现为房地产的价值量。

(三)影响房地产市场供给的因素

1. 房地产的供给量 Q 与其价格 P 之间为正相关关系,即房地产供给量随着房地产价格的上升而增加,随着房地产价格的下降而减少,这是符合供给定理的。不过,由于房地产供给具有滞后性,房产价格的上升,不一定马上会出现市场上房屋供给量的增加。

2. 开发商目标。在市场经济条件下,企业的经营目标是利润最大化。如果房地产业的利润高,开发商就会扩大生产,增加供给。

3. 生产要素价格。生产要素的价格水平高低直接决定开发建设成本的高低,在一定的房地产价格水平下,成本的高低又直接影响到开发商所得的利润。所以,在其他要素不变的情况下,生产要素价格下降,特别是建筑材料和人工费下降,开发商会增加供给。

4. 建筑技术。建筑技术进步可以使资源得到充分利用,减少物资消耗,降低生产成本,促进供给增加。

5. 房地产开发建设能力。房地产开发能力主要指可供开发的土地量及土地开发的合理程度。土地是稀缺资源,可供开发的土地量限制着房地产开发能力。

房地产建设能力是指建材供应情况、劳动效率、竣工率等情况。建筑材料是房屋生产的物资前提,它对房屋供应影响巨大。生产效率与竣工率紧密相连,生产效率低自然竣工率就低,交付使用的房屋就少。

6. 房地产开发建设资金来源及数量。房地产产品具有投资大、建设周期长的特点,如果没有多渠道、大量的资金支持,房地产开发是难以进行的。所以,房地产开发建设资金来源及数量是影响房地产市场供给的重要因素,它直接决定房地产开发建设的规模。必须完善房地产金融市场,建立固定的融资渠道,充分发挥中央、地方、企业、个人共同投资的积极性,保证资金的供给。房地产开发建设资金的来源主要有:抵押贷款、预收定金、房地产股票债券、房地产专项储蓄、房地产信托等。

7. 国家宏观调控。国家的宏观调控手段有产业政策手段、行政手段、经济手段、法律手段、宣传教育手段。国家根据房地产市场运行状况,采取各种调控手段,对开发商的开发经营活动进行引导和约束,这将引起房地产市场供给数量和供给结构的变化。例如,税收的变化将直接影响投资者的投入,限制或扩大房地产市场供给;对不同房地产商品采取不同的税率,将引起供给结构的变化。

二、房地产市场需求及影响因素

(一)房地产市场需求

房地产市场需求是指一定时期内人们愿意购买和承租的房地产数量。

1. 房地产市场需求的类型

(1)市场交易房地产需求和非市场交易房地产需求。市场交易房地产需求是在一定时间内按照市场交易规则,以货币购买力为前提条件的房地产需求量;非市场交易房地产需求主要是指不以货币购买力为前提条件、不经过市场交换的需求。

(2)生产性需求和消费性需求。生产性需求是指需求者购买房地产的目的不是消费和使用,而是为了通过资金、劳动力、技术等方面的投入改变原有房地产的用途和性能,以形成新的供给。

消费性需求是指需求者购买或租赁房地产的目的是为了自己消费使用。居民对住房的需求,企业对厂房、仓库的需求,都属消费性需求。

2. 房地产需求的层次。房地产需求的层次主要有以下 4 类:①房地产的边界需求,指能使现有开发能力处在充分使用状态下的需求。②房地产的可能需求,指借助于货币形式所形成的需求。③房地产的有效需求,指购买者当期能实现的需求。④已实现的需求。

(二)影响房地产需求的因素

1. 人口数量和结构的变化。人口是影响房地产需求的重要因素。首先,住房是人类生存的必不可少的物质条件,我国人口基数大,人口绝对值增加快,对住房的需求也不断增加;其次,家庭人口结构也在发生变化,家庭平均人口数量在减少,对居住、生活空间的需求也必然增多。

2. 房地产价格。在市场经济条件下,价格是影响需求的重要因素,商品的需求与其价格成反向变化,即价格的上升导致需求的下降,价格的下降引起需求的上升。房地产产品是一种特殊商品,与其他商品有许多不同之处,但价格仍然是影响其需求数量及需求结构的重要因素。

3. 家庭收入。家庭收入直接决定了居民的购买力,而购买力水平又决定了能否把潜在需求转化为有效需求。一般来说,城市居民对房屋住宅的需求与其家庭收入成正比例关系,家庭收入水平高,支付能力强,对住房的需求量就大;家庭收入水平低,支付能力低,对住房需求量就小。

4. 城市化进程。随着经济的发展,城市现代化的程度不断提高。城市将集中城乡中的大量人口，各行各业都要在城市中寻求发展的空间和机会，这对城市建设将会提出更高的要求。从城市发展的总进程上看，对房地产的总需求应该是旺盛的，但也不排除其需求的波动性。

5. 宏观调控。国家的宏观调控对房地产生产性需求和消费性需求均有影响。国家通过经济杠杆（价格、税收、利率等）可以引导开发商的投资行为，这将直接影响到对土地的需求。在一定时期内，国家的经济政策对消费性需求有重要影响。例如，国家实行紧缩政策，经济发展速度降低，基本建设投资减少，社会对房地产的需求就会减少；反之，国家为加快经济发展速度，鼓励基本建设投资，社会对房地产的需求则会增加。

6. 消费者预期。消费者对未来经济形势的预期，会直接影响对房地产的需求。如果对未来经济形势的预期是下滑的，开发商就会减少投资，对土地的需求将减少；居民即使有购买能力，也不会花掉自己大部分甚至全部积蓄去买房子。如果对未来经济形势的预期是乐观的，开发商会扩大投资规模，对土地的需求将增加；居民改善居住条件的愿望变得强烈，对住房的需求就会增加。

三、房地产市场供求平衡

在房地产市场运行过程中，价格机制是作用最强、最直接的市场机制，它对供求双方的行为起主导作用。因此，在分析房地产市场供求均衡时，为使研究简化，可以对影响供求的其他因素忽略不计，而只考虑价格因素。

房地产市场供求均衡是指房地产的需求量与供给量相等时的状态。此时，房地产商品的价格称为均衡价格，房地产商品的数量为均衡数量。

如果价格上升，由于开发商的经营利润增加，他们将增加投资，扩大生产规模，此时，市场上供给量增加；另一方面，由于房地产价格上升，需求就会减少，此时需求量减少，这时房地产市场出现供给大于需求的情况，造成房地产商品积压。由于房地产商品积压，开发商不得不降低房价，房价降低，需求增加，供给减少。这种趋势直到供求达到均衡。反之，如果房地产商品价格下降，由于此时房地产价格低于均衡价格，开发商利润较小，将减小投资，缩小生产规模，房地产市场供给量减少；对消费者来说，房价偏低，需求就会增加，此时需求量增加，房地产市场出现供不应求的局面。这样将导致房价上升，由于开发商利润增加，将会增加供给；另一方面，需求也将减小，房价会下降，这种趋势直到供求达到均衡。

以上分析的基础是假设房地产市场是完全竞争市场，而事实上房地产市场是垄断与竞争相结合的市场，因此，在利用上述理论进行市场供求分析时，必须与实际情况相结合，具体情况具体分析。

第三节　房地产价格

价格是市场运行的核心。房地产价格是房地产市场中的重要分析指标，同时，也与房地产市场中的供给与需求有着非常密切的关系。分析和理解房地产价格的本质特征和基本变化规律，对于客观地认识房地产市场是非常必要的。

一、房地产价格的特征与作用

（一）房地产价格的特征

房地产价格的特征是由房地产的特性，特别是土地的特性决定的。由于土地既是自然的产物，同时又经过人类开发改造，凝结了大量的人类物化劳动，因此，土地的价格与土地的垄断性和土地的稀缺性有着非常密切的关系。同时，房地产的位置固定性和质量差异性等特性也决定了房地产价格与一般商品价格相比较，有其显著的特征。

1. 地价是地租的资本化。地价与一般商品的价格不同，一般商品是劳动的产物，其价格围绕价值上下波动，价格由生产成本和利润构成，而土地则不完全是劳动的产物，因此，地价并不是土地的购买价格，而是地租的资本化。

2. 权益价格具有重要性。由于房地产位置不可移动，因此房地产的买卖、抵押等并不能转移房地产的物质实体本身，转移的是与房地产有关的各种权益。房地产的权益是一束权益，如所有权、使用权、抵押权、租赁权等，因此，发生经济行为的房地产转移方式不同，形成的房地产权益不同，其权益价格也不相同，评估时必须仔细考虑。

3. 保值与增值性。由于房地产价格形成的特殊性，其价值的变化也具有独特性。地价受多种因素影响，由于土地可永续利用，随着地块周围环境因素的变化及经济的增长，除个别情况外，随着时间的推移，土地往往具有自然增值的属性。这里所说的地价具有增值性，是从一般意义上讲，从一个较长远的时期来看的，在短期甚至较长一段时期内，地价是有升有降的。比如，日本的地价已经连续11年在下跌。

4. 用途相关性。房地产价格与其用途相关性极大。一般商品的价格由其生产成本、供给和需求等因素决定，其价格并不因使用状况产生差别，而房地产价格是其租金的购买价格，租金是由房地产使用者支付租金的能力决定的，因此，在市场经济条件下，一宗房地产如果其用于商业有利于用于住宅，其价格必然由商业用途决定。

5. 个别性。由于土地的个别性，没有两宗土地条件完全一致；同时在房地产价格决定中，交易主体之间的个别因素也很容易起作用。因此，房地产价格形成具有个别性。同时，由于土地位置的固定性，其交易往往是单个进行，不像一般商品，可以开展样品交易、品名交易。由此形成的房地产市场是一个不完全竞争市场。

6. 可比性。房地产价格尽管具有与一般商品不同的许多特性，但并不意味着其价格之间互不联系。事实上，可以根据房地产价格的形成规律，对影响房地产价格的因素进行比较，从而比较房地产的价格。

（二）房地产价格的作用

1. 调节供求关系。房地产供求关系决定房地产价格，反之，房地产价格也会影响房地产的供求关系。当房地产价格不断上涨时，就有可能刺激房地产的供给而抑制房地产的需求；当房地产价格不断下跌时，就有可能刺激房地产的需求而抑制房地产的供给。在房地产市场中，通过房地产价格的变动，可以促使房地产供求达到均衡。

2. 引导与公告作用。房地产价格信息能引导房地产投资者、经营者和消费者作出正确的决策，房地产价格信息在一定程度上反映了房地产市场的变化特征。政府定期公布的基准地价、标定地价和房屋重置价格不但具有引导作用，还具有公告作用。房地产价格的引导和公告作用是政府对房地产市场进行宏观调控的具体表现。

3. 促进技术进步。房地产价格具有劳动比较的功能，使得不同的开发商所建造的房地产商品中的劳动量与市场价格进行比较，通过优胜劣汰来刺激开发商改进技术，房地产价格的变动有助于推动房地产开发商提高劳动生产率和经济效益，努力降低成本。因此，房地产价格具有促进房地产建造技术进步，降低社会平均劳动量的功能。

4. 优化资源配置的作用。房地产价格的变化可以引起房地产资源流向的变化。价格机制在一定程度上具有刺激使用者合理利用资源的功能。

在房地产市场竞争中形成的房地产价格,可以促使土地使用者节约用地,解决土地闲置问题,达到土地资源的合理配置,优化房地产资源配置。例如,房地产市场价格可以促使市中心的工厂由于难以承受昂贵的地价而迁到郊区。

5. 政府行政行为的依据。国家为了进行各种公益活动,需要征用房地产并支付征地拆迁费用,行政划拨的国有土地使用权转让时需补交土地出让金,土地转让需缴纳土地增值税以及房地产交易时需交纳契税等,这些费用的数额都需要以房地产价格作为参考依据。

二、房地产价格影响因素

影响房地产价格的因素是很多的,且错综复杂,一般需要进行归纳和分类,以便系统地加以认识和应用。通常将影响房地产价格的因素划分为一般因素、区域因素和个别因素。

(一)一般因素

一般因素是指影响一定区域范围内所有房地产价格的一般的、普遍的、共同的因素。这些因素通常会对较广泛地区范围内的各宗房地产的价格产生全局性的影响。这类因素主要包括经济因素、社会因素、行政因素和心理因素等。

1. 经济因素

(1)经济发展因素。国民经济增长速度、国民生产总值、居民收入水平、物价指数等经济因素都会对地价的形成产生影响。比如,在国民经济增长快、国民生产总值大、居民收入水平高、资金充裕的地区,国民生产总值中用于投资、消费的部分加大,用于生产性、投资性或消费性等方面的房地产支出增加,从而促进房地产业的繁荣,带动房地产价格上涨。有关研究表明,房地产业发展周期与国民经济发展周期总体趋势基本一致。因此,房地产价格总水平与地区经济发展状况成正相关关系。

(2)财政金融因素。存款利率、贷款利率、物价上升指数、税率、贷款比例和土地资本还原率等财政金融因素对房地产价格的形成有着密切的关系。比如,利率和税率的变化,将会影响房地产的供给和需求,因而对房地产价格产生影响。土地资本还原率与地价的关系非常明显,在地租一定的情况下,土地还原率越高,地价越低;反之,土地还原率越低,地价越高。

(3)产业结构因素。产业结构在这里主要是指第一产业、第二产业及第三产业在国民经济及国民生产总值中的比例关系以及房地产业在其中所占的比重。一般来说,第三产业的比重越大,房地产价格会相应上升。

2. 社会因素

(1)人口因素。房地产需求的主体是人,因此,人的数量和素质直接决定对房地产的需求程度,因而对房地产价格有着很大影响。具体来说,人口因素对房地产价格的影响表现为人口数量、人口密度和人口素质三个方面。

人口数量与房地产价格的关系是正相关的。人口总量增长,对房地产的需求就会增大,房地产价格一般也就会上升;反之,房地产价格则下降。

人口密度是人口数量的相对指标。人口密度高的地区,一般房地产的供给相对缺乏,供不应求,因此,该地区的房地产价格水平趋高。同时,人口密度高,有可能刺激商业、服务业等产业的发展,因而会提高土地价格。但是,在人口密度过高的地区,生活环境的舒适程度已受到影响,因此,也有可能降低土地价格。

社会文明、人口平均文化程度、居民的修养也能间接地影响房地产价格。居民素质较高,其对居住环境的要求也相应较高,房地产价格水平一般会趋高;居民素质较低的地区,组成复杂,秩序欠佳,房地产价格则会低落,尤其是居住用地的地价会降低。

(2)家庭规模因素。家庭规模是指社会或某一地区家庭平均人口数。即使一个地区人口总数不变,家庭人口数的变化也将影响居住面积的变化。比如,随着家庭人口平均数的下降,即家庭小型化,对总的住宅套数的需求将增加,因此,对房地产的需求也会增加,房地产的价格就会上升。

(3)房地产投机因素。房地产投机是市场经济下的一种常见社会现象,是投资者期望并利用房地产价格的变动获得超常利润的行为。这种现象主要体现在三个方面:①当房地产价格不断上涨时,预测房地产价格还将进一步上涨的房地产投机商会纷纷抢购房屋,哄抬价格,造成一种虚假需求,这将促使房地产价格进一步上涨。②当预测房地产价格将下跌时,房地产投机商纷纷抛售住房,在市场上造成一种虚假的供过于求的现象,引起房地产价格下跌。③当房地产价格跌落时,预测将来房地产价格会上涨的房地产投机商收购房地产,造成房地产需求增加,从而抑制房地产价格的进一步下跌;或当房地产价格上涨时,囤积房地产的投机商抛出房地产,增加房地产供给,客观上起到平抑房地产价格的作用。

(4)教育科研水平和治安因素。如果一个地区的教育、科研水平高，则意味着受教育的方便程度提高，由此房地产的价格水平也会上升。一个地区若经常发生偷盗、抢劫等犯罪案件，则意味着该地区居民的生命财产安全缺乏保障，由此可能会造成房地产价格低落。

(5)社会福利因素。一个国家或地区社会福利的情况，会影响当地的社会文化生活水平，从而间接地影响房地产价格水平。

3.行政因素。社会、经济因素对房地产价格的影响，主要是以利益为中心，但行政因素的影响，则以公益为中心。行政因素是从公益观点，积极促进房地产的合理利用，或限制其消极作用，但最终目的是提高整体房地产的效用。行政因素通过对社会、经济等行为施加一定的规范来影响房地产价格，这些规范主要指影响房地产价格的制度、政策、法规、行政措施等因素。

(1)土地使用制度与住房制度、地价政策。土地使用制度科学合理，可以调动土地利用者或投资者的积极性，促进土地资源合理配置，带动土地增值，导致地价上涨。过去我国土地无偿无限期使用，且土地不允许转让、出租，因此地价水平不存在，隐形的地价也较低。改革开放以来，土地使用制度发生了重大变革，土地使用权可以依法出租、转让，地价随着经济的发展而上升。居住用地在城市用地中占有相当比重，在低租金福利分配住房的制度下，住宅用地价格必然极低。随着住房制度改革的深入，住房进一步商品化，住房价格逐步由市场决定。

根据对国民经济或地区经济宏观调控的需要，政府可能推行高地价政策，引起地价上涨。某些时期也可能实行低地价政策，抑制地价上涨。

(2)城市规划、土地利用规划、城市发展战略。这些因素决定了一个城市的性质、发展方向和发展规模，还决定城市的用地结构、城市景观轮廓线、地块用途、利用程度等。土地被规划为住宅区、商业区、工业区、农业区等不同区域，对土地价格影响极大。

(3)税收制度、投资倾斜、优惠政策。房地产税收，可以调节房地产投资者的积极性，抑制不正当的房地产投机，理顺房地产收益分配关系，稳定房地产市场。进行房地产估价时，需考虑不同税种对房地产市场中供需双方的不同影响。国家宏观经济政策向某地区倾斜，会诱发该地区房地产价格上涨。对某一地区在税收、管理等方面的优惠政策，会吸引投资、增加收益，促进房地产价格上涨。

(4)行政隶属关系变更。一个地区的行政隶属关系发生变更,也会影响其房地产价格水平。行政隶属关系变更包括级别升格和管辖权变更。例如,将非建制镇升格为建制镇,将建制镇升格为市,或将经济落后地区的地方划归经济发达地区管理,都会促进房地产价格水平上涨。

(5)交通管制。交通管制包括禁止通行,实行单行道及限制通行时间等规定。一般而言,由于交通管制,使该地区道路的通达性及便捷度受到影响,从而降低房地产价格,但在住宅区内禁止货车通行,可以减少噪声,保障行人安全,这往往会提高房地产价格。

4. 心理因素。心理因素对房地产价格的影响是很微妙的,也是一个不可忽视的因素;主要表现为:购买或出售心态、对居住环境的认同度、欣赏趣味、时尚风气、接近名家住宅心理、讲究门牌号码或土地号码等。

(二)区域因素

区域因素是指某一特定的区域内的自然条件与社会、经济、行政、技术等因素相结合所产生的区域特性,对该区域内的各块土地的价格水平会产生影响。这类因素可细分为商服繁华因素、道路通达因素、交通便捷因素、城市设施状况因素和环境因素等。

1. 商服繁华因素。这是指所在地区的商业、服务业繁华状况及各级商业、服务业中心的位置关系。如果商服繁华度较高,该地区的房地产价格水平也会较高。

2. 道路通达因素。这是指所在地区道路系统的通畅程度,道路的级别(主干道、次干道、支路)越高,该地区的房地产价格水平也越高。

3. 交通便捷因素。这是指交通的便捷程度,包括公共交通系统的完善程度和公共交通的便利程度。其便捷度越高,房地产价格水平也越高。

4. 城市设施状况因素。城市设施可以分为以下三类:

(1)基础设施:主要包括供水、排水、供电、供气、供热和通讯等设施。

(2)生活设施:主要包括学校、医院、农贸市场、银行、储蓄所、邮电局等设施。

(3)文体娱乐设施:主要包括电影院、图书馆、博物馆、俱乐部、文化馆等设施。

以上三类设施可以用基础设施完善度、生活设施完备度、文体娱乐设施完备度等指标来衡量,这些指标一般都对房地产价格成正相关影响。

5. 环境状况因素。若一个地区绿地较多、公园充足、环境优美,则该地区的房地产价格往往水平较高;若噪声污染、大气污染、水污染较严重,则房地产价格水平会下降。

(三)个别因素

个别因素分为土地个别因素和建筑物个别因素。土地个别因素,也叫宗地因素,是宗地自身的条件和特征对该地块价格的影响。

1. 土地个别因素

(1)区位因素。区位是影响地价的一个非常重要的因素。区位也叫宗地位置。区位有自然地理区位与社会经济区位之别。土地的自然地理区位是固定不变的,但是,其社会经济区位却会随着交通建设和市政设施的变化而变化。当区位由劣变优时,地价会上升;相反,地价则下跌。

(2)面积因素、宽度因素、深度因素。一般来说,宗地面积必须适宜,规模过大或过小都会影响土地效用的充分发挥,从而降低单位地价。如,临街宽度过窄,影响土地使用,影响土地收益,从而降低地价。

(3)形状因素。土地形状有长方形、正方形、三角形、菱形、梯形等。形状不规则的土地,不便于利用,从而会降低地价。一般认为宗地形状以矩形为佳,特殊情况,如在街道的交叉口,三角形等不规则土地的地价也可能畸高。

(4)地力因素、地质因素、地势因素、地形因素。地力又称土地肥沃程度或土地肥力。这个因素只与农业用地的价格有关,土地肥沃,地价就高;相反,地价则低。地质条件决定着土地的承载力。地质条件直接关系到建筑物的造价和建筑结构设计。地质条件对于高层建筑和工业用地的地价影响尤其大。地质条件与地价的关系是正比关系,即地质条件越优,地价越高。地势因素是指该土地与相邻土地的高低关系,特别是与邻近道路的高低关系对地价的影响较大。一般来说,地势高的宗地地价比地势低的宗地价格高。地形是指地面的起伏形状,一般来说,土地平坦,地价较高;反之,土地高低不平,地价较低。

(5)容积率因素。该因素也是影响土地价格的主要因素之一。容积率越大,地价越高;反之,容积率越小,地价越低。容积率与地价的关系一般不呈线性关系。

(6)用途因素。土地的用途对地价影响相当大,同样一块土地,规划为不同用途,则地价不同。一般来说,对于同一宗土地而言,商业用地、住宅用地、工业用地的地价是递减的。

(7)土地使用年期因素。在年地租不变的前提下,土地使用年期越长,地价越高。

2.建筑物个别因素。在影响房地产价格的个别因素中,影响土地价格的个别因素和影响建筑物价格的个别因素并不完全相同,以下阐述影响建筑物价格的个别因素。

(1)面积、结构、材料等。建筑物的建筑面积、居住面积、高度等不同,则建筑物的重建成本也不相同。建筑物的结构及使用的建筑材料的质量也对建筑物的重建成本有影响,从而影响其价格。如果建筑物的面积或高度与基地及周围环境不相协调,则该建筑物的价值会大大降低。

(2)设计、设备等是否良好。建筑物的形状、设计风格、建筑装潢等应与建筑物的使用目的相适应,建筑物设计、设备是否与其功能相适应,对建筑物价格有很大的影响。

(3)施工质量。建筑物的施工质量不仅影响建筑物的投入成本,更重要的是影响建筑物的耐用年限和使用的安全性、方便性和舒适性。因此,施工质量是否优良,对建筑物的价格亦有很大影响。

(4)法律限制。有关建筑物方面的具体法律限制,主要是城市规划及建筑法规。如,建筑物高度限制、消防管制、环境保护等,资产评估时应考虑这些法律限制对建筑物价值已经产生和可能产生的影响。

(5)建筑物是否与周围环境协调。建筑物应当与其周围环境相协调,否则就不是最有效使用状态。建筑物不能充分发挥使用效用,其价值自然会降低。

三、房地产价格体系

房地产价格体系是与各个国家房地产制度及房地产管理政策等相关的。各类房地产价格的形成都是客观需要的结果。不同种类的房地产价格,所起的作用也不尽相同,但相互之间存在着某种联系。既相互区别又相互联系的各种房地产价格构成一定的房地产价格体系。我国的房地产价格体系正在形成,目前,现行的价格种类主要有:基准地价、标定地价、出让底价、重置价格、房地产交易价格和抵押、课税价格等。

(一)基准地价

基准地价是各城镇按不同的土地级别、不同地段分别评估和测算的商业、工业、住宅等各类用地的土地使用权的平均价格。基准地价评估是以一个城镇的全域为单位进行的。

基准地价具有如下特点:①基准地价是一个区域性的平均地价,它可以是级别或区段的平均地价,也可以是路段的平均值;②基准地价是各类用地的平均地价,即用地条件相近的区域中的商业用地、住宅用地、工业用地的平均地价;③基准地价是土地使用权在一定年期内的价格;④基准地价是单位土地面积的价格。

基准地价的主要作用是:

1. 宏观控制地价,反映土地市场中地价变化趋势,为投资决策提供依据。

2. 它是国家征收土地使用税等的参考依据。

3. 它是政府参与土地有偿使用收益分配的依据。

4. 它是评估标定地价的基础。

5. 它可以引导土地资源合理配置和流动。

(二)标定地价

标定地价是市、县政府根据需要,按正常经营管理条件而评估的具体宗地在正常地产市场中一定使用年期内的价格。标定地价评估可以以基准地价为依据,根据土地使用年限、地块大小、形状、容积率、微观区位等条件通过系数修正后评估得到,也可以按市场交易资料,直接进行评估得到。

标定地价的特点是:①标定地价是政府公告的具体地块的地价,即宗地地价;②在一般情况下不进行大面积的评估,只有在土地使用权出让、转让、抵押、出租等市场交易活动时或进行股份制企业资产评估时才进行评估;③标定地价也是确定土地使用权出让底价的参考和依据。

标定地价的重要作用有:

1. 它是确定土地使用权出让价格优惠程度的依据。

2. 它是企业清产核资和股份制企业中土地资产作价的标准。

3. 它是优先购买权的衡量标准。

4. 它是核定土地增值税(费)和衡量土地使用权转移价格是否正常的标准。管理土地市场,必然要了解市场行情,通过评估标定地价与实际转移价格的差异对比,及时掌握市场变化动态,通过政策调控市场,以保持和维护合理的市场秩序。

5. 它是确定土地使用权出让价格的依据。

6. 它是划拨土地使用权转移时,补交出让金的标准。划拨土地使用权管理中，因转让、出租、抵押的年限不一，需根据具体宗地的条件和时间长短评估出标定地价，作为补交出让金的标准。

（三）土地使用权出让底价

土地使用权出让底价，是政府根据正常市场状况下宗地或地块应达到的地价水平确定的某一宗地或地块出让时的最低控制价格标准。它也是土地使用权出让时，政府首先出示的待出让土地或地块的最低价（标价）的依据和确认成交地价（或出让金）的基础。

在我国，政府垄断了土地出让行为，其出让土地的价格将对整个土地市场的地价产生重要影响。因此，土地使用权出让底价标准的确定，既要考虑到当前利益，又要考虑到长远利益，要为土地市场正常、有序地发展与建立奠定基础。

国土资源部2003年6月11日发布的《协议出让国有土地使用权规定》中明确指出，以协议方式出让国有土地使用权的，出让金不得低于协议出让最低价，有基准地价的地区，协议出让最低价不得低于出让地块所在级别基准地价的70%。

2006年8月31日，国务院发布《关于加强土地调控有关问题的通知》，规定工业用地必须采用招标拍卖挂牌方式出让，其出让价格不得低于公布的最低价标准。2006年12月23日，国土资源部发布实施《全国工业用地出让最低价标准》（国土资发〔2006〕307号），明确工业用地必须采用招标拍卖挂牌方式出让，其出让底价和成交价格均不得低于所在地土地等别相对应的最低价标准。该标准是市、县人民政府出让工业用地，确定土地使用权出让价格时必须执行的最低控制标准。该标准自2007年1月1日起实施。

对低于法定最高出让年期（50年）出让工业用地，或采取租赁方式供应工业用地的，所确定的出让价格和年租金按照一定的还原利率修正到法定最高出让年期的价格，均不得低于该标准。年期修正必须符合《城镇土地估价规程》（GB/T18508－2001）的规定，还原利率不得低于同期中国人民银行公布的人民币五年期存款利率。

（四）重置价格

房屋重置价格，是假设房屋在估价时点重新建造时，必要的建造费用加平均利润。也就是说，它是指按照估价时点当时的社会正常的建筑技术、工艺水平、建筑材料价格、人工和机械费用等，重新建造同类结构、式样、质量及功能的新房屋所需的费用加平均利润。

我国《城市房地产管理法》第32条规定:"基准地价、标定地价和各类房屋的重置价格应当定期确定并公布。"房屋重置价格与基准地价和标定地价一样,也具有公告作用。

(五)交易价格

房地产交易价格是房地产交易双方实际成交的价格。在房地产市场中,买方能自由地在市场上选择其需要的房地产,卖方亦能自由地售出房地产。买卖双方均以自身利益为前提,在彼此自愿的条件下,以某一价格完成房地产交易。

房地产市场会受到一些个别因素的影响,如买卖双方缺乏充分的市场交易信息,不了解市场供求状况,垄断交易等,这些都可能影响正常的交易。

房地产交易双方在正常情况下的成交价格,称为公平市价。公平市价形成的条件为:①公平市场;②交易对象具备市场性,且具有足够的展示时间;③交易双方具备充分信息;④交易双方不受任何压力;⑤理性的经济行为;⑥正常合理的付款方式;⑦交易双方没有特别的利害关系。

(六)抵押价格和课税价格

为房地产抵押而评估的价格称为抵押价格。抵押价格由于要考虑抵押贷款的清偿安全性,一般比交易价格低。为了减少银行贷款风险,抵押价格应是扣除强制处置税费后的价格,这样,当借款人无力偿还贷款或违约时,银行可以根据约定从抵押的房地产中收回贷出资金。

课税价格是政府为课征房地产税,由评估人员评估的作为房地产课税基础的价格。课税价格的确定与课税政策密切相关,基准地价、标定地价、重置价格、交易价格等都有可能成为课税价格的参考依据。

第四节　房地产租价比[①]

房地产租价比是房地产年租金与市场交易价格之比,是房地产市场中的一个重要指标,能够反映房地产租赁市场与销售市场的相对繁荣程度,二者在正常条件下应保持在一个均衡的发展水平。租价比过高或过低对

① 数据来源:地价动态监测项目组和相关统计网站及市场调查。

房地产市场的发展都是不利的，偏高说明房地产租赁市场活跃，而销售市场相对低迷；偏低，说明租赁市场萧条，同样不利于房地产市场的发展。房地产租价比对于政府制定房地产市场调控政策、房地产投资者进行投资决策及消费者进行住房使用方式选择都具有重要的参考价值。

一、我国房地产租售市场发展概况

2005 年国家出台了一系列具有重要意义的土地政策和房地产政策。由于各地经济发展状况和所处阶段的差异导致的对政策敏感性的差异，房地产政策对各地房价和租金的影响程度有所不同，因此，全国各主要城市住宅房地产租价比的变化趋势也不相同，有的呈现下降趋势，有的呈现上升趋势。在宏观调控政策作用比较明显的城市，住宅租金的涨幅超过房价的涨幅，住宅租价比上升，如上海、杭州，两地的住宅租价比分别上升了 0.24个百分点和 0.4 个百分点；部分城市房价的涨幅仍然超过住宅租金的涨幅，租价比下降，如北京、天津、深圳，但租价比下降的速度比前几年有所减缓，北京市 2004 年的住宅租价比比 2003 年下降 0.66 个百分点，2005 年的住宅租价比比 2004 年仅下降 0.26 个百分点；天津市 2004 年的住宅租价比比 2003 年下降 0.55 个百分点，2005 年的住宅租价比比 2004 年仅下降 0.17 个百分点；深圳市 2004 年的住宅租价比比 2003 年下降 0.48 个百分点，2005 年的住宅租价比比 2004 年下降 0.34 个百分点。其中，杭州的住宅租价比上升主要是由于房价的涨幅得到了抑制，北京的住宅租价比下降幅度的减缓主要是由于住宅租赁市场进一步活跃。

部分城市住宅租价比上升，出租投资回报率回升，说明房地产价格虚高、租金相对较低的非健康状态已经得到缓解。部分城市住宅租价比下降，住宅市场出租投资回报率下降，但下降的幅度已明显减缓，同时租价比的下降也反过来抑制了部分投资者囤积房屋以获取长期租金的投资需求，使房地产投资行为逐渐回归理性。这些现象均表明我国宏观调控已经发生作用。但也要看到，还有部分城市房地产的租金水平与房价水平不相匹配，租价比还不尽合理，宏观调控仍需深入。

继 2005 年房地产市场的政策年后，进入 2006 年，政府进一步加大调控房地产市场的力度，出台多项重大针对房地产土地、资金等关键市场要素的政策法规：5 月，国务院出台促进房地产业健康发展的六项措施（“国六条”），紧接着出台了《关于调整住房供应结构 稳定住房价格的意见》，对

"国六条"进一步细化;6 月,国税总局下发《关于加强住房营业税征收管理有关问题的通知》,个人将购买不足 5 年的住房对外销售将全额征收营业税;随后又发布《关于住房转让所得征收个人所得税有关问题的通知》,宣布从 8 月 1 日起,将在全国范围内征收二手房转让个人所得税;7 月 11 日,建设部、商务部、发改委、人民银行、工商总局、外汇局联合发布《关于规范房地产市场外资准入和管理的意见》,意见指出,凡符合条件的境外个人在境内只能购买一套用于自住的商品房,符合条件的境外机构只能在设立分支、代表机构的城市购买用于办公所需的商品房,该政策对于冷却房地产高端市场,遏制房价快速上涨起到重要作用;9 月 6 日,建设部、发改委、工商总局联合召开全国整顿规范房地产交易秩序电视电话会议,作出部署,决定在全国范围内集中开展为期一年的房地产交易秩序专项整治活动;12 月 12 日,国土资源部、国家发改委联合印发《关于发布实施〈限制用地项目目录(2006 年本)〉和〈禁止用地项目目录(2006 年本)〉的通知》,该通知通过对太面积、大户型房屋在土地开发环节上的限制,促使中小户型供应量的增多,以使房屋价格在一定程度上得到平抑。

这一系列政策的出台,表明房地产行业发展的外部环境正在发生巨大变化,对房地产市场的供给和需求产生了深刻的影响,也将使得房地产市场的消费结构在一定程度上发生改变,但由于各地经济发展状况和房地产市场发展所处阶段不同,房地产政策对各地房价和租金的影响程度也有所不同,因此全国各主要城市住宅房地产租价比的变化趋势也不尽相同,或升或降或与去年基本持平。

从销售市场来看,2006 年全国 70 个大中城市房屋销售价格同比增长 5.71%,其中新建商品住房的销售价格同比上涨 6.63%,二手住房销售价格同比上涨 5.34%;非住宅商品房销售价格同比上涨 4.16%,其中办公用房、商业娱乐用房及工业仓储用房分别上涨了 3.9%、4.65% 和 1.75%,全国房价总体呈上扬趋势,但总体上涨速度有所放缓;从租赁市场来看,全国大部分城市房地产二三级市场的交易日益活跃,房地产租赁市场整体呈现稳步发展的繁荣态势。多数城市的房地产租价比无论升高还是降低,都在原有基础上逐步趋向合理,这一方面表明我国上述宏观调控政策已发挥一定效力;另一方面,由于宏观调控具有一定的滞后性,部分城市的房地产价格仍保持较快上涨速度,表明我国的宏观调控还需深入。

为促进我国房地产市场健康持续发展,2007 年政府进一步加大房地产市场调控力度，围绕抑制房价过快上涨、抑制房地产过度投资、抑制房地产市场投机、规范房地产市场交易秩序，陆续出台了一系列新的调控政策。国务院发布的《关于解决城市低收入家庭住房困难的若干意见》及出台的相关配套政策，再次明确必须将保障性住房建设纳入政府公共服务的范畴；国土资源部发布的《招标拍卖挂牌出让国有建设用地使用权规定》，在一定程度上约束了房地产开发商圈地行为；央行 6 次加息、10 次上调存款准备金率，严格控制房地产贷款规模，在一定程度上抑制了房地产过度投资。

国家出台的这一系列针对房地产市场的政策，改变了房地产行业发展的外部环境，对房地产市场的供给和需求产生了深刻影响，同时，也使得房地产市场的消费结构在一定程度上发生改变。反映房地产市场运行状况的重要指标——房地产租价比对这些变化的综合效应会有所体现。但由于各地经济发展状况和房地产市场发展所处阶段不同，房地产政策对各地房价和租金的影响程度也有所不同，因此，各城市的各类房地产租价比的变化趋势也不尽相同。

从销售市场来看，2007 年全国房地产销售价格普遍呈现增长过快的势头，据国家发改委和国家统计局数据显示，2007 年全国 70 个大中城市房屋销售价格平均同比涨幅为 7.57%，其中新建商品住房的销售价格同比上涨 8.23%，二手住房销售价格同比上涨 7.38%；非住宅商品房销售价格同比上涨 5.75%，其中办公用房、商业娱乐用房及工业仓储用房分别上涨了 6.73%、5.35% 和 3.23%，均高于 2006 年同比上涨幅度；从租赁市场来看，由于房价的过快上涨及政府出台的相关宏观调控政策使得租赁需求及房源供给同时增加，租金水平也得到一定幅度的提升，租赁市场进一步呈现繁荣态势。但据国家发改委数据显示，2007 年全国 70 个大中城市房屋租赁价格仅同比上涨 2.60%，其中办公楼、商业娱乐、工业仓储用房租赁价格分别仅同比上涨 3.15%、2.03% 和 2.38%，均低于销售价格同比涨幅，可见全国总体而言，租赁价格上涨幅度低于房屋销售价格上涨幅度，房地产租价比普遍呈下降趋势。

据国家发改委、国家统计局调查数据显示，2007 年深圳和北京的新建商品住房销售价格平均同比涨幅分别为 12.8%、13.9%，均位于全国前列；上海、杭州等地房价在经历了 2006 年回调后，2007 年在全国房价较快上涨的背景下也开始较大幅度的补涨，上述现象表明房地产调控是一个复杂的过程，不可轻视。

2008年，全国城市住宅销售市场整体呈现观望情绪浓重，交易持续低迷，宏观调控方向发生转变等特点。住宅销售市场受金融危机、房价收入比偏高、消费者购买信心不足等主要因素影响，销售价格表现为同比涨幅较小或下降；租赁市场前三季度由于房价走势不明朗，以租代买需求大幅增加，有效支撑了租赁价格的稳定或上涨，四季度受金融风暴影响及其向实体经济蔓延、众多流动人口提早返乡等因素的综合影响，租金水平同比出现回落。价格与租金变化方向及幅度的不同使得较多样本城市住宅租价比出现下降，总体而言住宅投资回报率呈下降趋势。

2009年，住宅销售市场在房地产优惠政策持续刺激、宽松的货币政策、通货膨胀预期等多种因素综合作用下，新建商品房和二手房市场均呈现销售价格持续快速上涨，成交量大幅上升的特点；租赁市场上半年由于供大于求，租金价格呈下降趋势，下半年由于在利好政策的刺激下，大量二手房转租为售，住宅租赁供应房源相对不足，使得租金水平有所回升。但总体而言，由于住宅价格上涨幅度远大于租金上涨幅度，使得住宅租价比呈下降趋势。

2010年是我国房地产市场调控历史上具有里程碑意义的一年，全年房地产市场运行与宏观调控政策紧密相关，很大程度上表现为政策导向性市场，市场总体发展特点表现为价升量跌。2010年1月，国务院办公厅下发《关于促进房地产市场平稳健康发展的通知》，从土地政策到信贷政策，再到地方政府责任等多方面调控房地产市场，为全年房地产市场政策收紧确定了基调。但由于没有具体措施颁布，在2009年一系列房地产优惠政策延续效应的持续刺激、较为宽松的货币政策、通货膨胀预期等多种因素综合作用下，总体上呈现销售价格持续快速上涨的特点。4月，随着国务院《关于坚决遏制部分城市房价过快上涨措施的通知》的发布和执行，住宅销售价格增速逐渐减缓，三季度，在对政府房地产市场调控政策稳定的预期之下，多数开发企业积极开展促销、降低开盘价格等措施，前期积累的刚性购房需求得到较大释放，同时由于受市场总体供给不足的影响，成交价格再次呈现回升态势；四季度，鉴于房价、地价持续上涨预期强烈、部分政策落实不到位等原因，为了进一步稳定房地产市场，巩固调控成果，9月下旬多项政策接连出台，特别是9月29日出台的更为严格的调控政策，使得住宅销售价格基本维持了小幅增长的发展态势。总体上，2010年受到房地产调控政策的影响，我国房地产市场一线城市总体成交量同比下降40%，二线城市同比下降21%，与此相反，全国多数城市房地产成交价格增长超过20%。住宅租赁市场由于受到观望情绪、通货膨胀、信贷难、限购令等因素的影响，需求较为旺盛，使得成交量和租金水平均呈现上涨态势。

商业物业一方面借力于政府宏观调控力度较小，另一方面借力于全球经济的好转、企业扩张步伐的加快，租赁需求大幅增加，租金水平实现了较大幅度的上涨。销售价格由于政府宏观调控的重点集中于住宅，商业物业销售市场供需相对平稳，销售价格在住宅价格总体上涨变化的过程中亦呈现补涨的态势。

工业物业已经在我国呈现快速发展之势，发挥着越来越重要的作用。2010年，随着国内经济呈现出势头良好的走势，以及一系列大型工业项目的上马，工业物业的租赁需求大幅提升。在上海、北京、深圳等工业发达地区，由于供应有限，工业物业价格也有一定幅度的上涨。

二、国际租价比研究

2000～2005年，世界主要城市住宅物业租价比水平呈下降趋势，在2005年达到最低值，在3.5%～4%之间。2005年后，租价比呈现不同程度的上升趋势，目前，租价比水平在6%左右，并且在2008年世界金融危机的影响下，上升趋势逐步加快。2009年美国主要城市住宅租价比，美国东部城市：纽约，6.50%，波士顿，5.70%，费城，6.01%，华盛顿，5.57%；美国西部城市：洛杉矶，6.45%，盐湖城5.69%；美国中部和南部城市：芝加哥6.29%，休斯敦，6.17%，迈阿密，6.49%。

图3－1显示美国主要城市的房价租金比，其变化与租价比变化趋势

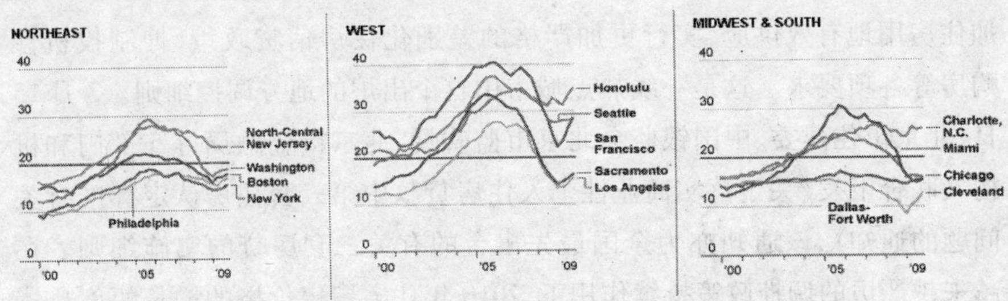

图3－1　美国主要城市房价租金比例图（分东北部、西部和中南部）

呈倒数关系。通过观察我们可以发现，这些城市住宅物业租价比水平总体保持在6%左右。尤其是在大城市（如纽约、费城、芝加哥、洛杉矶），由于租金回报率高，租价比水平明显高于其他城市，这说明租金与销售价格的匹配是租价比回归合理的重要原因。

其他世界主要城市中，住宅物业租价比为：伦敦，3.85%；巴黎，5.47%；东京，5.75%；新加坡，6%。通过美国主要城市和上述城市的租价比水平，可以看出，除伦敦外，这些城市的住宅物业租价比高出我国六个样本监测城市一倍。国外主要城市租价比比国内监测城市高的原因很大程度上是因为国外城市租售市场发展较为平衡，租售价格能够良性互动变化。

尽管欧美及亚洲发达国家主要城市的房地产市场在2008年后开始逐步回暖，但上涨推力较小，而对于租赁市场而言，刚性居住需求带动租赁价格上涨速度超过销售价格上涨速度，租价比依然呈现出逐步上升的趋势。伦敦作为全球房地产市场热度最高的地区之一，吸引了众多的投资者前往投资，房地产价格高居全球前列，使得租价比下降至3.85%，但由于住房保障制度完善，居民的住房矛盾问题较为缓和。

三、住宅租价比

下面主要以北京、上海、深圳、天津、杭州、青岛为例，分析三类租价比的变化趋势。

（一）北京市住宅租价比

1. 住宅销售市场。2010年4月30日，北京发布《北京市人民政府贯彻落实国务院关于坚决遏制部分城市房价过快上涨文件的通知》，要求严格贯彻落实国务院关于坚决遏制住房价格过快上涨，加强住房保障工作，增加住房用地有效供应，实行更加严格的差别化住房信贷政策，抑制投机性购房等各项要求。这是一线热点城市中首个出炉的地方调控细则。7月15日，北京市住建委、中国银监会北京市监管局、北京市金融局等5部门和机构又联合下发《关于落实商业性个人住房贷款中第二套住房认定标准有关问题的通知》，该通知亦为全国最先出台的有关二套房贷的实施细则。在越来越严厉的调控政策持续作用下，2010年住宅销售价格的增长幅度总体呈现逐渐放缓的趋势。但由于刚性需求和改善性需求旺盛，供需的不均衡使得销售价格在波动中仍呈现上涨态势。

2. 住宅租赁市场。租赁市场成交量价表现为一季度平稳，二、三、四季度持续快速上升，租金水平不但突破了2008年奥运会期间的北京月度租金高点，同时还在今年年末的传统市场淡季之中不断刷新历史新高。租赁价格持续上涨，一方面是由于一系列房地产调控政策以及实施规则的出台，使住房销售市场观望情绪浓厚，一部分有购房意愿的消费者转向租赁市场进行过渡，租赁市场需求明显上升；另一方面是由于居民生活价格指数（CPI指数）的不断走高，物价水平的快速上涨，使得通胀的压力不断增大，令部分业主在定价时调高了租金水平。

由于销售价格上涨幅度仍大于租金的上涨幅度，使得年末租价比下降至3.44%，见表3－1和图3－2。

表3－1　北京市2005～2010年住宅租价比（%）

年　份	住宅租价比
2005	6.42
2006	6.11
2007	4.83
2008	4.59
2009	3.81
2010	3.44

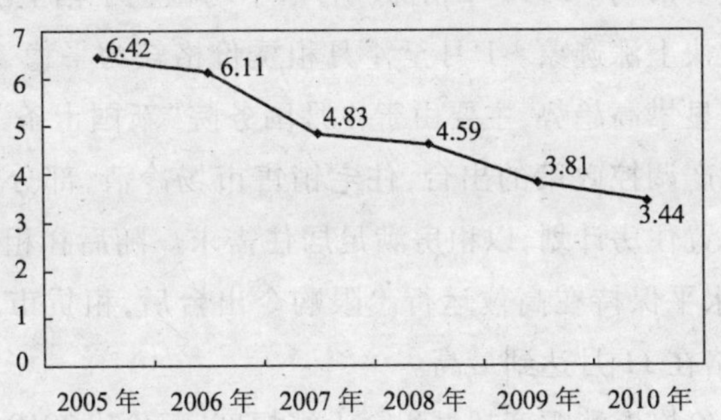

图3－2　北京市2005～2010年住宅租价比走势图

2010年1～4季度，北京市住宅租价比变化情况如表3－2所示。

表 3－2　北京市 2010 年住宅租价比变化　（%）

2010 年	租价比	租售市场发展
1 季度	3.43	2010 年 1～3 月份房地产销售市场火热，而租金水平变化较小，4 月份后租赁市场升温，2 季度、3 季度租价比有所上升，4 季度房地产销售市场再次升温，租价比下行
2 季度	3.56	
3 季度	3.54	
4 季度	3.44	

（二）深圳市住宅租价比

1. 住宅销售市场。2010 年 5 月初，深圳市政府发布《贯彻落实国务院文件精神　坚决遏制房价过快上涨的意见》，要求严格贯彻落实国务院的决策部署，采取有效措施，坚决遏制深圳市房价过快上涨，解决深圳市居民基本住房问题。9 月 30 日，出台《关于进一步贯彻落实国务院文件精神　坚决遏制房价过快上涨的补充通知》，规定从 10 月 1 日起，在深圳暂时实行限定居民家庭购房套数政策：深圳市户籍居民家庭限购两套住房，非深圳市户籍居民家庭限购一套住房。作为重点调控的城市之一，深圳楼市在政策的影响下，住宅成交价格变化特点为一季度上涨，二季度下跌，三季度回升，四季度再次回落，原因主要是供应量和成交产品的结构变化所致，包括产品档次和区位。总体而言，2010 年末成交价格同比呈上涨趋势。

2. 住宅租赁市场。2010 年初深圳各区平均租金小幅上涨，整体租赁市场没有出现过快上涨迹象。1 月至 4 月租赁价格较为平稳，而 5 月至 6 月租赁价格呈明显攀高趋势，主要由于 4 月国务院“新国十条”的颁布以及 5 月深圳市房地产调控政策的出台，住宅销售市场冷清，部分首次购房的消费群体暂时搁置住房计划，以租房满足居住需求。随后在租赁旺季来临的推动下，租金水平保持在高位运行。限购令出台后，租赁市场成交量大幅上升，成交价格在 11 月达到最高。

由于销售价格上涨幅度超过租金上涨幅度，租价比 2010 年继续呈下降趋势，为 3.35%。见表 3－3 和图 3－3。

表 3－3　深圳市 2005～2010 年住宅租价比　（%）

年　份	住宅租价比
2005	6.35
2006	6.02

续表

年 份	住宅租价比
2007	4.34
2008	4.17
2009	3.62
2010	3.35

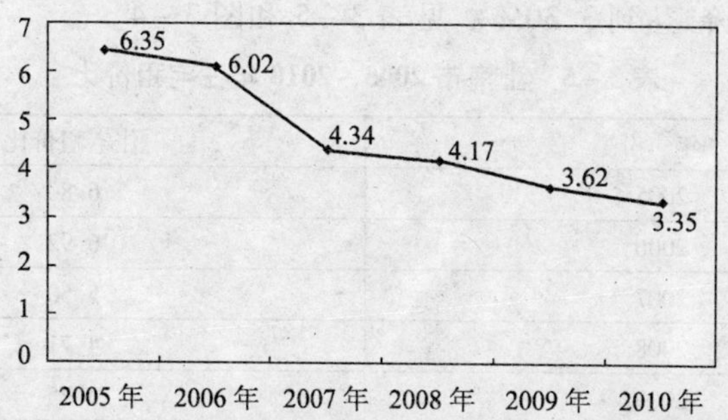

图 3-3 深圳市 2005~2010 年住宅租价比走势图

2010 年 1~4 季度,深圳市住宅租价比变化情况如表 3-4。

表 3-4 深圳市 2010 年住宅租价比变化 (%)

2010 年	租价比	租售市场发展
1 季度	3.41	在调控政策作用下,2 季度深圳住宅销售价格下降,伴随着租金的上涨,租价比有所上升;3 季度、4 季度房价上涨较快,租价比再次下行
2 季度	3.54	
3 季度	3.37	
4 季度	3.35	

(三)上海市住宅租价比

1. 住宅销售市场。2010 年上半年上海市未出台调控细则,但在中央调控政策的实施背景下,市场观望情绪日益加重,住宅供应量和成交量均出现较大幅度下降,处于 2005 年以来最低水平,但成交价依然维持在较高水平。9 月份之后市场成交开始回升,虽然 10 月 7 日上海市政府出台了《关于进一步加强本市房地产市场调控 加快推进住房保障工作的若干意见》,要求在一定时期内限定居民家庭购房套数,暂定上海及外省市居民只能在上海新购一套商品住房(含二手存量住房),积极做好房产税改革试点的各项准备工作,并按不同的住房销售价格确定土地增值税预征率,但调控影响相对温和,四季度住宅销售市场呈供需两旺发展态势，销售价格有所上涨。

2. 住宅租赁市场。1～5月住宅租赁市场整体表现较为低迷，租金水平呈下降趋势；5月份之后，受到世博会举办的利好行情，普通住宅和高档住宅租赁市场先后走出低迷，住宅租赁价格有了较快上升。12月同比上涨幅度为1.9%，全年平均同比上涨0.3%。

全年，住宅物业销售价格上涨幅度大于租金上涨幅度，使得全年住宅租价比有所下降，达到3.30%。见表3－5和图3－4。

表3－5　上海市2005～2010年住宅租价比　（%）

年　份	住宅租价比
2005	6.80
2006	6.92
2007	5.50
2008	4.71
2009	3.75
2010	3.30

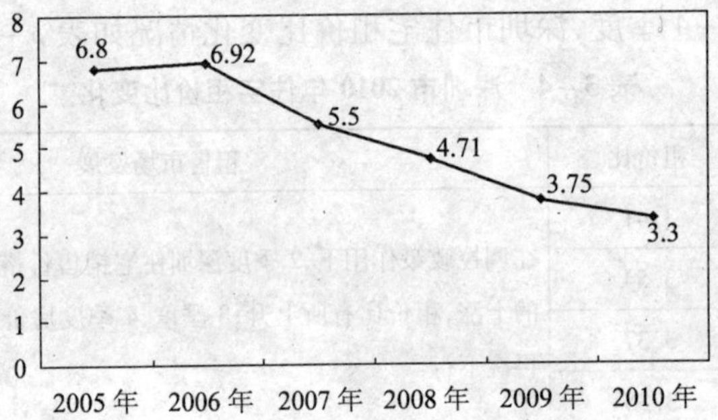

图3－4　上海市2005～2010年住宅租价比走势图

2010年1～4季度，上海市住宅租价比变化情况见表3－6。

表3－6　上海市2010年住宅租价比变化　（%）

2010年	租价比	租售市场发展
1季度	3.78	
2季度	3.51	上海市2季度、3季度受到上海世博会的召开，租金价格水平维持在较高水平，租价比变化不大，进入4季度，房价上涨速度加快，而租金在后世博期有所下调，租价比水平下行较大
3季度	3.53	
4季度	3.30	

(四)杭州市住宅租价比

1. 住宅销售市场。2010 年 4 月,为进一步加强对房地产市场的监督管理,浙江省政府发文要求,购房者通过实名签订商品住房买卖合同并办理网上备案的不得擅自变更,从 5 月中旬开始对购买不足 5 年(含 5 年)的非普通住房销售征收全额营业税,并对家庭购买第二套或第二套以上住房申请住房公积金贷款从紧控制。10 月 11 日,杭州市研究出台了《关于进一步加强我市房地产市场调控　加快保障性住房建设的实施意见》,暂定杭州市及外省市居民家庭只能在杭州市新购买一套商品住房(含二手存量住房),停止执行购房补贴政策,并提出落实差别化信贷政策。在密集调控之下,杭州市住宅成交量季度变化明显,但房价依然处于高位震荡,销售价格居高不下,主要是由于 2009 年销售情况良好,开发商资金较为充裕,4 月一次调控后,开发商未调整销售价格,随着成交量的大幅下降,部分开发商的资金链转为紧张,开始积极开展促销、变相降价活动,成交量回升,资金链紧张得到缓解;10 月二次调控后,住宅销售价格开始出现环比回落,但较去年同期仍有一定幅度的上涨。

2. 住宅租赁市场。2010 年全年,杭州市租赁市场受到调控政策方面的影响,供应量大幅上升,尽管随着房地产销售市场的调整,租赁市场的需求量有所增大,但租金水平并未呈现较大幅度的上升,全年保持在一个较为平稳的水平运行。

由于销售价格上涨幅度较大而租金变化幅度不大,租价比呈下降趋势,为 3.21%。见表 3－7 和图 3－5。

表 3－7　杭州市 2005～2010 年住宅租价比　(%)

年　份	住宅租价比
2005	5.74
2006	5.96
2007	5.28
2008	5.57
2009	3.84
2010	3.21

2010 年 1～4 季度,杭州市住宅租价比变化情况见表 3－8。

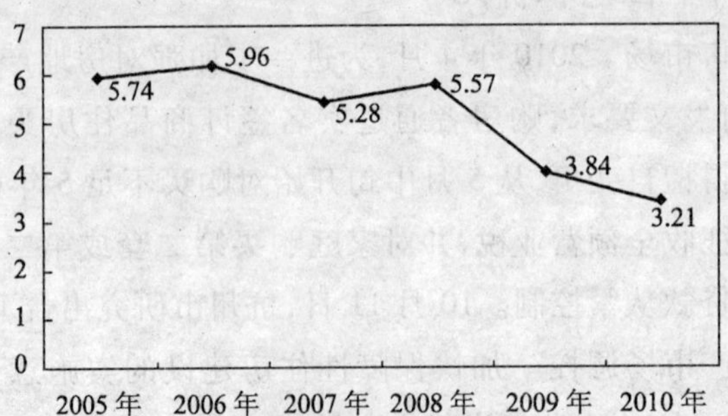

图3-5　杭州市2005~2010年住宅租价比走势图

表3-8　杭州市2010年住宅租价比变化　（%）

2010年	租价比	租售市场发展
1季度	3.37	杭州市作为2010年全国房价上涨速度最快的城市之一，在全年房价保持了较快的上涨速度，2季度、3季度租赁旺季，随着租金的上涨和调控政策带来的房价小幅下降，租价比略有上升；4季度租金有所回落，租价比略有下降
2季度	3.41	
3季度	3.39	
4季度	3.21	

（五）天津市住宅租价比

1. 住宅销售市场。2010年6月底，天津市出台房地产调控细则“津十条”，主要是对全国政策的具体执行，但并没有出现如北京、深圳等地方政策更加严厉的现象；10月13日，天津市暂时实行限定居民家庭购房套数政策，规定天津市及外省市居民家庭在天津市内六区范围内只能新购一套商品住房。一季度成交市场活跃，价格稳步上涨；二季度受调控影响，成交价格回落；三季度随着多个新项目开盘入市，部分刚性和改善性需求开始释放，成交价格止跌回升；四季度，受二次调控影响，虽然成交均价依然维持高位运行，但涨幅有限。

2. 住宅租赁市场。受房价持续上升和通货膨胀等因素综合作用，住宅租赁市场活跃度高，成交价格突破去年同期水平。

由于销售价格上涨幅度大于租赁价格的上涨幅度，2010年租价比继续下降，为3.53%。见表3-9和图3-6。

表 3－9　天津市 2005～2010 年住宅租价比　（%）

年　份	住宅租价比
2005	5.87
2006	5.94
2007	5.11
2008	4.58
2009	3.97
2010	3.53

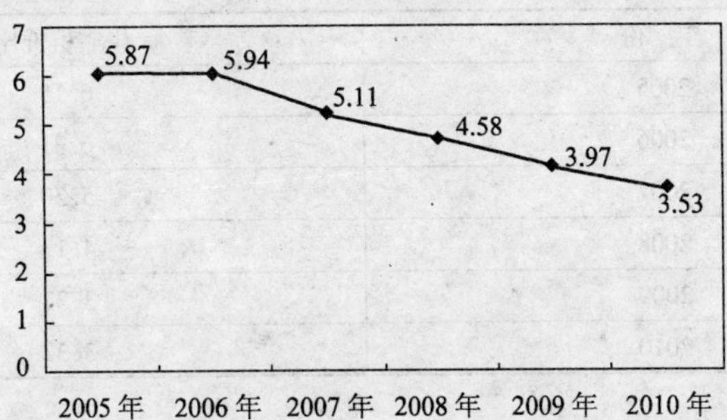

图 3－6　天津市 2005～2010 年住宅租价比走势图

2010 年 1～4 季度，天津市住宅租价比变化情况见表 3－10。

表 3－10　天津市 2010 年住宅租价比变化　（%）

2010 年	租价比	租售市场发展
1 季度	3.46	天津市一季度房价上涨速度远超租金上涨速度，导致租价比有较大幅度的下降，与其他城市类似，2，3，4 季度租金有所上涨，租价比较 1 季度有小幅度的上涨
2 季度	3.61	
3 季度	3.58	
4 季度	3.53	

（六）青岛市住宅租价比

1. 住宅销售市场。2010 年 4 月 26 日，青岛市出台房地产市场调控“十四条细则”，从需求、供应两方面来调控楼市。“十四条细则”规定，外地人买房贷款须先开证明；商业银行可停发第三套房贷款；2010 年中低价位、中小套型商品住房建设用地至少占 77%；重点建设中小套型商品住房；力争 3 年左右完成旧城改造；房源价格须一次性公开；住房预售信息向社会公开等内容。新政出台后，投资客户明显减少，住宅成交量萎缩，成交价格结构性下跌。三季度住宅交易市场回暖，成交价格快速回升，四季度受二次调控影响有限，价格保持平稳。

2. 住宅租赁市场。青岛市一季度租金水平在2009年的基础上略有上升，二季度以后和其他城市相似，受到房屋销售市场观望情绪的影响，租赁市场需求量有了较大程度的上升，租金价格水平也实现了同比增长。

销售价格上涨幅度高于租金上涨幅度，使得住宅租价比有所下降，为3.32%。见表3－11和图3－7。

表3－11　青岛市2005～2010年住宅租价比　（%）

年　份	住宅租价比
2005	6.15
2006	6.31
2007	5.30
2008	4.13
2009	3.37
2010	3.32

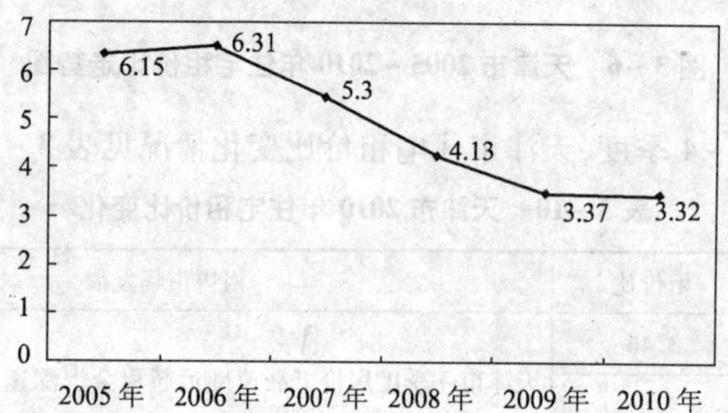

图3－7　青岛市2005～2010年住宅租价比走势图

2010年1～4季度，青岛市住宅租价比变化情况见表3－12。

表3－12　青岛市2010年住宅租价比变化　（%）

2010年	租价比	租售市场发展
1季度	3.34	青岛市租金在2季度受到调控政策的影响，上涨幅度较大，使得租价比水平有所上升，随着3季度、4季度以来租金涨幅的回落，销售价格的上涨，租价比再次下行
2季度	3.46	
3季度	3.37	
4季度	3.32	

四、商业物业租价比

宏观调控政策执行的大环境下,商业物业销售价格在"商住反哺"的作用下有较大的变化,但是随着2010年第二季度、第三季度租售旺季的来临,使得商业物业租赁价格在短期内有较大幅度的上升,因此商业物业租价比普遍出现了持平或较小幅度变化的趋势。近五年监测样本城市商业物业租价比如表3-13所示。

表3-13 近五年监测样本城市商业物业租价比(%)

	2006年	2007年	2008年	2009年	2010
北京	9.02	9.11	8.93	8.41	8.37
深圳	9.13	9.19	6.36	5.12	5.08
上海	9.24	9.32	7.59	7.01	8.04
杭州	8.06	7.67	6.53	6.29	6.21
天津	7.78	7.42	8.05	7.91	7.76
青岛	8.78	8.27	6.17	5.73	5.24

* 在参与调查的商业物业监测点之中,既有写字楼,也有营业性商业物业。

(一)北京市商业物业租价比

北京市商业物业在第一季度总体发展平稳,没有出现较大的波动变化,租金和售价均有温和上涨的趋势。

北京市2010年第二季度以来一直延续着商业地产"量价齐升"的发展势头。尽管供应量持续增加,商业地产(包括写字楼和商铺)的空置率仍有所下降,而销量和租售均价都有所提升。北京商业地产的销售与全国商业地产的销售表现大致相同,2010年6月北京市商业地产延续前5个月的销售势头,销售套数和销售面积保持上升趋势,与商品住宅市场的持续低迷形成了鲜明的对比。在各种投资的刺激下,商业地产销售价格有较大幅度上升,但随着租赁旺季期到来,租金上涨幅度同样较大,商业物业租价比与上年持平。

进入下半年以来,北京市商业物业市场的销售价格虽然仍处于上涨阶段,但上涨速度有所放缓,而租赁价格在此时受到下半年租赁客户较少的影响,租赁价格有所回落,租价比同比小幅降低,为8.37。

（二）深圳市商业物业租价比

2010年上半年，随着商品住宅市场观望氛围的持续加剧，部分资金转向商业房地产市场。同北京、上海、广州等房地产一线城市的情况类似，深圳市商业地产价格的上升伴随租赁市场租金的上涨，上涨幅度都较大，因此租价比总体保持平衡。

第三季度以来，深圳市商业物业销售市场升温迅速，价格大幅上涨，价格上涨一方面受结构性成交影响，高价物业成交占比大；另一方面，一些前期销售情况不错的项目，都纷纷调高了售价，推动了全市销售均价的上涨。而写字楼和商铺租赁价格受到下半年市场生产周期行情的影响，上涨速度有所放缓，带动租价比水平下降至5.08。

（三）上海市商业物业租价比

与大多数全国重点城市一样，在巨大的投资吸引力和通胀压力、严厉调控政策下，居民保值增值方向转向商业地产，商业地产项目的价格也有较大的提升。由于世博会的召开，国内企业和跨国公司的租赁需求进一步增强，上海办公楼市场租金强劲反弹。短期（1年内）租借商业物业的情况较多，推动了租金的上涨速度快于销售价格，因此租价比呈现上升的趋势。

上海市商业物业的全年租价比为8.04，是6个监测样本点城市中租价比唯一呈现上升趋势的城市。

（四）青岛、杭州、天津商业物业租价比分析

2010年上半年，青岛优质中高端百货商场的租金保持稳定。但是，由于青岛市2010年优质商业物业销售价格上涨较快，涨幅达到近年之最，使得商业物业租价比呈现下降的趋势，商业租价比为5.24。

杭州市尽管受到世博会的辐射影响，但商业地产的价格上涨速度大于租金上涨幅度，租价比与青岛类似也呈现了下降的趋势，但下降幅度小于青岛，商业物业租价比为6.21。

天津市商业物业市场在2010年基本摆脱全球金融危机的负面影响，伴随更多国内及国际零售商积极扩张或进入本地市场，并在本地经济强劲发展的支撑下呈现明显的复苏态势。同时受到滨海新区等开发区物业购置的带动，商业物业销售价格有很大幅度的提升，速度明显快于租金上涨，全年商业物业租价比呈现下降的趋势，达到7.76。

五、工业厂房租价比

工业地产具有投资规模大、回报周期长的特点，一直以来，政府是工业地产开发的主导，普通投资者参与的程度不高。但是，随着经济结构转型、产业结构的升级、工业地产产品的多元化、市场需求的快速成长，工业地产越来越受到投资者的关注。

2010 年在 2009 年国家出台的一系列“扩内需，保增长”的政策和措施，特别是“十大产业振兴规划”、《国务院关于进一步促进中小企业发展的若干意见》等政策实施的后续效应影响下，以及作为“十一五”规划结尾之年，上马项目较多，制造业和服务业出现较快发展，大大提升了企业投资和扩大再生产的信心，刚性和投资需求集中性释放，使得工业厂房市场稳步增长，投资者对工业厂房租售市场日益看涨。4 月份和 9 月份先后出台的房地产调控政策，使得工业物业投资升温，表现为工业厂房投资额度加大，租售日趋活跃，成交量恢复增长，租售价格较快上涨。从全国范围来看，全年工业厂房租售价格同比均呈上涨趋势，但由于工业厂房所有者多采取出租方式，使得租金上涨相对售价上涨幅度较大，使得租价比小幅上升。

2006 ~ 2010 年，样本城市工业、厂房租价比变化如表 3 - 14 所示。

表 3 - 14　近五年样本城市工业厂房租价比（%）

	2006 年	2007 年	2008 年	2009 年	2010
北京	5.31	5.83	6.48	6.67	6.76
深圳	—	—	5.37	6.83	6.91
上海	5.54	6.69	7.08	7.91	8.04
杭州	—	—	7.51	7.55	7.22
天津	5.22	5.70	5.74	6.31	6.09

（一）北京、深圳、上海工业物业租价比分析

正如上面分析的，工业厂房所有者多采取出租方式，经济复苏和租赁旺季的来临，使得对工业地产的租用需求显著放大，租金上涨相对售价上涨幅度较大，租价比呈上升趋势。从整体上看，北京、深圳、上海工业物业租价比呈现小幅上升趋势，分别达到 6.76，6.91 和 8.04。

（二）天津、杭州工业物业租价比分析

天津和杭州两地的工业地产市场在政策引导和调控以及市场旺季的

刺激下，表现活跃，与全国总体一样，延续了2009年末的强势。但是由于置业需求和经济新区、经济开发区大力开发建设的原因，销售市场价格上涨高过租金价格上涨幅度，租价比呈现下降趋势，分别达到6.09和7.22。

与2009年终分析相似，我们需要引起注意：由于投资工业物业、住宅物业、商业物业的风险水平依次增大，因而住宅、商业、工业厂房租价比理论上应符合工业厂房租价比低于住宅租价比、住宅租价比低于商业物业租价比的规律。而目前通过观察样本城市三类租价比水平，我们可以看到，工业厂房租价比整体偏高，普遍高于住宅租价比甚至高于商业物业租价比，且该现象一直存在，改善趋势较小，这需要在日后的土地和房地产管理工作中予以重视。

六、住宅租价比与住宅投资回报率关系分析

2010年12月26日，人民银行上调5年以上个人住房贷款利率至6.40%，由于利率调整在第四季度进行，对全年房地产市场的影响效果不是很显著。见表3－15。

表3－15 六大城市住宅租价比与个人住房贷款利率对照表（%）

	2008年	2009年	2010年
5年以上个人住房贷款利率	5.94	5.94	6.14
北京市住宅租价比	4.59	3.81	3.44
深圳市住宅租价比	4.17	3.62	3.35
上海市住宅租价比	4.71	3.75	3.30
杭州市住宅租价比	5.57	3.84	3.21
天津市住宅租价比	4.58	3.97	3.53
青岛市住宅租价比	4.13	3.37	3.32

由表3－15可以看出，2010年各样本城市的住宅租价比水平均低于上调后的5年以上个人住房贷款利率，表明以租养房长期投资者的收益率是负值。以北京为例，假设在20年期全额贷款情况下，购买一套100万元总价的房屋，以5年以上个人住房贷款利率为付息标准，则每月还贷金额为7 396元，而同期租金水平在2 000～3 000元之间，远低于还贷额度，同时，还贷期间首月偿还利息为6 140元，租金水平与所偿付利息之间的负差距，表明以租养房的投资理念不可行。

尽管由于投资回报率低，以租养房投资理念不现实，购买房地产具有较大的风险性，消费者买房积极性会降低，但是，在我国房地产市场中，房地产价格变化频繁，房地产市场运作活跃，房地产价格快速上涨，使很多人投资置业的目的不再是获取租金而是获取增值差价。仍以北京为例，假设上述投资者将房屋持有2年，之后转手出让，由表3-16可以看出，我国36个监测城市商品房价格在2010年上涨了17%，考虑到北京作为一线城市，房价上涨速度更快，以20%计算商品房价格上涨速度，则两年后总价为144万元，扣除交易税费后，净收益为30万元，大大高于在两年期间内所支付的利息额12万元。因此，在租价比水平较低的情况下，购买商品房仍然是投资的重要选择。

表3-16　全国36个一、二线城市房价变化趋势表

年　份	商住综合地价(元/m^2)	商品房价格(元/m^2)	房价增长率(%)
2005年	2 070	3 168	
2006年	2 280	3 367	6.28
2007年	2 613	3 864	14.76
2008年	3 664	3 800	-1.61
2009年	4 053	4 695	23.54
2010年	4 715	5 493	17

*1. 数据来源：《2010年全国主要城市地价状况综合报告》；2. 商住综合地价为商业地价和综合地价的算术平均数，房价为商品住宅价格指数测算值。

七、租价比变化带来的启示及对策建议

租金和房价的关系是非常值得关注的。其原因在于：①房租反映的是纯消费需求方面的信息，租金走高，意味着人们对房子的消费需求较高，相反，如果房租走低，则说明人们对房子的消费需求较为疲软。②房价不能完全反映市场的消费需求，相反，更多的是反映了市场在信贷支持下的投资需求，因此，房地产租价比反映了现实的有效需求与供应之间的比例关系。当一个城市的房价上升幅度过快或长时间居高不下，而当地的房租却没有随之变动、给予房价有效支撑，致使租价比出现严重的不协调时，就表明该地区房地产市场存在价格虚高、有效需求不足的现象，此时房地产市场是非理性、非健康的。

影响租金涨幅的因素与影响价格的因素不同:①租金变化是一种即时反应,它的涨幅主要看供求关系,其中求的影响大于供。在一定时期内,市场上的供应量是基本固定的,而租赁需求随时会发生变化。随着大环境发生变化及各类人员的进入,不同物业的租金水平自然上升。近年来由于投资者的增多,各种因素促成了租赁市场房源增多,而市场上的需求增长速度与之并不匹配,使得现阶段我国整个租赁市场表现出需求不足、租金上涨缓慢的局面。②需求过旺是当前引起部分地区房价过快上涨的主要原因,需求结构和商品房结构不合理是主要因素。此外,还有其他因素,如:在住房消费观念的宣传上存在偏差,超越我国土地资源的承受能力和社会经济发展水平,标准过高,面积过大;政府对住房消费中的恶意炒作和投机性购房管理不到位,缺乏有效的应对措施;房地产开发行业利润过高,竞争不充分,甚至开发商联手垄断市场,抬高房价;地方政府对住房需求预测缺乏科学性,大拆大建,提前释放住房需求,加剧供需矛盾。

政府对房地产市场的调控仍然应以稳定房价为主要目的,同时活跃房地产租赁市场,将租价比控制在合理范围内。为此,政府可以从以下几个方面作出调控。

第一,加强宏观调控的针对性,促进住宅物业市场健康发展。2010 年,住宅物业租价比依然保持了近几年来的下降趋势。2010 年以来,中央和各地方调控政策主要是针对部分城市住宅物业价格上涨过快而进行的,因此,严格、认真落实相关宏观调控政策成为住宅市场回归理性水平的关键。在今后的工作中,应该进一步落实政策,促进住宅物业市场健康发展,促使住宅租价比回归理性。

宏观调控应当加强针对性,从不同的物业市场、不同的供应产品类型进行全局从严、区别对待的调控。由于住宅物业、商业物业、工业物业的发展背景、发展状况有很大的区别,相关政策出台应当将三种物业形态的差别性予以体现。在同一物业形态之中,不同档次的产品,对租价比变化的作用影响也不尽相同,因此,加强对高端物业和中低端物业区别管理就显得尤为重要。

第二,以规划为指引,有效调控房地产市场。针对 2009 年房价快速上涨,"地王"频现,租售市场发展失衡等不利于房地产市场平稳发展的现象,建议"以规划为龙头、以计划为指引、以执行为保障",从而对房地产市场进行有效调控。其中,"以规划为龙头",即从源头上强化城市规划和土地利用总体规划的龙头作用，建议通过合理调整用地布局，优化土地利用结构，协调区域用地规模等方式来充分发挥规划在维护房地产市场平稳发展、促进经济发展方式转变中的宏观调控作用；“以计划为指引”，即建立立足当前、兼顾长远的土地利用供应计划管理体系，制订合理的、动态的土地储备及供应计划，一方面有效引导房地产市场主体理性参与土地竞拍，另一方面为调整房地产用地供应规模、有效实施房地产用地调控提供抓手；“以执行为保障”，即切实落实土地利用总体规划和供应计划，确保实际土地供应符合土地利用总体规划和供应计划的要求，并反过来为土地利用总体规划和供应计划的制订提供依据。建议以三者并进为依托，有效对房地产市场进行调控，共同维护房地产市场的平稳发展。

第三，加强对上市房地产公司的监管，特别是对其购地行为的管理。资本市场对土地市场的影响不容忽视，2007 年，土地、上市和融资成为了房地产业最热门的词汇。由于上市融资渠道畅通，成本较低，越来越多的房地产公司开始通过各种渠道谋求上市，而已上市的房地产企业纷纷通过股市大举融资，大量融得的资金继而成为房地产开发商圈地的资本，而其所圈占的大量土地又成了进一步融资的筹码，上述对上市房地产公司所融资金用途缺乏有效监管的状况，使得上市房地产公司凭借其“雄厚”的资本力量，在土地竞拍中屡屡胜出，导致地块价格不断攀升，为房地产市场的健康发展埋下了严重的隐患。

第四，采取有效措施活跃租赁市场，引导住房消费观念的转变。由于房屋是特殊的消费品，既满足居住需求，又兼具投资属性，房地产市场的发展应以消费需求为主要拉动。如投资购房占房地产市场比重较大，市场监管不力，就会出现投机或炒作，使市场升温过快，后劲不足，出现价格虚高甚至泡沫。政府和有关主管部门要制定有效措施，采用经济手段，鼓励房屋消费需求释放，有效拉动内需，同时要增加房地产市场信息的透明度，土地管理部门要适时调整并定期公布基准地价，使投资者对地价和房价有一个合理的预期，适度控制投资购房，从而控制投资购房过多引起租赁市场供大于求。因此，调控政策要进一步显现出需求导向的特点，更加关注对需求行为的调节。因此，要通过对需求结构的调整，遏制投机性需求，控制投资性需求，限制拆迁造成的被动性需求，引导合理住房消费，进而调控需求总量，使其与控制投资规模后可提供的供应量相平衡。

政府要引导住房消费观念的转变，逐步将“人人有住房”的住房管理和消费思路转变为“人人有房住”的管理和消费思路，引导住房的理性消费，抑制不合理需求，缓解供求矛盾。要鼓励中低收入家庭购买二手房，活跃二手房交易市场，城市新增人群应该以租房为主，而不是大量的买房购房，这才是正确解决居住的途径。

第五，完善住宅租赁市场的管理，促使房地产租售市场发展水平相匹配。目前租价比水平的持续走低，租售价格的不平衡是其重要原因之一，因此通过加强租赁市场的管理，促使租价比变化的租赁端回归合理水平迫在眉睫。

我国长期存在的“只买不租”的住房习惯，有一部分原因来自租赁市场的严重不规范，使得租赁客户的居住利益得不到有效保障，如：租赁期间的价格随意调整、租赁时间得不到合理保护，这些都促使消费者不敢将住房大事寄托于租赁市场，导致租赁市场一直不温不火，整体租金水平与房地产销售市场价格水平没有合理的匹配。加强房地产租赁市场的管理，从法律法规层面对房地产租赁市场秩序进行规范，打击扰乱租赁市场合理发展的个别行为，是居民放心租房、满意租房的重要前提，是使租赁市场真正繁荣起来，租售市场匹配的必要手段。

另外，住宅物业不合理的租价比，投机需求导致的房地产销售市场价格过高是其重要原因之一，房地产投机导致房地产租赁市场和销售市场更加不匹配。为了抑制房地产投机需求，使持有多套住宅的居民能将其多余住宅大量投放到房地产市场，应适度减免租赁市场的交易税收，从而活跃租赁市场。

本章重点回顾

房地产市场	房地产市场的特征	房地产市场的功能
房地产市场的结构	房地产市场的类型	房地产市场的要素
房地产市场供给	房地产市场需求	房地产市场供求平衡
房地产价格	房地产价格影响因素	房地产价格体系
房地产租价比		

DI SI ZHANG 第四章 房地产交易

第一节 房地产交易概述

房地产交易是指房地产产权的变更和转移。依照《城市房地产管理法》的规定，房地产交易包括房地产转让、房地产抵押和房地产租赁三种方式。房地产交易者在进行上述交易活动时，必须接受政府有关职能部门的监督和管理。

房地产交易的主体是广泛的，包括政府机关、企事业单位、公司、金融机构、个人和外商等，他们是交易活动中的供求双方。房地产交易客体包括国有土地使用权、房屋所有权、房屋使用权及其他项权利。在我国，实行土地所有权和使用权相分离的制度，土地使用权可以依法转让，土地所有权不得进入市场流转，集体土地使用权也不得擅自出让、转让，必须先征用成为国有土地才能出让。城镇国有土地的使用权人具有对土地占有、使用、收益和部分处分权。房地产交易的中介机构包括房地产评估机构、房地产经纪机构和房地产咨询机构等。房地产交易必须遵循合法、自愿、公平、互利和诚实信用的原则。依法进行的房地产转让、抵押、租赁行为受国家法律保护。

房地产交易时，必须遵守房屋所有权和土地使用权同时转让和抵押的原则。《城市房地产管理法》第 31 条规定：房地产转让、抵押时，房屋的所有权和该房屋占用范围内的土地使用权同时转让、抵押。国家对房地产交易中的基准地价、标定地价和各类房屋的重置价格实行定期确定并公布制度。同时，国家实行房地产成交价格申报制度。房地产权利人转让房地产，应当向县级以上地方人民政府规定的部门如实申报成交价，不得瞒报或者作不实的申报。

房地产交易的形式不包括房地产开发，房地产在开发完成后，经过交换过程才能被消费利用。房地产交易通过各种交易合同形式实现，因此，房地产转让、抵押时，当事人必须依法到政府有关部门进行房地产权属登记，完成房地产权属的转移。

我国《城市房地产管理法》规定了三项房地产交易基本制度，即房地产价格申报制度、房地产价格评估制度、房地产价格评估人员资格认证制度。

一、房地产价格申报制度

房地产交易价格不仅关系着交易当事人之间的私人权益，而且也关系着国家的税费收益。因此，加强房地产交易价格管理，对于保护当事人合法权益和保障国家的税费收益，促进房地产市场健康发展，具有重要作用。

2001 年 8 月发布的《城市房地产转让管理规定》中规定："房地产转让当事人在房地产转让合同签订后 90 日内持房地产权属证书、当事人的合法证明、转让合同等有关文件向房地产所在地的房地产管理部门提出申请，并申报成交价格"；"房地产管理部门核实申报的成交价格，并根据需要对转让的房地产进行现场查勘和评估"；"房地产转让应当以申报的成交价格作为缴纳税费的依据。成交价格明显低于正常市场价格的，以评估价格作为缴纳税费的依据。"这些规定为房地产价格申报制度提供了法律依据。

房地产行政主管部门发现交易双方的成交价格明显低于市场正常价格时，通知交易双方应当交纳有关税费的税基。只要交易双方按照不低于正常市场价格交纳了税费，无论其合同价格为多少，都不影响房地产交易和权属登记的有关手续。

二、房地产价格评估制度

《城市房地产管理法》规定："国家实行房地产价格评估制度。"房地产价格评估，应当遵循公正、公平、公开的原则，按照国家规定的技术标准和评估程序，以基准地价、标定地价和各类房屋的重置价格为基础，参照当地的市场价格进行评估。基准地价、标定地价和各类房屋的重置价格应当定期确定并公布。

三、房地产价格评估人员资格认证制度

《城市房地产管理法》规定："国家实行房地产价格评估人员资格认证

制度。”我国目前经国家统一考试认证的相关执业资格有房地产估价师、土地估价师和资产评估师。

第二节 房地产交易的形式

一、房地产转让

《城市房地产管理法》第 36 条规定：房地产转让，是指房地产权利人通过买卖、赠与或其他合法方式将其房地产转移给他人的行为。房地产转让的实质是房地产权属发生转移。房屋转让和该房屋占用范围内的土地使用权转让是结合在一起进行的，即房屋和土地的权利主体是一致的。地上建筑物、其他附着物的所有人或者共有人，享有该建筑物、附着物使用范围内的土地使用权，土地使用者转让地上建筑物、其他附着物所有权时，其使用范围内土地使用权随之转让，但地上建筑物、其他附着物作为动产转让的除外。

（一）房地产转让的条件

1. 出让土地使用权的转让条件。以出让方式取得土地使用权的，转让房地产时，应当符合下列条件：

（1）按照出让合同约定已经支付全部土地使用出让金，并取得土地使用权证书。

（2）按照出让合同约定进行投资开发，属于房屋建设工程的，完成开发投资总额的 25% 以上；属于成片开发土地的，形成工业用地或者其他建设用地条件。

（3）转让房地产时房屋已经建成的，应当持有房屋所有权证书。

2. 划拨土地使用权的转让条件

（1）以划拨方式取得土地使用权的，转让房地产时，应当按照国务院规定，报有批准权的人民政府审批。

（2）经有批准权的人民政府批准准予转让的，应当由受让方办理土地使用权出让手续，并依照国家有关规定缴纳土地使用权出让金。

（3）经批准可以不办理土地使用权出让手续的，转让方应当按照国务院规定将转让房地产所获收益中的土地收益上缴国家或者作其他处理。

3. 不允许转让房地产。下列房地产不得转让：

(1)以出让方式取得的土地使用权,不符合出让土地使用权转让条件的。

(2)司法机关和行政机关依法裁定、决定查封或者以其他形式限制房地产权利的。

(3)依法收回土地使用权的。

(4)共有房地产,未经其他共有人书面同意的。

(5)权属有争议的。

(6)未依法登记领取权属证书的。

(7)法律、行政法规定禁止转让的其他情形。

4. 商品房预售的条件。商品房预售是指房地产开发经营企业将正在建设中的房屋预先出售给承购人,由承购人支付定金或部分房价款的行为。商品房预售应该具备以下条件:

• 已交付全部土地使用权出让金,取得土地使用权证书。

• 持有建设工程规划许可证和施工许可证。

• 按提供预售的商品房计算,投入开发建设的资金达到工程建设总投资的25%以上,并已经确定施工进度和竣工交付日期。

• 向县级以上人民政府房产管理部门办理预售登记,取得《商品房预售许可证》的。

房地产开发企业申请办理商品房预售登记,应当提交下列文件:

• 商品房预售的条件中(第1项至第3项)规定的证明材料;

• 营业执照和资质等级证书;

• 工程施工合同;

• 预售商品房分层平面图;

• 商品房预售方案。

商品房预售人应当按照国家有关规定将预售合同报县级以上人民政府房产管理部门和土地管理部门登记备案。

房地产开发主管部门应当自收到商品房预售申请之日起10日内,作出同意预售或者不同意预售的答复。同意预售的,应当核发商品房预售许可证明;不同意预售的,应当说明理由。

房地产开发企业预售商品房时,应当向预购人出示商品房预售许可证明。房地产开发企业不得进行虚假广告宣传,商品房预售广告中应当载明商品房预售许可证明的文号。房地产开发企业委托中介机构代理销售商品房的，应当向中介机构出具委托书。中介机构销售商品房时，应当向商品房购买人出示商品房的有关证明文件和商品房销售委托书。

商品房销售时，当事双方应当签订书面合同。合同应当载明商品房的建筑面积和使用面积、价格、交付日期、质量要求、物业管理方式以及双方的违约责任。房地产开发企业应当自商品房预售合同签订之日起30日内，到商品房所在地的县级以上人民政府房地产开发主管部门和负责土地管理工作的部门备案。

（二）房地产转让程序

房地产转让，必须按照国家有关的法律、法规所规定的程序进行。其一般程序如下：

1. 签订书面转让合同。房地产转让当事人在进行房地产转让时，应该签订书面转让合同，明确转让内容。

2. 申报成交价格。房地产转让当事人在房地产转让合同签订后90日内持房地产权属证书、当事人的合法证明、转让合同等有关文件向房地产所在地的房地产管理部门提出申请，并申报成交价格。申报的成交价格，是房地产市场价格信息的重要来源，也是交纳契税的依据。

3. 审查。房地产管理部门对提供的有关文件进行审查，并在7日内作出是否受理申请的书面答复，7日内未作书面答复的，视为同意受理。

4. 核实申报价格。房地产管理部门核实申报的成交价格，并根据需要对转让的房地产进行现场查勘和评估，以防止申报人瞒价和存在虚报现象。

5. 缴纳契税和补地价。房屋买卖必须由买方向税务机关缴纳契税，税率为3% ~5%。纳税人应当自纳税义务发生之日起10日内，向土地、房屋所在地的契税征收机关办理纳税申报。对无偿划拨土地的房屋买卖，须将土地收益上缴国库。

6. 房地产管理部门办理房屋权属登记手续，核发房地产权属证书。

（三）房地产转让合同

房地产转让合同是指房地产转让当事人之间签订的用于明确各方权利义务关系的协议。当事人转让房地产，应当签订书面转让合同。合同的内容由当事人协商拟订，一般应当包括：①双方当事人的姓名或者名称、住所；②房地产权属证书名称和编号；③房地产坐落位置、面积、四至界限；④土地宗地号、土地使用权取得的方式及年限；⑤房地产的用途或使用性质；⑥成交价格及支付方式；⑦房地产交付使用的时间；⑧违约责任；⑨双方约定的其他事项。

房地产成交价是房地产买卖合同的必备条款。我国实行房地产价格评估制度及房地产成交价格申报制度。如果房地产成交价格明显低于市场价格，政府具有优先购买权。

以出让方式取得土地使用权的，转让房地产后，其土地使用权的最高使用年限为原出让合同约定的使用年限减去原土地使用者已经使用年限后的剩余年限。土地使用权转让，原土地使用权出让合同和登记文件中所载明的权利义务随之转移。如果需要改变原土地使用权出让合同约定的土地用途，必须取得市、县人民政府城市规划行政主管部门的同意，签订土地使用权出让合同变更协议或者重新签订土地使用权出让合同，相应调整土地使用权出让金。

二、房地产租赁

房地产租赁是房地产市场中一种重要的交易形式，是指房地产产权所有人或其他合法权利人，将房地产在一定期限内租赁给他人使用，并收取租金的行为。原拥有房地产权利的一方称为出租人，承租房地产的一方称为承租人。

《城市房地产管理法》对房屋租赁作了原则性规定，为了进一步规范房地产租赁行为，1995 年 4 月 28 日，建设部发布了第 42 号令《城市房屋租赁管理办法》的通知。该办法的发布，对于加强房屋租赁管理，规范房地产租赁市场，防止房屋租赁中的国有收益流失，起到了积极作用。

国务院发布的国发〔2002〕24 号文《国务院部门第一批取消行政审批项目目录》中第 330 项取消了“房屋租赁核准”项目。该项目取消后，不得再对房屋租赁进行核准和发放《房屋租赁证》，应转变房屋租赁管理方式，开展房屋租赁登记备案工作。

（一）租赁主体的权利与义务

房地产租赁主体由出租人和承租人构成。

1. 出租人的权利

（1）依照合同约定向承租人收取租金和收益。这是出租人凭借房地产产权而获取的收益。如果承租人不按时缴纳租金，出租人可以按约定收取滞纳金或终止租赁合同。出租人还可以从承租人的转租中获得收益。

(2)对承租人用房进行检查监督。出租人有权要求承租人按法律规定和合同约定合理使用承租物，不得任意改变房屋用途或私拆私改，致使房屋受损。

(3)法定解约权。承租人有下列行为之一的，出租人有权终止合同，收回房屋，由此造成损失的，由承租人赔偿：①将承租的房屋擅自转租的；②将承租的房屋擅自转让、转借他人或擅自调换使用的；③将承租的房屋擅自拆改结构或改变用途的；④拖欠租金累计6个月以上的；⑤公有住宅用房无正当理由闲置6个月以上的；⑥利用承租房屋进行违法活动的；⑦故意损坏承租房屋的；⑧法律、法规规定其他可以收回的。

(4)租赁期满收回原房的权利。

(5)有权制止承租人在租赁期间违反国家法律、法规的行为。

2. 承租人的权利

(1)在合同约定租期内占有、使用房屋的权利。

(2)催告出租人修缮房屋的权利。承租人有权按合约要求出租人修缮房屋，以保证承租人在合同有效期内正常的居住生活和使用安全。

(3)优先购买权，即在租期未满时，出租人出卖房屋，承租人有权在同等条件下优先购买。

(4)优先承租权，即在租期届满时，出租人继续租房时，承租人在同等条件下有优先承租权。

(5)对于因租赁而提供的担保，租赁期满后，承租人有权收回所提供的担保物。

3. 出租人的义务

(1)出租人应在合同约定的时间和期限内，将承租物交给承租人，并保证其能正常使用。不能按期交付的，应当支付违约金；给承租人造成损失的，应当承担赔偿责任。

(2)出租人在租赁关系存续期间，为使承租人正常使用标的物，要对承租物进行必要的修缮。出租人不履行此项义务的，承租人有权代为修缮，从租金中扣除修缮费用。

(3)出租人在租赁期限内，确需提前收回房屋的，应当事先取得承租人同意，给承租人造成损失的，应当予以赔偿。

(4)缴纳税费的义务。

(5)以营利为目的，房屋所有权人将以划拨方式取得使用权的国有土地上建成的房屋出租的,应当将租金中所含的土地收益上缴国家。

4. 承租人的义务

(1)承租人必须按期缴纳租金,违约的,应当支付违约金。支付租金是承租人最主要的义务,承租人应当按照合同规定的时间、地点和数额支付租金。

(2)承租人应当爱护并合理使用所承租的房屋及附属设施,不得擅自拆改、扩建或增添。确需变动的,必须征得出租人的同意,并签订书面合同。

(3)承租人转租房屋,必须经原出租人书面同意。

(4)承租人在租赁关系终止时,应当向出租人返还房地产。

(二)租赁客体

企事业单位、法人、公民或其他组织对享有所有权的房屋和国家授权管理和经营的房屋可以依法出租。但是,有下列情形之一的房屋不得出租:①未依法取得房屋所有权证的;②司法机关和行政机关依法裁定、决定查封或者以其他形式限制房地产权利的;③共有房屋未取得共有人同意的;④权属有争议的;⑤属于违法建筑的;⑥不符合安全标准的;⑦已抵押,未经抵押权人同意的;⑧不符合公安、环保、卫生等主管部门有关规定的;⑨有关法律、法规规定禁止出租的其他情形。

(三)租赁合同

租赁合同是出租人与承租人签订的用以明确租赁双方权利和义务的协议。《城市房地产管理法》第 53 条规定:“房屋租赁,出租人和承租人应当签订书面租赁合同,约定租赁期限、租赁用途、租赁价格、修缮责任等条款,以及双方的其他权利和义务,并向房地产管理部门登记备案。”《城市房屋租赁管理办法》第 9 条对租赁合同的内容作了进一步的规定,租赁合同应当具备以下条款:①当事人姓名或者名称及住所;②房屋的坐落、面积、装修及设施状况;③租赁用途;④租赁期限;⑤租金及交付方式;⑥房屋修缮责任;⑦转租的约定;⑧变更和解除合同的条件;⑨违约责任;⑩当事人约定的其他条款。

房屋租赁合同除必须具备以上条款外,还应该符合民事合同和经济合同的一般性规定,其内容包括合同的名称、合同的签订时间、合同的份数等。为了加强房屋租赁合同的管理,1991 年建设部根据各地房屋租赁的实际情况,制定了《房屋租赁契约》标准文本格式,供房屋租赁人签订合同时参考。

（四）租赁登记

房屋租赁实行登记备案是《城市房地产管理法》规定的一项重要制度。签订、变更、终止租赁合同，当事人都应当向房屋所在地市、县人民政府房地产管理部门登记备案。实行这一制度，一方面可以较好地防止非法出租房屋，规范房地产市场；另一方面也可以防止国家税费的流失。

房屋租赁当事人应当在租赁合同签订后 30 日内，持有关证明文件到市、县人民政府房地产管理部门办理登记备案手续。申请房屋租赁登记备案应当提交的证明文件包括：①书面租赁合同；②房屋所有权证书；③当事人的合法证件；④出租共有房屋，须提交其他共有人同意出租的证明；⑤出租委托代管房屋，须提交委托代管人授权出租的证明；⑥城市人民政府规定的其他文件。

北京市人民政府 1995 年 7 月发布《北京市外地来京人员租赁房屋管理规定》，除上述证明文件外，还要求提供以下文件：①房屋出租申请书。②房屋产权证明或者批准建房的合法文件和证明材料。③出租人是个人的，应当提交房主的居民身份证；出租人是单位的，应当提交单位的法人资格证明，单位不是法人的应当提交单位上级主管部门同意其出租房屋的证明。

房屋租赁登记备案包含着审查的含义。房屋租赁审查的内容主要包括：①审查合同的主体是否合格，即出租人与承租人是否具备相应的条件；②审查租赁的客体是否合法；③审查租赁合同是否内容齐全和规范；④审查租赁行为是否符合国家及房屋所在地人民政府规定的租赁政策；⑤审查是否按有关规定缴纳了有关税费。

房屋租赁申请经市、县人民政府房地产管理部门审查合格后，颁发《房屋租赁证》，该证是房屋租赁行为的合法有效凭证。未经登记备案的租赁合同是无效的经济合同，只有通过登记的租赁活动才受法律保护。

三、房地产抵押

房地产抵押，是指抵押人以其合法的房地产以不转移占有的方式向抵押权人提供债务履行担保的行为。债务人不履行债务时，抵押权人有权依法以抵押的房地产拍卖所得的价款优先受偿。依法取得的房屋所有权连同该房屋占用范围内的土地使用权，可以设定抵押权。以出让方式取得的土地使用权,也可以设定抵押权。

(一)房地产抵押的限制条件

房地产抵押权的实现是建立在能够拍卖或变卖抵押物的基础之上的,对于不能或难以拍卖和变卖的房地产,一般不得设定抵押权。下列房地产不得设定抵押权:

1. 权属不明或有争议的房地产;

2. 通过行政划拨方式获得的土地使用权,在地上尚未建成建筑物或其他附着物时;

3. 学校、幼儿园、医院等以公益为目的的事业单位、社会团体的教育设施、医疗卫生设施和其他社会公益设施;

4. 列入文物保护范围的建筑物和有重要纪念意义的其他建筑物;

5. 依法列入拆迁范围的房屋;

6. 未设定租赁期限的出租住宅房屋;

7. 司法机关和行政机关依法查封、扣押、监管或以其他形式限制房地产权利的;

8. 依法不得抵押的其他房地产。

(二)房地产抵押合同

房地产抵押合同是抵押人与抵押权人为了保证债权债务的履行,明确双方权利义务关系的协议。房地产抵押人与抵押权人必须签订书面的抵押合同。房地产抵押合同一般应包括下列内容:

1. 抵押人、抵押权人的名称和住址;

2. 被担保的债权种类、数额及履行期限;

3. 抵押物的名称、坐落、用途、结构、面积、价值、房地产权利状况;

4. 抵押担保的范围;

5. 抵押物的占管人、占管方式、占管责任以及意外损毁或者灭失的责任;

6. 违约责任;

7. 抵押物被处分时的受偿人顺序;

8. 抵押权灭失的条件;

9. 争议解决方式;

10. 其他约定事项。

抵押权人限制抵押物出租、出借、转让或者改变用途的,也应当在抵押合同中约定。

房地产抵押合同签订后，土地上新增的房屋不属于抵押财产。需要拍卖该抵押的房地产时，可以依法将土地上新增的房屋与抵押物一同拍卖，但对于拍卖新增房屋的所得，抵押权人无权优先受偿。

（三）抵押登记和评估

1995 年 3 月，建设部和中国人民银行联合发布《关于加强与银行贷款业务相关的房地产抵押和评估管理工作的通知》，该通知明确指出："银行办理各项以房地产作为抵押的贷款业务，抵押人和抵押权人必须签订书面抵押合同，并自抵押合同签订之日起 30 日内，向当地房地产管理部门办理抵押登记。房地产管理部门要依法对抵押物进行严格审查，审查的内容主要包括：抵押物是否符合准许进入抵押交易市场的条件；抵押物是否已经抵押；抵押人提供的房地产权利证明文件与权证存根及档案记录内容是否相符，查对产权证号与印章的真伪等，并由审核人签字备案。"抵押关系的变更、解除和终止，双方当事人应向原登记机关办理变更、注销手续。

该通知还规定："抵押人和抵押权人认为需要确定抵押物价值的，可以由贷款银行进行评估；或委托人民政府房地产行政主管部门附属的事业性房地产估价机构进行评估，并经抵押权人确认。评估机构在接到评估申请之日起 7 日内，应当作出是否受理的答复；决定受理的，应当在受理之日起 30 日内完成评估工作，并按照各地政府核准的事业性收费标准收取评估费用。"对与银行贷款业务相关的房地产抵押物价值进行评估，其估价业务报告必须由房地产估价师签署，或由 3 名以上获得《房地产估价人员岗位合格证书》的人员联合签署。

土地使用权抵押权的设立、变更和消灭应依法办理土地登记手续。土地使用权抵押合同经登记后生效，未经登记的土地使用权抵押权不受法律保护。土地使用权抵押登记必须以土地使用权登记为基础，并遵循登记机关一致的原则，异地抵押的，必须到土地所在地的原土地使用权登记机关办理抵押登记。县级以上地方人民政府土地管理部门负责土地使用权抵押登记工作。

土地使用权抵押应当进行地价评估，并由抵押人和抵押权人签订抵押合同。地价评估收费标准按国家有关规定执行。以出让方式取得的国有土地使用权，由抵押人进行地价评估或由具有土地估价资格的中介机构评估并经抵押权人认可后，由抵押人和抵押权人签订抵押合同。

土地使用权抵押权的合法凭证是《土地他项权利证明书》。《国有土地使用证》、《集体土地所有证》和《集体土地使用证》不作为抵押权的法律凭证,抵押权人不得扣押抵押土地的土地证书。抵押权人扣押的土地证书无效,土地使用权人可以申请原土地证书作废,并办理补发新证手续。

第三节 商品房销售

商品房销售是房地产转让的一种重要形式。商品房销售包括商品房现售和商品房预售。商品房现售,是指房地产开发企业将竣工验收合格的商品房出售给买受人,并由买受人支付房价款的行为。

商品房销售时,房地产开发企业和买受人应当订立书面商品房买卖合同。房地产开发企业、房地产中介服务机构发布的商品房销售广告和宣传资料所明示的事项,当事人应当在商品房买卖合同中约定。

商品房买卖合同应当明确以下主要内容:①当事人名称或者姓名和住所;②商品房基本状况;③商品房的销售方式;④商品房价款的确定方式及总价款、付款方式、付款时间;⑤交付使用条件及日期;⑥装饰、设备标准承诺;⑦供水、供电、供热、燃气、通信、道路、绿化等配套基础设施和公共设施的交付承诺和有关权益、责任;⑧公共配套建筑的产权归属;⑨面积差异的处理方式;⑩办理产权登记的有关事宜;⑪解决争议的方法;⑫违约责任;⑬双方约定的其他事项。

商品房销售时,出卖人未取得商品房预售许可证明的,与买受人订立的商品房预售合同应当认定无效,但是在起诉前取得商品房预售许可证明的,可以认定有效。

在商品房销售中,具有下列情形之一,导致商品房买卖合同目的不能实现的,无法取得房屋的买受人可以请求解除合同、返还已付购房款及利息、赔偿损失,并可以请求出卖人承担不超过已付购房款一倍的赔偿责任:①商品房买卖合同订立后,出卖人未告知买受人又将该房屋抵押给第三人;②商品房买卖合同订立后,出卖人又将该房屋出卖给第三人。

在商品房销售中,出卖人订立商品房买卖合同时,具有下列情形之一,导致合同无效或者被撤销、解除的,买受人可以请求返还已付购房款及利息、赔偿损失,并可以请求出卖人承担不超过已付购房款一倍的赔偿责任:①故意隐瞒没有取得商品房预售许可证明的事实或者提供虚假商品房预售许可证明；②故意隐瞒所售房屋已经抵押的事实；③故意隐瞒所售房屋已经出卖给第三人或者为拆迁补偿安置房屋的事实。

商品房销售可以按套(单元)计价,也可以按套内建筑面积或者建筑面积计价。商品房建筑面积由套内建筑面积和分摊的共有建筑面积组成,套内建筑面积部分为独立产权,分摊的共有建筑面积部分为共有产权,买受人按照法律、法规的规定对其享有权利,承担责任。按套(单元)计价或者按套内建筑面积计价的,商品房买卖合同中应当注明建筑面积和分摊的共有建筑面积。按套(单元)计价的现售房屋,当事人对现售房屋实地勘察后可以在合同中直接约定总价款。按套(单元)计价的预售房屋,房地产开发企业应当在合同中附所售房屋的平面图。平面图应当标明详细尺寸,并约定误差范围。房屋交付时,套型与设计图纸一致,相关尺寸也在约定的误差范围内,维持总价款不变;套型与设计图纸不一致或者相关尺寸超出约定的误差范围,合同中未约定处理方式的,买受人可以退房或者与房地产开发企业重新约定总价款。由此导致买受人退房的,由房地产开发企业承担违约责任。

按套内建筑面积或者建筑面积计价的,当事人应当在合同中载明合同约定面积与产权登记面积发生误差的处理方式。合同没有约定或者约定不明确的,按照以下原则处理:

其一,面积误差比绝对值在3%以内(含3%),按照合同约定的价格据实结算,买受人请求解除合同的,不予支持。

其二,面积误差比绝对值超出3%,买受人请求解除合同、返还已付购房款及利息的,应予支持。买受人同意继续履行合同,房屋实际面积大于合同约定面积的,面积误差比在3%以内(含3%)部分的房价款由买受人按照约定的价格补足,面积误差比超出3%部分的房价款由出卖人承担,所有权归买受人;房屋实际面积小于合同约定面积的,面积误差比在3%以内(含3%)部分的房价款及利息由出卖人返还买受人,面积误差比超过3%部分的房价款由出卖人双倍返还买受人。

按建筑面积计价的,当事人应当在合同中约定套内建筑面积和分摊的共有建筑面积,并约定建筑面积不变而套内建筑面积发生误差以及建筑面积与套内建筑面积均发生误差时的处理方式。

房地产开发企业应当按照合同约定,将符合交付使用条件的商品房按期交付给买受人。未能按期交付的,房地产开发企业应当承担违约责任。

因不可抗力或者当事人在合同中约定的其他原因,需延期交付的,房地产开发企业应当及时告知买受人。

房地产开发企业销售商品房时设置样板房的,应当说明实际交付的商品房质量、设备及装修与样板房是否一致,未作说明的,实际交付的商品房应当与样板房一致。

在商品房销售中,由于出卖人的原因,买受人在下列期限届满未能取得房屋权属证书的,除当事人有特殊约定外,出卖人应当承担违约责任:①商品房买卖合同约定的办理房屋所有权登记的期限;②商品房买卖合同的标的物为尚未建成房屋的,自房屋交付使用之日起 90 日;③商品房买卖合同的标的物为已竣工房屋的,自合同订立之日起 90 日。

销售商品住宅时,房地产开发企业应当根据《商品住宅实行质量保证书和住宅使用说明书制度的规定》,向买受人提供《住宅质量保证书》、《住宅使用说明书》。房地产开发企业应当对所售商品房承担质量保修责任。当事人应当在合同中就保修范围、保修期限、保修责任等内容作出约定,保修期从房屋交付之日起计算。

第四节 土地使用权出让

一、土地使用权出让的含义

我国实行土地社会主义公有制,城市市区的土地都属于国家所有。土地使用权出让是指国家以土地所有者的身份将国有土地使用权在一定年期内让与土地使用者,并由土地使用者向国家支付土地使用权出让金的行为。土地使用权出让,必须符合土地利用总体规划、城市规划和年度建设用地计划。土地使用权的出让仅限于国有土地,集体土地必须经依法征用为国有土地后才能够出让。下列土地属于全民所有即国家所有:①城市市区的土地;②农村和城市郊区中已经依法没收、征收、征购为国有的土地;③国家依法征用的土地;④依法不属于集体所有的林地、草地、荒地、滩涂及其他土地;⑤农村集体经济组织全部成员转为城镇居民的,原属于其成员集体所有的土地;⑥因国家组织移民、自然灾害等原因,农民成建制地集体迁移后不再使用的原属于迁移农民集体所有的土地。

地下的各类自然资源如矿产、埋藏物和市政公用设施等不在土地使用权有偿出让的范围之内。土地使用权的受让者可以开发、利用和经营土地,也可以将土地使用权依法再转移,包括出售、交换和赠与。新的土地使用者必须继续履行土地出让合同规定的权利和义务。土地使用权出让,必须符合土地利用总体规划、城市规划和年度建设用地计划。《城市房地产管理法》第10条规定:“县级以上地方人民政府出让土地使用权用于房地产开发的,须根据省级以上人民政府下达的控制指标拟订年度出让国有土地总面积方案,按照国务院规定,报国务院或者省级人民政府批准。”

土地使用权受让者的一切行为,必须符合我国法律的规定,符合土地使用权出让合同的约定,不得损害社会公共利益。土地使用权出让是一种政府垄断行为,即只能由市、县人民政府的土地管理部门与受让人签订土地使用权出让合同。土地使用权出让,由市、县人民政府有计划、有步骤地进行。出让的每幅地块、用途、年限和其他条件,由市、县人民政府土地管理部门会同城市规划、建设、房产管理部门共同拟订方案,按照国务院规定,报经有批准权的人民政府批准后,由市、县人民政府土地管理部门实施。

二、土地使用权出让的方式

土地使用权的出让方式有拍卖、招标和协议三种方式,目前采用较多的方式是协议,但总的发展趋势是招标方式越来越受到重视。《城市房地产管理法》规定,“土地使用权出让,可以采取拍卖、招标或者双方协议的方式。商业、旅游、娱乐和豪华住宅用地,有条件的,必须采取拍卖、招标方式;没有条件,不能采取拍卖、招标方式的,可以采取双方协议的方式。采取双方协议方式出让土地使用权的出让金不得低于按国家规定所确定的最低价”。目前,还增加了一种方式,即挂牌交易。招标、拍卖或者挂牌出让国有土地使用权应当遵循公开、公平、公正和诚实信用的原则。商业、旅游、娱乐和商品住宅等各类经营性用地,必须以招标、拍卖或者挂牌方式出让。

(一)协议

协议出让是指土地的出让方和受让方经过协商,就土地使用权出让条件以及双方的权利义务达成一致意见后,签订土地使用权出让合同,有偿出让土地使用权。

协议方式出让土地使用权,由于没有引入竞争机制,缺乏公开性,因此，协商达成的地价与市场价格有可能存在一定的差距，受让方的选择受主观影响较大，对土地资源的配置缺乏市场调节。但是，采取这一方式，节约成本和时间，政府对地价的控制有较大的灵活性。协议出让土地使用权，主要适用于市政公益事业项目、非盈利项目及政府为调整经济结构、实施产业政策而需要给予优惠和扶持的建设项目。

《城市房地产管理法》规定："采取双方协议方式出让土地使用权的出让金不得低于按国家规定所确定的最低价。"2001 年 5 月 30 日，国务院发出《关于加强国有土地资产管理的通知》，其中强调，"确实不能采用招标、拍卖方式的，方可采用协议方式。采用协议方式供地的，必须做到在地价评估基础上，集体审核确定协议价格，协议结果向社会公开"。

(二)招标

招标出让国有土地使用权，是指市、县人民政府土地行政主管部门(以下简称出让人)发布招标公告，邀请特定或者不特定的公民、法人和其他组织参加国有土地使用权投标，根据投标结果择优确定土地使用者的行为。

招标出让土地使用权，由于引进了市场机制和竞争机制，可以促进土地资源的优化配置，有利于城市规划和土地利用规划的实施和完善，土地使用权的出让价格能够确定在一个较合理的价位上。但是，采用这一方式要花费一定的人力、物力和财力，成本较高。

招标出让土地使用权，适用面较广，对于一些大型或关键性的投资项目，特别应该采用这一方式。市、县人民政府土地行政主管部门应当为投标人查询拟出让土地的有关情况提供便利。

(三)拍卖

拍卖出让国有土地使用权，是指出让人发布拍卖公告，由竞买人在指定时间、地点进行公开竞价，根据出价结果确定土地使用者的行为。

拍卖出让是按照"价高者得"的原则确定土地使用权受让人，充分引进了竞争机制，有利于实现土地在最高价位上出让。但是，这一方式的选择标准仅仅是价格，对于土地利用的优化方案则难以考虑，同时对拍卖者提出了较高的要求，不仅要事先公布竞投土地的位置、面积、用途、土地使用年限及付款方式等，而且要事先制订规划设计方案并公布其要点，如建筑密度、容积率、建筑层数及建筑物面积、绿地覆盖率等。

拍卖出让方式主要适用于竞争性强、盈利率高的商业、金融业、旅游业和娱乐业用地。

(四)挂牌

挂牌出让国有土地使用权,是指出让人发布挂牌公告,按公告规定的期限将拟出让宗地的交易条件在指定的土地交易场所挂牌公布,接受竞买人的报价申请并更新挂牌价格,根据挂牌期限截止时的出价结果确定土地使用者的行为。

市、县人民政府土地行政主管部门应当按照出让计划,会同城市规划等有关部门共同拟订拟招标、拍卖、挂牌出让地块的用途、年限、出让方式、时间和其他条件等方案,报经市、县人民政府批准后,由市、县人民政府土地行政主管部门组织实施。出让人应当根据招标、拍卖、挂牌出让地块的情况,编制招标、拍卖、挂牌出让文件。招标、拍卖、挂牌出让文件应当包括招标、拍卖、挂牌出让公告,投标或者竞买须知,宗地图,土地使用条件,标书或者竞买申请书,报价单,成交确认书,国有土地使用权出让合同文本。出让人应当至少在投标、拍卖或者挂牌开始日前 20 日发布招标、拍卖或者挂牌公告,公布招标、拍卖、挂牌出让宗地的基本情况和招标、拍卖、挂牌的时间、地点。

挂牌公告应当包括下列内容:①出让人的名称和地址;②出让宗地的位置、现状、面积、使用年期、用途、规划设计要求;③竞买人的资格要求及申请取得竞买资格的办法;④索取挂牌出让文件的时间、地点及方式;⑤挂牌时间、地点、挂牌期限、竞价方式等;⑥确定竞得人的标准和方法;⑦竞买保证金;⑧其他需要公告的事项。

市、县人民政府土地行政主管部门应当根据土地估价结果和政府产业政策综合确定挂牌底价。确定挂牌的起始价、底价、竞买保证金,应当实行集体决策。挂牌的底价,在挂牌出让活动结束之前应当保密。

三、土地使用权出让的程序

(一)协议出让程序

1. 用地申请。土地使用申请者持上级主管机关的批准文件及有关证明,向土地所属的土地管理部门提出用地申请,并说明土地的位置、用地面积、规划建筑面积和申请理由等。

2. 地价评估及审核。土地使用申请者必须委托经过有关政府部门认证、具有相应资质的评估机构对拟出让地块进行地价评估。地价评估报告必须经政府有关部门审核。经审定后的地价才能作为办理土地使用权出让手续时计算地价款的依据。

3. 出让审批。土地管理部门对有关受让方提供的申请文件进行审查，并就出让地块的用途、年限和出让金等问题进行充分协商。经协商一致，将协商结果报市、县人民政府审批。

4. 签订出让合同。经审批后，土地管理部门与土地受让人正式签订土地使用权出让合同，双方签字盖章。合同正式生效后，出让方和受让方必须严格履行合同。

5. 领取证书。受让方交清全部地价款后，出让方应向受让方颁发正式的《国有土地使用证》。北京市规定，当受让方交足地价款的40%时，出让方应在30日内向其颁发临时《国有土地使用证》，受让方可凭此办理拆迁、年度计划转正等手续。当受让方交清全部地价款后30日内，出让方应向受让方颁发正式的《国有土地使用证》。受让方可凭此办理预售、销售、抵押等手续。

（二）招标出让程序

1. 由土地管理部门通过新闻媒介等方式，公告招标通知，并公布标书。标书的主要内容有：出让土地的位置、面积、出让期限、用地性质、报名截止日期以及报名条件等。报名者经资格审查合格后可参加投标。

2. 投标人向土地管理部门领取《投标须知》、《土地投标证书》、《土地使用规则》、《土地使用合同书》等，按规定填写，在规定的投标日期和时间内，向指定的地点和单位缴纳土地受让保证金，并将密封后的投标书投入指定的标箱。标书投入标箱后，不可撤回。投标人应对标书和有关书面承诺承担责任。

3. 土地管理部门会同城建、财政、税务、计划、银行等部门的专家组成评标委员会，由公证机关公证，进行开标、评标和决标。评标内容一般包括投标者的资格情况、所报出让金数额以及土地利用规划方案和项目建设方案等。评标委员会签发决标书后，由土地管理部门代表政府向中标者发出中标证明书。对能够最大限度地满足招标文件中规定的各项综合评价标准，或者能够满足招标文件的实质性要求且价格最高的投标人，应当确定为中标人。投标人少于三人的，出让人应当依照本规定重新招标。

4. 中标者在规定日期内持中标证明书与土地管理部门签订土地出让合同，并按合同规定缴纳出让金。中标者在规定的时间内不与出让方签订出让合同的，取消其中标权，所缴保证金不予退还。北京市规定，中标者必须在发出中标证明书20天内持中标证明书签订土地使用权出让合同。未中标者，所缴纳的投标保证金由出让方全额退回。

5. 中标人依照合同约定支付土地使用权出让金，土地管理部门依照合同约定提供土地使用权，土地使用者办理土地登记，领取土地使用证。

（三）拍卖出让程序

1. 由土地管理部门通过新闻媒介发出土地使用权公开竞投公告，公告拍卖的时间、地点和将出让地块的位置、面积、用途、使用年限等。竞投者到土地管理部门办理竞投登记手续，领取编码牌，以取得正式参加拍卖的权利，并索取拍卖资料等。

2. 竞投者缴纳保证金，并到实地查看。

3. 参加拍卖会。竞投者以举牌方式应价，也可口头跳报应价，最后由出价高者取得该幅土地的使用权。拍卖会依照下列程序进行：

（1）主持人点算竞买人。

（2）主持人介绍拍卖宗地的位置、面积、用途、使用年期、规划要求和其他有关事项。

（3）主持人宣布起叫价和增价规则及增价幅度；没有底价的，应当明确提示。

（4）主持人报出起叫价。

（5）竞买人举牌应价或者报价。

（6）主持人确认该应价后继续竞价。

（7）主持人连续三次宣布同一应价而没有再应价的，主持人落槌表示拍卖成交。

（8）主持人宣布最高应价者为竞得人。

竞买人不足三人，或者竞买人的最高应价未达到底价时，主持人应当终止拍卖。

拍卖主持人在拍卖中可根据竞买人的竞价情况调整拍卖增价幅度。

4. 拍卖成交后，当场签订《土地使用权出让合同》，并支付定金。

5. 交清全部出让金后，办理土地登记手续，领取土地使用权证书。

（四）挂牌出让程序

挂牌出让国有土地使用权依照以下程序进行：

1. 在挂牌公告规定的挂牌起始日，出让人将挂牌宗地的位置、面积、用途、使用年期、规划要求、起始价、增价规则及增价幅度等，在挂牌公告规定的土地交易场所挂牌公布；

2. 符合条件的竞买人填写报价单报价；

3. 出让人确认该报价后，更新显示挂牌价格；

4. 出让人继续接受新的报价；

5. 出让人在挂牌公告规定的挂牌截止时间确定竞得人。

挂牌时间不得少于 10 个工作日，挂牌期间可根据竞买人竞价情况调整增价幅度。

挂牌期限届满，按照下列规定确定是否成交：①在挂牌期限内只有一个竞买人报价，且报价高于底价，并符合其他条件的，挂牌成交。②在挂牌期限内有两个或者两个以上竞买人报价的，出价最高者为竞得人；报价相同的，先提交报价单者为竞得人，但报价低于底价者除外。③在挂牌期限内无应价者或者竞买人的报价均低于底价或均不符合其他条件的，挂牌不成交。在挂牌期限截止时仍有两个或者两个以上的竞买人要求报价的，出让人应当对挂牌宗地进行现场竞价，出价最高者为竞得人。

本章重点回顾

房地产交易	房地产转让	房地产租赁
房地产抵押	商品房销售	土地使用权出让
协议	招标	拍卖　　挂牌

DI WUZHANG 第五章 房地产投资环境

第一节 房地产投资环境概述

一、房地产投资环境的概念

房地产投资环境是指影响和制约房地产投资项目的各种外部条件的总和,包括自然、政治、社会和经济因素等。这些因素相互依赖、相互补充、相互制约,形成矛盾统一体。房地产投资环境是一个多层次、多因素的动态大系统,各子系统之间、各子系统中的各因素之间都是相互联系、相互制约的。对于任何一项投资,投资环境的适宜度对投资的成败都起着至关重要的作用,环境条件的优劣直接影响了投资效益的好坏。因此,投资环境分析是投资者最为关心的问题之一。

房地产投资环境实际上是影响房地产投资效果的一系列因素所构成的一个外部环境。它包括硬环境和软环境两个部分。硬环境是影响房地产投资评价结果的实体环境,一般主要是指自然条件环境和基础设施环境,包括道路、交通、电力、能源、通信等自然和基础设施条件;软环境则指与投资有关的政治、经济、社会、文化等因素。房地产投资环境不包括投资项目自身的具体内部因素,而只是作为外部影响因素制约房地产投资行为,影响项目盈利水平。

二、房地产投资环境的特点

房地产投资环境具有多样性、综合性、动态性等基本特点。

第一,多样性。这是指房地产投资环境因素是众多的,并且,每个因素对房地产投资项目的盈利水平的影响程度和影响方式都有可能不一样。

第二,综合性。这是指众多的房地产投资环境因素是相互制约的,在进行分析时,必须全面考虑,并找出其相互关系。

第三,动态性。这是指众多的房地产投资环境是可变的,并在动态变化过程中相互依赖。城市的中心区位置、人口、布局、发展政策等都会随着时间发生变化,因此,影响房地产投资效果的外部因素也是在不断变化的。

三、房地产投资环境的构成要素

房地产投资环境是一个大系统,其构成要素一般分为政治、法律、经济、自然地理、基础设施和社会因素六大方面。

(一)政治环境

政治环境指的是一国的政治制度、政局的稳定性和政策的连续性,以及政府管理服务的水平等。

1. 政治局势。政治局势稳定包含国内局势稳定和对外局势稳定两层含义。国内政局的稳定依赖于经济和社会的稳定,其动荡也一般由社会动乱、经济萧条等引发;对外局势稳定则依赖于外交的稳定,包括外交政策、边界问题等。无疑,动荡的局势将阻碍房地产这种长期投资的进入。一般来说,一个地区如果政治局势比较稳定,很显然能够吸引房地产投资,房地产价格就会比较高;如果政局动荡,甚至发生战争,显然对房地产投资是不利的,投资效果也不好,土地或房地产价格就会下跌。但是,也有例外,如在伊拉克战争之前,伊拉克部分城市的地价没有下降反而上升,这主要是因为投资者认为战后将获更大的投资回报。因此,分析一个地区的政治局势对于房地产投资的影响,应该具体问题具体分析,同样,要针对具体的投资主体,才能得到一个正确的结论。

2. 政策制度。投资者所关注的经济政策和产业政策,包括国民经济发展的政策、引进外资的政策、对外开放的政策以及税收政策等。同时,政策的连续性也是房地产投资者考虑的重点。政策不连续、不稳定,将使房地产投资者畏缩不前。

3. 政府管理服务水平。近年来,随着政府行政职能的进一步转化,政府的管理服务功能进一步加强,从而诞生了另一项评价房地产投资环境好坏的标准——政府管理服务水平。由于房地产投资中政府审批环节多、时间长,高效、廉洁的政府形象将吸引房地产投资者进入。政府管理水平的优劣,政府服务水平的好坏,直接关系到是否能够招商引资,是否能够吸引房地产投资。

(二)法律环境

房地产的投资和开发具有非常重要的外部性,它的效益不仅仅属于开发商或投资商,同时又对周边环境带来正面的社会效益或负面的社会成本,因此,政府非常重视对房地产市场的管理和通过法律形式对其进行规范,开发商和投资商对于相关的法律、法规也非常重视。随着我国法律体系的逐渐完善,法律环境已成为投资环境中一个十分重要的构成部分。法律环境主要包括法律的完整性、法制的稳定性和执法的公正性。法律的完整性,主要指投资项目所依赖的法律法规是否齐备。法制的稳定性,主要指法规变动是否频繁,是否有效。执法的公正性,主要指在法律纠纷、争议仲裁过程中执法是否客观、公平。

(三)经济环境

经济环境是投资者投资决策时考虑最多、最重要、最直接的基本因素,其包含的内容很多,主要有宏观经济环境、市场环境、财务环境、资源环境等。

1. 宏观经济环境。宏观经济环境是一国或者一个地区的总体经济环境。如,该地区的国民生产总值、国民收入、国民经济增长率等反映国民经济状况的指标;当地居民的消费额、消费结构、居民收入、存款余额、物价指数等描述社会消费水平和能力的指标。

2. 市场环境。市场环境是指投资项目面临的市场状况,包括市场现状和未来发展趋势。如,市场吸纳量的现状及未来估计、市场供给量的现状和未来估计、市场购买力的分布状况、同类楼盘的分布及其现状、竞争对手的状况、市场价格水平及其走势等。

3. 财务环境。财务环境是投资项目面临的资金、成本、利润、税收等环境条件。它主要包括金融环境(如资金来源的渠道、项目融资的可能性及融资成本)和经营环境(如投资费用、经营成本、税收负担、优惠政策和条件、同类项目的社会平均收益水平及盈利水平等)。

4. 资源环境。资源环境是指从人力资源、土地资源、原材料资源及能源角度出发研究的投资环境。其中,对于房地产开发投资,土地资源获得的可能性及成本,是投资者必须重点考虑的要素。人力资源、土地资源、资金资源等资源对于不同投资主体的重要性不同,要具体情况具体分析。

（四）自然地理环境

自然地理环境是指投资项目所在地域的自然和风景地理特征。它是一种硬环境，是投资者无法轻易改变的客观物质环境，具有相对不变和长久稳定的特点。同时，房地产投资具有地理位置相对固定和投资不可逆等特点，所以，房地产投资者都十分重视对自然地理环境的研究。

自然地理环境包括地理位置、地质地貌、自然风光及气温气候等。一个好的项目必须重视项目所在地的地貌特点、自然风光、气候风向等条件，充分利用其有利的一面，想方设法通过景观设计弥补不足，使项目的外观、布局同自然环境协调起来。

（五）基础设施环境

基础设施环境对房地产投资尤显重要，它是房地产投资项目的"硬环境"，主要包括投资地域的交通、能源、通信、给排水、排污等环境条件。属于交通环境条件的内容有：距机场、码头、车站的距离，主要交通干线的分布，重要的公共交通工具及数量，交通方便的程度等。属于能源条件的主要内容有电力供应状况，最近的变电站距离，煤气供应站的距离，煤气主干线管道的距离，其他能源如煤炭、天然气的供应状况等。通信环境条件是指最近的通信电缆的位置，可设电话门数等。给排水及污水环境条件包括当地的自来水管道分布、距主要自来水管道的距离、排水排污设施状况、管道分布等。

（六）社会环境

社会环境是拟投资地域的社会秩序、社会信誉和社会服务等条件，同时包括公民的文化教育水平、社会传统、风俗习惯等。

1. 社会秩序。社会秩序是指拟投资地区的社会政治秩序和经济生活秩序，包括当地社会的稳定性、安全性，当地居民对本地经济发展的参与感，对外来经济势力的认同度等。

2. 社会信誉。社会信誉是由公共道德水平和法律双向支撑的，是维系社会发展的基石。社会信誉既包括合同履约的信誉，也包括社会承诺的信誉。特别是对于房地产投资者，由于投资具有一定的长期性，在一个信誉缺失的社会，合同得不到履行，承诺得不到兑现，投资者将望而却步。

3. 社会服务。社会服务是指拟投资地区所能提供的服务设施及服务效率条件，既包括某些硬的条件，也包括某些软的条件。构成社会服务环境条件的有金融服务、生活服务、通信服务、交通服务、信息服务等服务内容的设备条件和服务效率及服务水平。由于这些服务由整个社会提供，体现一个社会的发展水平和文明程度，因此将其归入社会环境之中综合考虑。

四、区位环境

房地产业有句名言：第一是区位，第二是区位，第三还是区位。可见，选择最佳区位对房地产投资的成功至关重要。

区位，是指特定地块所处的空间位置及相邻地块间的相互关系。它有宏观和微观两重意义：宏观区位是指项目所在的某个国家、某个地区、某个城市；微观区位指项目所在城市中的某个街区、某个地点。房地产投资与宏观区位和微观区位均有关系，因为宏观区位制约着微观区位，而房地产开发项目最终要落实到微观区位。

在房地产开发中，对区位的理解有狭义和广义两种：

狭义的区位，指的是某一具体投资项目的场地在城市中的自然地理位置。土地的不可移动性和差异性，决定了某一具体宗地的位置是排他的、独一无二的。由此，根据对某一宗地位置的描述，我们可以在地图上或实际中找到该宗地。

广义的区位，除了其地理位置外，往往还包括该宗地所处的社会、经济、政治环境，基础设施，自然环境或背景等。因此，它是自然地理位置、经济地理位置、交通地理位置的综合体，它决定了该位置附近的市场状况和消费特征。

同时，我们应当以一种发展、动态的眼光来把握区位。虽然宗地的自然地理位置是不变的，但随着宏观经济的发展和城市基础设施的完善，城市中每一块宗地的经济地理区位将发生变化。

房地产开发项目的区位因素分析包括地域因素分析、具体地点的分析、开发潜力分析等。

（一）地域因素的分析与选择

地域因素的分析与选择是战略性选择，是对项目宏观区位条件的分析，主要考虑项目所在地区的政治、法律、经济、文化教育、自然条件等因素。

由于房地产位置的固定性和不可移动性，房地产投资的区位选择是项目成功的关键所在。一个开发投资策略的成功，需要认真分析和综合考虑国家、地区、城市的政策、经济基础和发展趋势、人口状况、市场状况等。同时，开发商需要考虑拟投资地域的可进入性，自身优势和竞争项目的状况等。

在谨慎地作出进入某一地区或城市的决策之后，开发商则要开始重点考虑具体地点的选择问题。

(二)具体地点的分析与选择

地域的选择是对宏观区位的选择，可以称为项目开发的大前提，而具体场地条件则可以称为项目开发的小前提。它是对房地产项目坐落地点本身和周围环境、基础设施条件的分析与选择，主要考虑项目所在地点的如下几个方面的因素：城市规划方面的因素、市政基础设施条件、交通通达程度、停车条件、自然环境条件、公共配套设施服务设施完备度、土地价格等。

(三)开发潜力分析

房地产开发商在进行具体地点分析后，则须分析具体宗地的最佳使用方式，也就是在技术可行、规划许可、经济上盈利的前提下达到土地的最有效利用。

在对房地产投资区位进行分析时，可以参考全国土地的分等状况，见本章附录《全国新增建设用地土地有偿使用费征收等别》。

五、房地产投资环境分析方法

对投资环境的优劣状况作出客观的比较和论证，即进行投资环境评价，一直是投资环境研究的重点。国外对它的研究起于20世纪60年代，到目前已经形成了多种广为采用的评价方法。主要有：相似度法、多因素和关键因素评估法、综合分析法等。其中，许多方法对房地产投资环境的分析具有参考价值，尤其是综合评价法。

综合评价法的基本步骤是：由层次分析法确定各环境要素的权重系数；由统计分析确定各环境要素的得分；计算投资环境的综合评分；由敏感性分析判断各环境要素发生变化时对投资分析带来的影响。其主要目的是对以上的各环境影响因素进行权重分析，通过打分量化各因素的影响程度，最后加总确定项目投资环境的优劣。

目前，测定权重常用的方法有层次分析法、因素成对比较法和特尔菲法。其中，层次分析法最常用，又叫权重分析决策方法。因素成对比较法是层次分析法的特例,特尔菲法即专家打分法,指聘请专家来对影响房地产投资的因素权重进行打分的方法。

第二节　层次分析法

层次分析法简称 AHP 法,亦称多层次权重分析决策方法。这种方法把定性分析和定量分析结合起来,具有高度的逻辑性、系统性、简洁性和实用性,是针对大系统、多层次、多目标规划决策问题的有效决策方法。

这种方法的基本原理就是把所要研究的复杂问题看做是一个大系统,通过对系统的多个因素的分析,划分出各因素间相互联系的有序层次,上一层次的元素对相邻的下一层次的全部或部分元素起着支配作用,从而形成一个自上而下的逐层支配的关系。然后请专家对每一层次的因素进行客观判断,给出相对重要性的定量表示,进而建立数学模型,计算出每一层次全部因素的相对重要性权重值,并加以排序,最后根据排序结果进行规划决策和选择解决问题的措施。

一、基本思路

(一)数学模型

假设对某一规划决策目标 u,其影响因素有 $P_i(i=1,2,\cdots,n)$ 共 n 个,且 P_i 的重要性权数分别为 $W_i(i=1,2,\cdots,n)$,其中:

$$W_i>0,\ \sum_{i=1}^{n} W_i=1$$

即

$$u=W_1P_1+W_2P_2+\cdots W_nP_n=\sum_{i=1}^{n} W_iP_i$$

由于因素 P_i 对目标 u 的影响程度即重要性权数 W_i 不一样,因此,将 P_i 两两比较,可得到 n 个因素对目标 u 的重要性权数比构成的矩阵 A,即

$$A=\begin{bmatrix} W_1/W_1 & W_1/W_2 & \cdots & W_1/W_n \\ W_2/W_1 & W_2/W_2 & \cdots & W_2/W_n \\ \vdots & \vdots & \vdots & \vdots \\ W_n/W_1 & W_n/W_2 & \cdots & W_n/W_n \end{bmatrix}=(a_{ij})_{n\times n}$$

A 称为判断矩阵,满足下列性质:

(1) $a_{ii}=1(i=1,2,\cdots,n)$

(2) $a_{ij}=1/a_{ji}(i,j=1,2,\cdots,n)$

(3) $a_{ij}=a_{ik}/a_{jk}(i,j,k=1,2,\cdots,n)$

其中(3)称为 A 的完全一致性条件。

$$AW=\begin{bmatrix} W_1/W_1 & W_1/W_2 & \cdots & W_1/W_n \\ W_2/W_1 & W_2/W_2 & \cdots & W_2/W_n \\ \vdots & \vdots & \vdots & \vdots \\ W_n/W_1 & W_n/W_2 & \cdots & W_n/W_n \end{bmatrix}\begin{bmatrix} W_1 \\ W_2 \\ \vdots \\ W_n \end{bmatrix}=n\begin{bmatrix} W_1 \\ W_2 \\ \vdots \\ W_n \end{bmatrix}=nW$$

通过求解矩阵的特征值可求得目标 u 的 n 个因素的重要性权数,即由 $AW=\lambda_{\max}\cdot W$ 求出正规化特征向量而得到。在 $AW=nW$ 中,n 为 A 的一个特征根,$W=(W_1,W_2,\cdots,W_n)^T$ 是 A 对应于 n 的特征向量。

当 A 为一致时,就有 $\lambda_{\max}=n$。但一般 A 不一定是一致的,当 $\lambda_{\max}$ 越接近 n,得到的解就越接近正确的排序,专家的判断就越可靠,由此所获得的因素权重就越精确。

为了测试判断的一致性或可靠性,建立一致性指标

$$CI=\frac{\lambda_{\max}-n}{n-1}$$

上式用来检查专家思维的一致性。当判断矩阵满足完全一致性时,$CI=0$。当 $n>2$ 时,CI 与平均一致性指标 RI 的比值称为随机一致性比例,记为 $CR=CI/RI$。当 $CR<0.1$ 时,一般认为判断矩阵有满意的一致性,否则就必须把判断矩阵反馈到专家手中重新调整。

1～10 阶判断矩阵的 RI 值见表 5－1。

表 5－1　1～10 阶判断矩阵的 RI 值

矩阵阶数(n)	1	2	3	4	5	6	7	8	9	10
RI	0.00	0.00	0.58	0.90	1.12	1.24	1.32	1.41	1.45	1.49

(二)层次分析法的步骤

1. 构造层次分析图。层次分析法首先要将选择的定级因素构造成一个多层次指标体系,通常是由最高层(定级目标)通过中间层(判断总则、定级因素)到最低层(方案、定级因素指标)构成。

2. 构造判断矩阵。这是层次分析法的关键一步,假定 A 层中元素 At 与下层次 P 中元素产 P_1, P_2,$\cdots$,P_n 有联系,则将 P 中元素两两比较,构成如

下判断矩阵：其中 $p_{ij}=\omega_i/\omega_j$

$$
\begin{array}{c|cccc}
A_k & p_1 & p_2 & \cdots & p_n \\
\hline
p_1 & & & & \\
p_2 & & & & \\
\vdots & & & & \\
p_n & & & &
\end{array}
\quad
\begin{bmatrix}
p_{11} & p_{12} & \cdots & p_{1n} \\
p_{21} & p_{22} & \cdots & p_{2n} \\
\vdots & \vdots & \vdots & \vdots \\
p_{n1} & p_{n2} & \cdots & p_{nn}
\end{bmatrix}
=(p_{ij})_{n\times n}
$$

表示对 A_k 而言，第 i 个因素与第 j 个因素重要度之比，相对重要性的比例标度见表 5－2。

表 5－2 相对重要性的比例标度

相对重要性的权数	定义	解释
1	等同重要	两个因素对投资目标的贡献等同
3	一个因素比另一个因素稍微重要	经验和判断稍微偏爱一个因素
5	一个因素比另一个因素明显重要	经验和判断明显偏爱一个因素
7	一个因素比另一个因素强烈重要	一个因素强烈地受到偏爱
9	一个因素比另一个因素极端重要	对一个因素的偏爱程度达到极端
2,4,6,8	上述两相邻判断的比值	
上述非零数的倒数	当一个因素相对于另一个因素有上述的权数（例如 5），那么，第二个因素相对于第一个因素就有倒数值（即 1/5）	

3. 请专家填写判断矩阵。将构造好的判断矩阵交给专家，请专家各自填写判断矩阵，不允许面对面讨论以避免专家之间意见不一、相持不下和权威专家对其他人的影响。

因判断矩阵中 $P_{ij}=1$，$P_{ij}=1/P_{ji}$，专家在填写判断矩阵时只填写矩阵对角线的上半部分或下半部分即可。

专家填写的判断矩阵必须通过一致性检验才能用于求算权重，因此专家填表时要防止出现判断矛盾和因素重要性权数比出入过大。

4. 层次单排序。层次单排序是求单目标判断矩阵的权数，即根据专家填写的判断矩阵计算对于上一层某元素而言，本层次与其有关的元素的重要性次序的权数。由 $PW=\lambda_{max}$ 求出正规化特征向量 W，W 的分量 W_i 即是相应元素单排序的权数。

5. 一致性检验。层次单排序后需检验判断矩阵的一致性。

6. 层次总排序。层次总排序就是利用层次单排序结果计算各层次的组合权值。对于最高层下面的第二层，其层次单排序即为总排序。

假定已知上一层次 A 所有因素 $A_1, A_2, \cdots, A_m$ 的组合权值（总排序结果）分别为 $a_1, a_2, \cdots, a_m$，与 a_j 对应的本层次 B 中的因素 $B_1, B_2, \cdots, B_n$ 单排序的权为 $b_{1j}, b_{2j}, \cdots, b_{nj}$ $(j=1,2,\cdots,m)$，这里如果 B_j 与 A_i 无关，则 $b_{ij}=0$，我们可按表 5-3 计算层次 B 中各因素针对上一层次 A 而言的组合权值，即 A 层次合成权值矢量 $D=(d_1, d_2, \cdots, d_n)^T$。

表 5-3 总排序表

层次 A / 层次 B	A_1 a_1	A_2 a_2	…	A_m a_m	B 层总排序
B_1	b_{11}	b_{12}	…	b_{1m}	$\sum_{j=1}^{m} a_j \cdot b_{1j}$
B_2	b_{21}	b_{22}	…	b_{2m}	$\sum_{j=1}^{m} a_j \cdot b_{2j}$
⋮	⋮	⋮	⋮	⋮	⋮
B_n	b_{n1}	b_{n2}	…	b_{nm}	$\sum_{j=1}^{m} a_j \cdot b_{nj}$

由下式计算：

$$d_k = \sum_{j=1}^{m} a_j b_{kj} \quad k=1,2,\cdots,n$$

层次总排序是从上而下逐层进行的，其结果仍需进行一致性检验。当

$$CR = \frac{CI}{RI} = \frac{\sum_{j=1}^{m} a_j CI_j}{\sum_{j=1}^{m} a_j \cdot RI_j} < 0.10$$

时，则认为层次总排序的计算结果可接受。式中 CI_j，RI_j 分别为与 a_j 对应的 B 层中判断矩阵的一致性指标和随机一致性指标。

二、特征值与特征向量计算方法介绍

特征值与特征向量的计算方法一般有三种，即几何平均法、算术平均法和逐次逼近法。前两种方法是近似计算法，只需手算或使用小型计算器即可；后一种是一种通用计算方法，精度较高，适合计算机计算。一般说来，计算判断矩阵的最大特征值及其相应特征向量，并不需要追求很高的精度，因为判断矩阵本身已带有不少误差。

（一）几何平均法

几何平均法的计算步骤如下：

1. 计算判断矩阵 P 的各行各个元素的乘积

$$R_i = \prod_{j=1}^{n} P_{ij} \qquad i = 1,2,\cdots,n$$

2. 计算 n 次方根

$$\overline{W}_i = \sqrt[n]{R_i} \qquad i = 1,2,\cdots,n$$

3. 对向量 $\overline{W} = (\overline{W}_1, \overline{W}_2 \cdots, \overline{W}_n)^T$ 进行规范化

$$W_i = \overline{W}_i / \sum_{j=1}^{n} \overline{W}_j$$

4. 计算 P 的最大特征值 $\lambda_{\max}$

$$\lambda_{\max} = \frac{1}{n} \sum_{i=1}^{n} \frac{\sum_{j=1}^{n} P_{ij} \cdot W_j}{W_i}$$

（二）算术平均法

算术平均法的计算步骤为：

1. 将 P 矩阵每一列规范化

$$\overline{P}_{ij} = P_{ij} / \sum_{i=1}^{n} P_{ij} \qquad i,j = 1,2,\cdots,n$$

2. 按行加总

$$\overline{W}_i = \sum_{j=1}^{n} \overline{P}_{ij} \qquad i = 1,2,\cdots,n$$

3. 加总后的 $\overline{W}_i$ 再正规化，得到特征向量 W_i

$$W_i = \overline{W}_i / \sum_{j=1}^{n} \overline{W}_j \qquad i = 1,2,\cdots,n$$

4. 计算 $\lambda_{\max}$

$$\lambda_{\max} = \sum_{i=1}^{n} \frac{\sum_{j=1}^{n} P_{ij} \cdot W_j}{n \cdot W_i}$$

（三）逐步逼近法

逐步逼近法的计算步骤如下：

1. 任取与判断矩阵 P 同阶的规范化的正值初始向量 $W^{(0)}$

$$W^{(0)} = [W_1^{(0)}, W_2^{(0)}, \cdots, W_n^{(0)}]，其中，W^{(0)} > 0, i = 1,2,\cdots,n$$

$$\sum_{i=1}^{n} W_i^{(0)} = 1$$

2. 计算 $\overline{W^{(k+1)}} = PW^{(k)}, k = 1,2,\cdots,n$

3. 计算 $W^{(k+1)} = \overline{W^{(k+1)}} / \sum_{i=1}^{n} W_i^{(k+1)} \qquad k = 1,2,\cdots,n$

4. 对预先给定的精度 $\varepsilon > 0$，则当

$$|\overline{W^{(k+1)}} - W_i^{(k)}| \leqslant \varepsilon$$

对所有 $i = 1,2,\cdots,n$ 都成立时，则取特征向量 $W = W^{(k+1)}$。

5. 计算 $\lambda_{\max}$

$$\lambda_{\max} = \frac{1}{n} \sum_{i=1}^{n} \frac{W_i^{(k+1)}}{W_i^{(k)}}$$

上式中 n 为矩阵阶数，$W_i^{(k)}$ 为向量 $W^{(k)}$ 的第 i 个分向量。

（四）层次分析法判断矩阵评分调查表设计

判断矩阵评分调查表与特尔菲法权重调查表一样，也要求通俗易懂、科学准确，使填表者一目了然。首先要构造投资环境因素层次体系图，确定两两因素相比较时权重确定的标准，见表 5－4。然后根据图中的层次结构，设计投资环境因素权重比较调查表，见表 5－5、表 5－6 等。

表 5－4　两两比较调查表

甲因素比乙因素	极重要	很重要	重要	略重要	相等	略不重要	不重要	很不重要	极不重要
甲因素得分	9	7	5	3	1	1/3	1/5	1/7	1/9
备　　注	取 2,4,6,8,1/2,1/4,1/8 为以上相邻评分值的中间值								

专家只填表格 5－5 和 5－6 对角线上方，其中不含对角线。

表 5-5　因素重要程度比较表

投资环境	繁华程度	交通条件	基本设施	环境条件
繁华程度				
交通条件				
基本设施				
环境条件				

表 5-6　交通条件重要程度比较表

交通条件	道路通达度	公交便捷度	对外交通便利度
道路通达度			
公交便捷度			
对外交通便利度			

三、层次分析应用举例

假设有三个因素 a_1, a_2, a_3 的判断矩阵为

$$[a] = \begin{bmatrix} 1 & 5 & 9 \\ \frac{1}{5} & 1 & 2 \\ \frac{1}{9} & \frac{1}{2} & 1 \end{bmatrix}$$

试用方根法求这三个因素的权重并判断该矩阵的一致性。

根据题意

$$\bar{w}_i = n\sqrt{\prod_{j=1}^{n} a_{ij}}$$

$$\bar{w}_1 = \sqrt[3]{1 \times 5 \times 9} = 3.556\,9$$

$$\bar{w}_2 = \sqrt[3]{\frac{1}{5} \times 1 \times 2} = 0.736\,8$$

$$\bar{w}_3 = \sqrt[3]{\frac{1}{9} \times \frac{1}{2} \times 1} = 0.381\,6$$

$$\sum_{i=1}^{3} \bar{w}_i = 4.675\,3$$

由此可以求得该矩阵的特征向量，也就是各因素的权重分别为：

$$w_i = \frac{\bar{w}_i}{\sum_{j=1}^{n} \bar{w}_j}$$

$$w_1 = \frac{3.556\ 9}{4.675\ 3} = 0.760\ 8$$

$$w_2 = \frac{0.736\ 8}{4.675\ 3} = 0.157\ 6$$

$$w_3 = \frac{0.381\ 6}{4.675\ 3} = 0.081\ 6$$

该矩阵的最大特征根 $\lambda_{max} = \sum_{i=1}^{n} \frac{(aw)_i}{(nw)_i} = \sum_{i=1}^{n} \frac{([a]\cdot[w]^T)_i}{nw_i} = \frac{1}{n} \times \sum_{i=1}^{n} \frac{\sum_{j=1}^{n} a_{ij} \cdot w_j}{w_i}$

λ_{max} 也可以是:

$$\lambda_{max} = \frac{1}{n} \times \sum_{i=1}^{n} \frac{\sum_{j=1}^{n} a_{ij} \cdot \overline{w}_j}{\overline{w}_i}$$

$$[AW] = \begin{bmatrix} 1 & 5 & 9 \\ \frac{1}{5} & 1 & 2 \\ \frac{1}{9} & \frac{1}{2} & 1 \end{bmatrix} \begin{bmatrix} 0.760\ 8 \\ 0.157\ 6 \\ 0.081\ 6 \end{bmatrix} = \begin{bmatrix} 2.283\ 2 \\ 0.472\ 96 \\ 0.244\ 9 \end{bmatrix}$$

$$\lambda_{max} = \frac{1}{3} \times \left[\frac{2.283\ 2}{0.762\ 8} + \frac{0.472\ 96}{0.157\ 6} + \frac{0.244\ 9}{0.081\ 6}\right] = 3.001\ 1$$

一致性检验指标 $C \cdot I$ 为:

$$C \cdot I = \frac{\lambda_{max} - n}{n - 1} = \frac{3.001\ 1 - 3}{3 - 1} = 0.000\ 55 < 0.1$$

该判断矩阵相容性良好。

第三节 房地产投资环境分析案例[①]

假设某房地产开发项目选中了甲、乙、丙三块宗地,投资者对三处的投资环境分析分别从经济环境、社会政治环境、自然环境三个方面进行,这些因素可以分解成表 5-7 所示的内容。

① 摘编自《房地产项目投资》,潘蜀健编著,中国建筑工业出版社,1999 年版。数据已改动。

表 5-7 某房地产投资环境分析要素内容

A 层要素	B 层要素	C 层要素	D 层要素
A_1:经济环境	b_1:市场环境	c_1:市场竞争	d_1:同类楼盘分布对项目销售的影响
			d_2:竞争者实力
		c_2:市场购买力	
	b_2:财务环境	c_3:资金	d_3:融资渠道多少
			d_4:融资成本
		c_4:成本	d_5:经营成本
			d_6:经营税费
	b_3:资源环境	c_5:人力资源	
		c_6:原材料	
		c_7:能源	
A_2:社会政治环境	b_4:社会秩序	c_8:安全性	
		c_9:安定性	
	b_5:社会服务	c_{10}:硬件	
		c_{11}:态度	
		c_{12}:效率	
A_3:自然环境	b_6:地理位置	c_{13}:距商业中心距离	
		c_{14}:距机场、车站距离	
	b_7:自然风光	c_{15}:植被	
		c_{16}:山脉	
		c_{17}:河流	

投资者邀请了20位专家对这些环境要素进行了评价,评价结果如表5-8所示。

表 5-8 环境评估结果统计表(%)

A 层要素	B 层要素	C 层要素	D 层要素	甲地块评分				乙地块评分				丙地块评分			
				r_{j1}	r_{j2}	r_{j3}	r_{j4}	r_{j1}	r_{j2}	r_{j3}	r_{j4}	r_{j1}	r_{j2}	r_{j3}	r_{j4}
A_1	b_1	c_1	d_1	40	50	10	0	30	25	30	15	10	25	30	35
			d_2	50	35	15	0	55	20	20	5	20	35	25	20
		c_2		65	25	15	0	60	20	10	10	70	20	5	5
	b_2	c_3	d_3	40	25	25	10	60	35	5	0	25	25	45	5
			d_4	20	40	25	15	35	35	20	10	30	40	25	5

续表

A层要素	B层要素	C层要素	D层要素	甲地块评分				乙地块评分				丙地块评分			
				r_{j1}	r_{j2}	r_{j3}	r_{j4}	r_{j1}	r_{j2}	r_{j3}	r_{j4}	r_{j1}	r_{j2}	r_{j3}	r_{j4}
A_1	b_2	c_4	d_5	10	40	20	30	30	30	15	25	60	20	10	10
			d_6	25	20	30	25	10	20	10	60	55	25	20	0
	b_3	c_5		60	25	10	5	35	25	20	20	0	10	25	65
		c_6		50	20	20	10	25	30	25	20	5	15	30	50
		c_7		60	30	10	0	30	40	20	10	5	25	25	45
A_2	b_4	c_8		40	50	10	0	60	30	10	0	25	25	30	20
		c_9		60	30	10	0	25	50	20	5	10	25	65	0
	b_5	c_{10}		65	20	15	0	60	20	20	0	20	20	30	30
		c_{11}		15	30	50	5	35	60	5	0	25	30	40	5
		c_{12}		70	15	15	0	65	25	10	0	25	25	50	0
A_3	b_6	c_{13}		60	20	15	5	50	25	15	10	5	20	30	45
		c_{14}		10	15	20	55	20	15	30	35	25	20	30	25
	b_7	c_{15}		70	20	10	0	10	20	50	20	65	25	10	0
		c_{16}		0	15	60	25	0	25	60	15	75	20	5	0
		c_{17}		0	0	40	60	50	50	0	0	40	60	0	0

试根据这些资料对甲、乙、丙三个地块的投资环境进行评价。

一、建立该项目的层次结构模型图

该项目的层次结构模型图如图 5-1 所示。

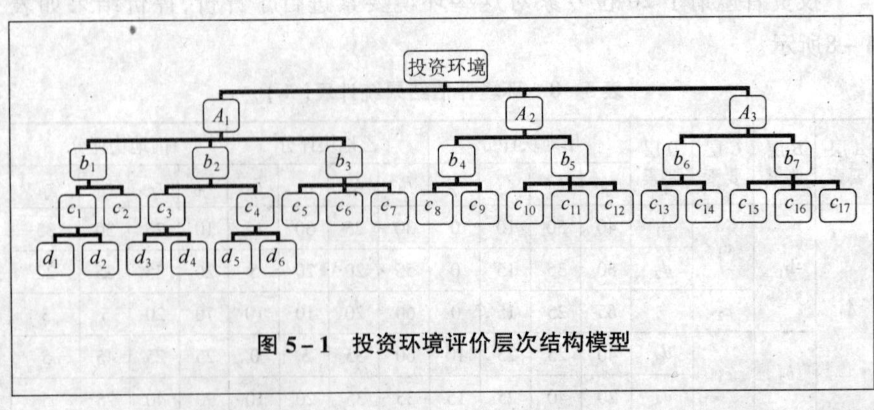

图 5-1 投资环境评价层次结构模型

二、建立各层因素的判断矩阵

1. A 层要素判断矩阵。将 A 层的各要素两两比较，按其在投资环境评价中的重要程度，依据一定的判断尺度，建 $O—A$ 判断矩阵。如表 5－9 所示。

表 5－9　$O—A$ 判断矩阵

O	A_1	A_2	A_3
A_1	1	5	3
A_2	1/5	1	1/2
A_3	1/3	2	1

2. B 层要素判断矩阵。分别将 A 层要素下的各 B 层要素两两比较，按其在相应 A 层要素评价中的重要程度，建立 $A_1—B$，$A_2—B$，$A_3—B$ 判断矩阵，分别如表 5－10，表 5－11，表 5－12 所示。

表 5－10　$A_1—B$ 判断矩阵

A_1	b_1	b_2	b_3
b_1	1	2	5
b_2	1/2	1	4
b_3	1/5	1/4	1

表 5－11　$A_2—B$ 判断矩阵

A_2	b_4	b_5
b_4	1	2
b_5	1/2	1

表 5－12　$A_3—B$ 判断矩阵

A_3	b_6	b_7
b_6	1	7
b_7	1/7	1

3. C 层要素判断矩阵。分别将 B 层要素下的各 C 层要素两两比较，按

其在相应 B 层要素评价中的重要程度，建立 $b_1—c$，$b_2—c$，$b_3—c$，$b_4—c$，$b_5—c$，$b_6—c$，$b_7—c$ 判断矩阵，如表 5－13 至表 5－19 所示。

表 5－13　$b_1—c$ 判断矩阵

b_1	c_1	c_2
c_1	1	1/3
c_2	3	1

表 5－14　$b_2—c$ 判断矩阵

b_2	c_3	c_4
c_3	1	3
c_4	1/3	1

表 5－15　$b_3—c$ 判断矩阵

b_3	c_5	c_6	c_7
c_5	1	1/2	1
C_6	2	1	1/2
C_7	1	2	1

表 5－16　$b_4—c$ 判断矩阵

b_4	c_8	c_9
c_8	1	3
c_9	1/3	1

表 5－17　$b_5—c$ 判断矩阵

b_5	c_{10}	c_{11}	c_{12}
c_{10}	1	5	3
c_{11}	1/5	1	1/2
c_{12}	1/3	2	1

表 5-18　b_6—c 判断矩阵

b_6	c_{13}	c_{14}
c_{13}	1	2
c_{14}	1/2	1

表 5-19　b_7—c 判断矩阵

b_7	c_{15}	c_{16}	c_{17}
c_{15}	1	1/2	1/3
c_{16}	2	1	1/2
c_{17}	3	2	1

4. D 层要素判断矩阵。分别将 c 层要素下的各 d 层要素两两比较，按其在相应 c 层要素评价中的重要程度，建立 c_1—d，c_3—d，c_4—d 判断矩阵。如表 5-20、表 5-21、表 5-22 所示。

表 5-20　c_1—d 判断矩阵

c_1	d_1	d_2
d_1	1	3
d_2	1/3	1

表 5-21　c_3—d 判断矩阵

c_3	d_3	d_4
d_3	1	2
d_4	1/2	1

表 5-22　c_4—d 判断矩阵

c_4	d_5	d_6
d_5	1	1/2
d_6	2	1

三、分别求得以上各判断矩阵的特征向量与最大特征根

求得以上各判断矩阵的特征向量与最大特征根，见表 5 - 23。

表 5 - 23　各判断矩阵的特征向量和最大特征根

判断矩阵	特征向量			最大特征根 λ
$O—A$	$a_1=0.648\,3$	$a_2=0.122\,0$	$a_3=0.229\,7$	3.0039
$A_1—B$	$b_{11}=0.569\,5$	$b_{21}=0.333\,1$	$b_{31}=0.097\,4$	3.024 7
$A_2—B$	$b_{42}=0.666\,7$	$b_{52}=0.333\,7$		2
$A_3—B$	$b_{63}=0.875\,0$	$b_{73}=0.125\,0$		2
$b_1—c$	$c_{11}=0.250\,0$	$c_{21}=0.750\,0$		2
$b_2—c$	$c_{32}=0.750\,0$	$c_{42}=0.250\,0$		2
$b_3—c$	$c_{53}=0.259\,9$	$c_{63}=0.327\,5$	$c_{73}=0.412\,6$	3.217 4
$b_4—c$	$c_{84}=0.750\,0$	$c_{94}=0.250\,0$		2
$b_5—c$	$c_{105}=0.648\,3$	$c_{115}=0.122\,0$	$c_{125}=0.229\,7$	3.003 9
$b_6—c$	$c_{136}=0.666\,7$	$c_{146}=0.333\,3$		2
$b_7—c$	$c_{157}=0.163\,4$	$c_{167}=0.297\,0$	$c_{177}=0.539\,6$	3.003 9
$c_1—d$	$d_{11}=0.750\,0$	$d_{21}=0.250\,0$		2
$c_3—d$	$d_{33}=0.666\,7$	$d_{43}=0.333\,3$		2
$c_4—d$	$d_{54}=0.333\,3$	$d_{64}=0.666\,7$		2

四、一致性检验

分别将上述各判断矩阵的最大特征根值代入一致性检验计算式，除判断矩阵 $b_3—c$ 外，均满足 $C\cdot I\leq 0.1$ 的要求。其求得的层间权重系数(即各判断矩阵的特征向量)是可信的。

判断矩阵 $b_3—c$ 的 $C\cdot I$ 值为：

$$C\cdot I=\frac{3.217\,4-3}{3-1}=0.108\,7>0.1$$

故该判断矩阵不可信，须重新判定。为此，各要素重新判定其相对重要程度，得到新的判断矩阵为表 5 - 24 所示。

表 5 - 24　$b_3—c$ 判断矩阵

b_3	c_5	c_6	c_7
c_5	1	1/2	1
c_6	2	1	2
c_7	1	1/2	1

求解上述判断矩阵,得特征向量及最大特征根分别为:

$$c_{53}=0.250\ 0, c_{63}=0.500\ 0, c_{73}=0.250\ 0$$

$\lambda=3.000$

代入一致性检验式 C·I=0,故上述结果是可信的。

五、进行递推运算,计算组合权重系数

1. 首先求 B 层组合权重系数 AB_j,计算结果如表 5-25 所示。

表 5-25　*B* 层组合权重系数计算表

	A_1 $A_1=0.648\ 3$	A_2 $a_2=0.122\ 0$	A_3 $a_3=0.229\ 7$	组合权重 AB_j
b_1	0.569 5			0.369 2
b_2	0.333 1			0.215 9
b_3	0.097 4			0.063 1
b_4		0.666 7		0.081 3
b_5		0.333 7		0.040 7
b_6			0.875 0	0.201 0
b_7			0.125 0	0.028 7

2. 接着求 C 层组合权重系数 ABC_j,如表 5-26 所示。

表 5-26　*C* 层组合权重系数计算表

	AB_1 0.369 2	AB_2 0.215 9	AB_3 0.063 1	AB_4 0.081 3	AB_5 0.040 7	AB_6 0.201 0	AB_7 0.028 7	组合权重 ABC_j
c_1	0.250 0							0.092 3
c_2	0.750 0							0.276 9
c_3		0.750 0						0.161 9
c_4		0.250 0						0.054 0
c_5			0.259 9					0.016 4
c_6			0.327 5					0.020 7
c_7			0.412 6					0.026 0
c_8				0.750 0				0.061 0

续表

	AB_1 0.369 2	AB_2 0.215 9	AB_3 0.063 1	AB_4 0.081 3	AB_5 0.040 7	AB_6 0.201 0	AB_7 0.028 7	组合权重 ABC_j
c_9				0.250 0				0.020 3
c_{10}					0.648 3			0.026 4
c_{11}					0.122 0			0.005 0
c_{12}					0.229 7			0.009 3
c_{13}						0.666 7		0.134 0
c_{14}						0.333 3		0.067 0
c_{15}							0.163 4	0.004 7
c_{16}							0.297 0	0.008 5
c_{17}							0.539 6	0.015 5

3. 接着再求 D 层组合权重系数 $ABCD_j$，如表 5－27 所示。

表 5－27　D 层组合权重系数计算表

	ABC_1 0.092 3	ABC_3 0.161 9	ABC_4 0.054 0	组合权重 $ABCD_j$
d_1	0.750 0			0.069 2
d_2	0.250 0			0.023 1
d_3		0.666 7		0.108 0
d_4		0.333 3		0.054 0
d_5			0.333 3	0.018 0
d_6			0.666 7	0.036 0

由此，我们便得到了本例中各环境要素的综合评价组合权重系数：

$ABCD_1 = 0.069\ 2$　　$ABCD_6 = 0.036\ 0$　　$ABC_{10} = 0.026\ 4$

$ABCD_2 = 0.023\ 1$　　$ABC_5 = 0.016\ 4$　　$ABC_{11} = 0.005\ 0$

$ABC_2 = 0.276\ 9$　　$ABC_6 = 0.020\ 7$　　$ABC_{12} = 0.009\ 3$

$ABCD_3 = 0.108\ 0$　　$ABC_7 = 0.026\ 0$　　$ABC_{13} = 0.134\ 0$

$ABCD_4 = 0.054\ 0$　　$ABC_8 = 0.061\ 0$　　$ABC_{14} = 0.067\ 0$

$ABCD_5 = 0.0180$ $ABC_9 = 0.0203$ $ABC_{15} = 0.0047$

$ABC_{16} = 0.0085$ $ABC_{17} = 0.0155$

六、计算各地块环境指标的评分值

依据表 5－8 所提供的环境要素的专家评价统计结果，分别计算各地块环境指标评分值：

$$V_j = 4 \times r_{j1} + 3 \times r_{j2} + 2 \times r_{j3} + r_{j4}$$

计算结果如表 5－28 所示。

表 5－28　各地块环境指标评分值

A 层要素	B 层要素	C 层要素	D 层要素	甲地块 $V_甲$	乙地块 $V_乙$	丙地块 $V_丙$
A_1	b_1	c_1	d_1	3.30	2.70	2.10
			d_2	3.35	3.25	2.55
		c_2		3.65	3.30	3.55
	b_2	c_3	d_3	2.95	3.55	2.70
			d_4	2.65	2.95	2.95
		c_4	d_5	2.30	2.65	3.30
			d_6	2.45	1.80	3.35
	b_3	c_5		3.40	2.75	1.45
		c_6		3.10	2.60	1.75
		c_7		3.50	2.90	1.90
A_2	b_4	c_8		3.30	3.50	2.55
		c_9		3.50	2.95	2.45
	b_5	c_{10}		3.50	3.40	2.30
		c_{11}		2.55	3.30	2.75
		c_{12}		3.55	3.55	2.75
A_3	b_6	c_{13}		3.35	3.15	1.85
		c_{14}		1.80	2.20	2.45
		c_{15}		3.60	2.20	3.55
	b_7	c_{16}		1.90	2.10	3.70
		c_{17}		1.40	3.50	3.40

七、计算地块投资环境综合评价值

将表 5－28 所求得的各地块环境指标评分值及上述环境要素组合权重

系数值分别代入下式，分别求得各地块投资环境综合评价值。

$$
\begin{aligned}
G_{甲} &= \sum_{j=1}^{m} ABCD \cdot V_j \\
&= 0.0692 \times 3.30 + 0.0231 \times 3.35 + \cdots + 0.0155 \times 1.40 \\
&= 3.1532
\end{aligned}
$$

$$
\begin{aligned}
G_{乙} &= 0.0692 \times 2.70 + 0.0231 \times 3.25 + \cdots + 0.0155 \times 3.50 \\
&= 3.0694
\end{aligned}
$$

$$
\begin{aligned}
G_{丙} &= 0.0692 \times 2.10 + 0.0231 \times 2.55 + \cdots + 0.0155 \times 3.40 \\
&= 2.7454
\end{aligned}
$$

由上述综合评价结果可知，本案例的三个地块投资环境从优到次排序为甲、乙、丙，投资者在进行选择时，应当选择甲。

附录　新增建设用地土地有偿使用费征收等别

2002 年，国家制定的新增建设用地土地有偿使用费征收等别，对于抑制建设用地快速增长发挥了积极作用。为了进一步保护耕地，促进节约、集约用地，加强土地调控管理，控制固定资产投资过快增长，根据《国务院关于深化改革严格土地管理的决定》（国发〔2004〕28 号）和《国务院关于加强土地调控有关问题的通知》（国发〔2006〕31 号）的有关规定，2006 年 11 月 7 日，财政部、国土资源部、中国人民银行发布《关于调整新增建设用地土地有偿使用费政策等问题的通知》（财综〔2006〕48 号），规定从 2007 年 1 月 1 日起，新批准新增建设用地的土地有偿使用费征收标准在原有基础上提高一倍，根据各地行政区划变动情况，相应细化新增建设用地土地有偿使用费征收等别。

随着各地经济社会的发展变化，部分地区新增建设用地土地有偿使用费征收等别已不尽合理。为保障新增建设用地土地有偿使用费的征收等别与各地实际情况相适应，2009 年 4 月 22 日，财政部、国土资源部发布《关于调整部分地区新增建设用地土地有偿使用费征收等别的通知》（财综〔2009〕24 号），决定对部分地区的新增建设用地土地有偿使用费征收等别进行调整，从 2009 年 5 月 1 日起实行，其中，对全国新增建设用地土地有偿使用费征收等别进行了如下划分。

一等：

上海：长宁区　虹口区　黄浦区　静安区　卢湾区　普陀区　徐汇区

杨浦区　闸北区

二等:

北京:朝阳区　崇文区　东城区　丰台区　海淀区　石景山区　西城区　宣武区

上海:浦东新区

三等:

广东:广州市(白云区　海珠区　荔湾区　萝岗区　天河区　越秀区)深圳市(福田区　罗湖区　南山区　盐田区)

四等:

天津:和平区　河东区　河西区　河北区　红桥区　南开区

河北:石家庄市(长安区　桥东区　桥西区　新华区　裕华区)

辽宁:大连市(甘井子区　沙河口区　西岗区　中山区)沈阳市(大东区　东陵区　和平区　皇姑区　沈河区　铁西区　于洪区)

江苏:常州市(天宁区　钟楼区)南京市(白下区　鼓楼区　建邺区　秦淮区　下关区　玄武区　雨花台区)苏州市(沧浪区　虎丘区　金阊区　平江区)无锡市(北塘区　滨湖区　崇安区　南长区)

浙江:杭州市(滨江区　拱墅区　江干区　上城区　西湖区　下城区)宁波市(海曙区　江东区　江北区)

福建:福州市(仓山区　鼓楼区　晋安区　台江区)厦门市(海沧区　湖里区　思明区　集美区)

山东:济南市(市中区　历下区　槐荫区　天桥区)青岛市(市南区　市北区　四方区　崂山区　李沧区)

湖北:武汉市(汉阳区　洪山区　江岸区　江汉区　硚口区　青山区　武昌区)

湖南:长沙市(芙蓉区　开福区　天心区　雨花区　岳麓区)

广东:汕头市(金平区　龙湖区)珠海市(金湾区　香洲区)深圳市宝安区

重庆:江北区　九龙坡区　南岸区　沙坪坝区　渝中区

四川:成都市(成华区　锦江区　金牛区　青羊区　武侯区)

五等:

北京:通州区

天津:塘沽区

河北：唐山市（路北区　路南区）

山西：太原市（万柏林区　杏花岭区　迎泽区）

吉林：长春市（朝阳区　二道区　宽城区　绿园区　南关区）

黑龙江：哈尔滨市（道里区　道外区　南岗区　香坊区）

江苏：徐州市（鼓楼区　云龙区）　南通市（崇川区　港闸区）

安徽：合肥市（包河区　庐阳区　蜀山区　瑶海区）

江西：南昌市（东湖区　西湖区　青山湖区　青云谱区）

河南：郑州市（二七区　管城回族区　惠济区　金水区　中原区）

广东：东莞市　佛山市禅城区　惠州市惠城区　中山市　深圳市龙岗区　广州市黄埔区

广西：南宁市（江南区　良庆区　青秀区　西乡塘区　兴宁区）

重庆：大渡口区

云南：昆明市（官渡区　盘龙区　五华区）

陕西：西安市（灞桥区　碑林区　莲湖区　未央区　新城区　雁塔区）

六等：

北京：大兴区　昌平区　顺义区

天津：津南区　西青区

河北：保定市（北市区　南市区　新市区）　邯郸市（丛台区　邯山区　复兴区）

内蒙古：包头市（昆都仑区　青山区）

辽宁：大连市（金州区　旅顺口区）　盘锦市（兴隆台区　双台子区）　鞍山市（立山区　千山区　铁东区　铁西区）

吉林：吉林市（船营区　龙潭区　昌邑区　丰满区）

黑龙江：大庆市萨尔图区

上海：嘉定区　宝山区　闵行区

江苏：常州市（戚墅堰区　新北区）　江阴市　昆山市　南京市栖霞区　苏州市（吴中区　相城区）　扬州市（维扬区　广陵区）　镇江市（京口区　润州区）　张家港市

浙江：温州市（龙湾区　鹿城区　瓯海区）

安徽：马鞍山市（花山区　金家庄区　雨山区）　芜湖市（镜湖区　鸠江区　弋江区）

福建：福州市马尾区

山东：潍坊市（潍城区　奎文区）　烟台市芝罘区　淄博市（临淄区　张店区　淄川区）　济南市历城区

河南：洛阳市（瀍河回族区　涧西区　老城区　洛龙区　西工区）

湖北：黄石市（黄石港区　西塞山区）　武汉市东西湖区　襄樊市（襄城区　樊城区）

湖南：衡阳市（石鼓区　雁峰区　蒸湘区　珠晖区）　湘潭市（岳塘区　雨湖区）

广东：佛山市（南海区　顺德区）　广州市（番禺区　南沙区）　江门市（江海区　蓬江区）　汕头市濠江区　湛江市（赤坎区　霞山区　麻章区）

广西：柳州市（城中区　柳北区　柳南区　鱼峰区）

海南：海口市（龙华区　秀英区）

云南：昆明市西山区

贵州：贵阳市（南明区　小河区　云岩区）

甘肃：兰州市（安宁区　城关区　七里河区　西固区）

新疆：乌鲁木齐市（沙依巴克区　水磨沟区　头屯河区　天山区　新市区）

七等：

北京：门头沟区　房山区

天津：东丽区　大港区　北辰区　汉沽区

河北：秦皇岛市（海港区　山海关区　北戴河区）　唐山市开平区

山西：太原市（晋源区　小店区　尖草坪区）　长治市（城区　郊区）　阳泉市（城区　郊区）

内蒙古：呼和浩特市（回民区　赛罕区　新城区　玉泉区）　包头市东河区

辽宁：丹东市（元宝区　振安区　振兴区）　锦州市（古塔区　凌河区　太和区）　辽阳市（白塔区　太子河区　文圣区）　营口市（老边区　西市区　站前区）　沈阳市（沈北新区　苏家屯区）　抚顺市（东洲区　顺城区　新抚区　望花区）　本溪市（平山区　溪湖区　明山区）

黑龙江：牡丹江市（爱民区　东安区　西安区　阳明区）

上海：南汇区　松江区　金山区

江苏：连云港市新浦区　泰州市（海陵区　高港区）　南京市江宁区　无锡市（锡山区　惠山区）　宜兴市　吴江市　常熟市

浙江:嘉兴市(南湖区　秀洲区)　绍兴市越城区　台州市(黄岩区　椒江区　路桥区)　杭州市萧山区　宁波市(北仑区　镇海区)　湖州市(南浔区　吴兴区)

安徽:淮南市(大通区　田家庵区)　淮北市(相山区　烈山区)　铜陵市(郊区　狮子山区　铜官山区)

福建:泉州市(鲤城区　丰泽区)　漳州市芗城区　厦门市(同安区　翔安区)

江西:九江市浔阳区

山东:威海市环翠区

河南:安阳市(北关区　龙安区　文峰区　殷都区)　平顶山市(新华区　卫东区　湛河区)

湖北:荆州市(沙市区　荆州区)　宜昌市(西陵区　伍家岗区　点军区　猇亭区)

湖南:岳阳市岳阳楼区　株洲市(荷塘区　芦淞区　石峰区　天元区)

广东:潮州市湘桥区　茂名市(茂南区　茂港区)　佛山市三水区　韶关市(武江区　浈江区)　阳江市江城区　肇庆市端州区　广州市花都区　湛江市坡头区

广西:桂林市(叠彩区　七星区　象山区　秀峰区)

重庆:渝北区　巴南区

八等:

北京:怀柔区

天津:武清区

河北:沧州市(新华区　运河区)　承德市双桥区　衡水市桃城区　廊坊市(安次区　广阳区)　邢台市(桥东区　桥西区)　张家口市(桥东区　桥西区)　唐山市丰润区

山西:大同市(城区　南郊区)

内蒙古:包头市九原区

辽宁:朝阳市(龙城区　双塔区)　阜新市(海州区　太平区　细河区)　铁岭市银州区　辽阳市宏伟区　葫芦岛市(连山区　龙港区)

吉林:四平市(铁东区　铁西区)　延吉市

黑龙江:哈尔滨市(平房区　松北区)　佳木斯市(东风区　郊区　前进区　向阳区)

上海:奉贤区　青浦区

江苏:淮安市(清河区　清浦区)　常州市武进区　连云港市海州区　太仓市

浙江:杭州市余杭区　宁波市鄞州区　义乌市

安徽:安庆市(大观区　宜秀区　迎江区)　蚌埠市(蚌山区　淮上区　龙子湖区　禹会区)　芜湖市三山区

福建:福清市　晋江市　石狮市　泉州市洛江区　漳州市龙文区

江西:赣州市章贡区

山东:　济宁市(任城区　市中区)　临沂市兰山区　枣庄市市中区　青岛市(黄岛区　城阳区)　泰安市(岱岳区　泰山区)　烟台市莱山区　淄博市(博山区　周村区)

河南:焦作市(解放区　山阳区)　开封市(鼓楼区　金明区　龙亭区　顺河回族区　禹王台区)

湖北:十堰市(茅箭区　张湾区)

湖南:常德市武陵区

广东:汕头市(潮南区　潮阳区　澄海区)　河源市源城区　惠州市惠阳区　揭阳市榕城区　开平市　梅州市梅江区　清远市清城区　汕尾市城区　台山市　增城市　普宁市　肇庆市鼎湖区　珠海市斗门区　江门市新会区

海南:三亚市　海口市(美兰区　琼山区)

贵州:遵义市(红花岗区　汇川区)

云南:玉溪市红塔区

青海:西宁市(城北区　城东区　城西区　城中区)

宁夏:银川市(金凤区　西夏区　兴庆区)

新疆:克拉玛依市克拉玛依区

九等:

北京:密云县　平谷区　延庆县

天津:宝坻区　蓟县　静海县

河北:鹿泉市　唐山市(古冶区　丰南区)　张家口市宣化区　承德市双滦区

山西:临汾市尧都区　晋中市榆次区　晋城市城区

辽宁:海城市　瓦房店市　营口市鲅鱼圈区

吉林:长春市双阳区　辽源市(龙山区　西安区)　松原市宁江区　通化市(东昌区　二道江区)

黑龙江省:齐齐哈尔市(建华区　龙沙区　铁锋区)　鸡西市鸡冠区

上海:崇明县

江苏:南京市(六合区　浦口区)　丹阳市　海门市　靖江市　溧阳市　如皋市　泰兴市　通州市　盐城市亭湖区　扬中市　徐州市泉山区　连云港市连云区　启东市　金坛市

浙江:慈溪市　绍兴县　余姚市　舟山市(定海区　普陀区)　诸暨市

福建:龙岩市新罗区　莆田市(城厢区　涵江区　荔城区)　三明市(梅列区　三元区)

江西:南昌市湾里区　景德镇市(昌江区　珠山区)　萍乡市安源区　新余市渝水区　宜春市袁州区　九江市庐山区

山东:滨州市滨城区　德州市德城区　菏泽市牡丹区　莱芜市莱城区　聊城市东昌府区　龙口市　日照市东港区　荣成市　文登市　东营市东营区　烟台市(福山区　牟平区)　潍坊市坊子区

河南:漯河市源汇区　南阳市(宛城区　卧龙区)　新乡市(红旗区　牧野区　卫滨区)

湖北:鄂州市鄂城区　荆门市掇刀区　潜江市　仙桃市　武汉市江夏区

湖南:常德市鼎城区　郴州市(北湖区　苏仙区)　娄底市娄星区　邵阳市(北塔区　大祥区　双清区)　永州市冷水滩区　岳阳市云溪区　衡阳市南岳区

广东:从化市　恩平市　佛山市高明区　高要市　鹤山市　惠东县　廉江市　罗定市　云浮市云城区

广西:北海市(海城区　银海区)　桂林市雁山区

重庆:北碚区

四川:德阳市旌阳区　绵阳市(涪城区　游仙区)

贵州:贵阳市(花溪区　乌当区　白云区)

陕西:宝鸡市(金台区　渭滨区)　铜川市(王益区　印台区)

新疆:石河子市

十等:

天津:宁河县

河北:藁城市　迁安市　三河市　辛集市　正定县　涿州市　石家庄市井陉矿区

山西:侯马市　运城市盐湖区　阳泉市矿区　朔州市朔城区

内蒙古:赤峰市红山区　乌海市(海勃湾区　海南区　乌达区)

辽宁:大石桥市　盖州市　普兰店市　庄河市　本溪市南芬区　铁岭市清河区

吉林:白城市洮北区　白山市八道江区　敦化市　公主岭市　梅河口市　图们市

黑龙江:哈尔滨市(阿城区　呼兰区)　黑河市爱辉区　双城市　双鸭山市(宝山区　尖山区　岭东区　四方台区)　绥芬河市　伊春市伊春区　大庆市(红岗区　龙凤区　让胡路区)　鹤岗市(东山区　工农区　南山区　向阳区　兴安区　兴山区)

江苏:东台市　江都市　姜堰市　仪征市　徐州市(贾汪区　九里区)　镇江市丹徒区　淮安市楚州区　扬州市邗江区

浙江:东阳市　富阳市　海宁市　乐清市　丽水市莲都区　临海市　衢州市柯城区　瑞安市　上虞市　温岭市　永康市　金华市(金东区　婺城区)玉环县

安徽:亳州市谯城区　滁州市(南谯区　琅琊区)　肥东县　肥西县　阜阳市(颍东区　颍泉区　颍州区)　宁国市　宣城市宣州区

福建:长乐市　龙海市　南安市　南平市延平区　永安市　泉州市泉港区

江西:丰城市　贵溪市　上饶市信州区　鹰潭市月湖区　吉安市(吉州区　青原区)

山东:即墨市　胶州市　寿光市　招远市　邹城市　莱芜市钢城区　临沂市(河东区　罗庄区)　日照市岚山区　潍坊市寒亭区　莱州市

河南:鹤壁市(淇滨区　山城区)　濮阳市华龙区　三门峡市湖滨区　许昌市魏都区　商丘市(梁园区　睢阳区)

湖北:黄冈市黄州区　随州市曾都区　孝感市孝南区　武汉市蔡甸区　黄石市(铁山区　下陆区)　鄂州市华容区　荆门市东宝区

湖南:长沙县　怀化市鹤城区　浏阳市　张家界市永定区　岳阳市君山区　益阳市(赫山区　资阳区)　永州市零陵区

广东:博罗县　潮安县　电白县　佛冈县　高州市　海丰县　化州市

揭东县　乐昌市　雷州市　连州市　陆丰市　南澳县　南雄市　韶关市曲江区　四会市　吴川市　信宜市　阳春市　英德市

广西:武鸣县　南宁市邕宁区　玉林市玉州区　防城港市(防城区　港口区)　北海市铁山港区　梧州市(万秀区　蝶山区　长洲区)

海南:儋州市　琼海市

四川:成都市(龙泉驿区　新都区　温江区　青白江区)　乐山市(沙湾区　市中区)　泸州市江阳区　内江市市中区　攀枝花市(东区　仁和区)　宜宾市翠屏区　自贡市(大安区　自流井区)　双流县　郫县

贵州:六盘水市钟山区

云南:昆明市东川区　曲靖市麒麟区

西藏:拉萨市城关区

陕西:渭南市临渭区　咸阳市(秦都区　渭城区)　西安市(长安区　临潼区　阎良区)　汉中市汉台区

甘肃:嘉峪关市　天水市秦州区　兰州市红古区

宁夏:石嘴山市大武口区

十一等:

河北:霸州市　定州市　高碑店市　邯郸县　黄骅市　任丘市　武安市　新乐市　遵化市　邯郸市峰峰矿区　张家口市下花园区

山西:介休市　孝义市　忻州市忻府区　原平市　大同市(矿区　新荣区)　吕梁市离石区　清徐县

内蒙古:呼伦贝尔市海拉尔区　满洲里市　赤峰市(松山区　元宝山区)　鄂尔多斯市东胜区　通辽市科尔沁区

辽宁:北票市　灯塔市　东港市　凤城市　开原市　凌海市　凌源市　调兵山市　新民市　兴城市　本溪满族自治县　阜新市(清河门区　新邱区)辽阳市弓长岭区　葫芦岛市南票区　辽中县　铁岭县　大洼县

吉林:和龙市　桦甸市　珲春市　集安市　蛟河市　九台市　临江市　龙井市　磐石市　舒兰市　榆树市

黑龙江:海林市　七台河市(茄子河区　桃山区　新兴区)　五常市　鸡西市滴道区　尚志市　绥化市北林区　肇东市

江苏:宝应县　大丰市　高淳县　高邮市　海安县　句容市　溧水县　邳州市　如东县　宿迁市宿城区　新沂市　兴化市

浙江:嘉善县　临安市　桐乡市

安徽：长丰县　巢湖市居巢区　黄山市（徽州区　屯溪区）　六安市（金安区　裕安区）　宿州市埇桥区　淮北市杜集区　繁昌县　芜湖县

福建：惠安县　连江县　闽侯县　宁德市蕉城区　莆田市秀屿区

江西：抚州市临川区　乐平市　萍乡市湘东区

山东：安丘市　昌邑市　肥城市　胶南市　莱西市　莱阳市　蓬莱市　平度市　青州市　曲阜市　乳山市　滕州市　新泰市　兖州市　章丘市　诸城市　枣庄市（薛城区　峄城区）

河南：济源市　信阳市（平桥区　浉河区）　驻马店市驿城区　郑州市上街区　洛阳市吉利区　焦作市（马村区　中站区）　新乡市凤泉区　鹤壁市鹤山区

湖北：赤壁市　大冶市　洪湖市　老河口市　麻城市　石首市　松滋市　武穴市　咸宁市咸安区　宜城市　应城市　襄樊市襄阳区　枣阳市　钟祥市　武汉市（汉南区　黄陂区　新洲区）　鄂州市梁子湖区　天门市

湖南：耒阳市　醴陵市　临湘市　汨罗市　湘乡市　沅江市　张家界市武陵源区　宁乡县

广东：德庆县　封开县　怀集县　惠来县　揭西县　连平县　龙门县　梅县　清新县　饶平县　遂溪县　新丰县　新兴县　兴宁市　徐闻县　阳东县　阳西县　云安县

广西：贵港市（港北区　港南区　覃塘区）　钦州市（钦北区钦南区）

海南：澄迈县　东方市　万宁市　文昌市

重庆：涪陵区　万州区　江津区

四川：　达州市通川区　都江堰市　南充市（高坪区　顺庆区）　彭州市　遂宁市船山区　内江市东兴区

贵州：安顺市西秀区

云南：安宁市

陕西：安康市汉滨区　韩城市　延安市宝塔区

甘肃：白银市白银区　天水市麦积区　金昌市金川区

新疆：乌鲁木齐市（米东区　达坂城区）　库尔勒市

十二等：

河北：安国市　泊头市　沧县　大厂回族自治县　抚宁县　高邑县　河间市　冀州市　定兴县　晋州市　井陉县　乐亭县　蠡县　卢龙县　栾城县　滦南县　滦县　迁西县　青县　清河县　沙河市　深州市　唐

海县　香河县　徐水县　永年县　玉田县　承德市鹰手营子矿区

山西：长治县　汾阳市　高平市　古交市　河津市　怀仁县　霍州市　灵石县　潞城市　平定县　永济市　朔州市平鲁区

内蒙古：巴彦淖尔市临河区　牙克石市　扎兰屯市　乌兰察布市集宁区　乌兰浩特市

辽宁：北镇市　朝阳县　抚顺县　阜新蒙古族自治县　辽阳县　盘山县　绥中县　长海县

吉林：安图县　白山市江源区　长白朝鲜族自治县　大安市　德惠市　东丰县　东辽县　抚松县　辉南县　梨树县　柳河县　农安县　前郭尔罗斯蒙古族自治县　双辽市　洮南市　通化县　汪清县　永吉县

黑龙江：宁安市　大庆市大同区　齐齐哈尔市（昂昂溪区　富拉尔基区　梅里斯达斡尔族区）　鸡西市（城子河区　恒山区　梨树区　麻山区）　伊春市（南岔区　汤旺河区　西林区）　密山市　海伦市　庆安县

江苏：东海县　赣榆县　洪泽县　建湖县　金湖县　沛县　射阳县　铜山县　盐城市盐都区　淮安市淮阴区

浙江：德清县　奉化市　海盐县　建德市　平湖市　嵊州市　桐庐县　新昌县　象山县　兰溪市　平阳县

安徽：池州市贵池区　当涂县　绩溪县　泾县　舒城县　桐城市　铜陵县　淮南市（八公山区　潘集区　谢家集区）

福建：福安市　福鼎市　建瓯市　罗源县　闽清县　南靖县　沙县　邵武市　武夷山市　云霄县　漳平市　漳浦县　诏安县

江西：安福县　德兴市　高安市　进贤县　芦溪县　南昌县　南康市　瑞昌市　泰和县　樟树市

山东：济南市长清区　长岛县　高密市　海阳市　临清市　栖霞市　枣庄市（山亭区　台儿庄区）　桓台县　邹平县

河南：安阳县　长葛市　登封市　邓州市　巩义市　辉县市　林州市　灵宝市　孟州市　沁阳市　荥阳市　汝州市　卫辉市　舞钢市　项城市　新密市　新乡县　新郑市　许昌县　偃师市　漯河市（郾城区　召陵区）　义马市　永城市　禹州市　中牟县　周口市川汇区　平顶山市石龙区　太康县

湖北：安陆市　当阳市　恩施市　广水市　汉川市　宜都市　枝江市　宜昌市夷陵区　丹江口市　沙洋县　江陵县

湖南:安仁县　安乡县　常宁市　桂阳县　汉寿县　衡东县　衡南县　衡山县　衡阳县　华容县　津市市　冷水江市　澧县　涟源市　临澧县　临武县　南县　祁东县　祁阳县　韶山市　邵东县　邵阳县　石门县　双峰县　桃江县　桃源县　望城县　武冈市　湘潭县　湘阴县　新邵县　攸县　岳阳县　株洲县　资兴市　吉首市

广东:大埔县　东源县　丰顺县　广宁县　和平县　蕉岭县　连南瑶族自治县　连山壮族瑶族自治县　龙川县　陆河县　平远县　仁化县　始兴县　翁源县　五华县　阳山县　郁南县　紫金县　乳源瑶族自治县

广西:百色市右江区　东兴市　合山市　河池市金城江区　贺州市八步区　临桂县　柳江县　来宾市兴宾区　容县　昭平县　钟山县

海南:陵水黎族自治县

重庆:合川区　永川区　双桥区　万盛区　长寿区　璧山县

四川:崇州市　广安市广安区　广汉市　绵竹市　邛崃市　什邡市　攀枝花市西区　自贡市(贡井区　沿滩区)　泸州市(龙马潭区　纳溪区)　乐山市五通桥区　金堂县　大邑县　蒲江县　江油市　南充市嘉陵区　广元市利州区　新津县　峨眉山市　彭山县　资阳市雁江区　眉山市东坡区

贵州:都匀市　凯里市　清镇市　铜仁市　兴义市

云南:大理市　个旧市　石林彝族自治县　丽江市古城区　昭通市昭阳区　河口瑶族自治县

西藏:日喀则市

陕西:华县　华阴市　黄陵县　洛川县　潼关县　兴平市　榆林市榆阳区　铜川市耀州区　咸阳市杨凌区

甘肃:成县　临夏市　永登县　武威市凉州区　陇南市武都区　白银市平川区

宁夏:灵武市

新疆:克拉玛依市(白碱滩区　独山子区　乌尔禾区)　乌鲁木齐县　喀什市　阿克苏市　哈密市　昌吉市　伊宁市

十三等:

河北:安平县　柏乡县　昌黎县　磁县　大城县　东光县　高阳县　固安县　故城县　怀来县　景县　临城县　灵寿县　满城县　南宫市　宁晋县　清苑县　容城县　深泽县　肃宁县　唐县　望都县　文安县

吴桥县　献县　兴隆县　邢台县　雄县　宣化县　阳原县　易县　元氏县　枣强县　赵县

山西:长子县　代县　定襄县　繁峙县　河曲县　洪洞县　壶关县　稷山县　绛县　交城县　黎城县　临猗县　陵川县　柳林县　宁武县　平陆县　平顺县　平遥县　蒲县　祁县　沁水县　曲沃县　芮城县　山阴县　寿阳县　太谷县　文水县　闻喜县　五台县　乡宁县　襄汾县　襄垣县　新绛县　阳城县　翼城县　应县　盂县　垣曲县　泽州县　中阳县　左云县

内蒙古:额尔古纳市　根河市　包头市白云鄂博矿区　锡林浩特市

辽宁:昌图县　法库县　黑山县　桓仁满族自治县　建昌县　建平县　喀喇沁左翼蒙古族自治县　康平县　宽甸满族自治县　清原满族自治县　台安县　西丰县　新宾满族自治县　岫岩满族自治县　义县　彰武县

吉林:靖宇县　伊通满族自治县

黑龙江:巴彦县　勃利县　方正县　鸡东县　林口县　穆棱市　讷河市　通河县　延寿县　肇源县　肇州县　齐齐哈尔市碾子山区　伊春市(翠峦区　带岭区　红星区　金山屯区　美溪区　上甘岭区　新青区　五营区　乌马河区　乌伊岭区　友好区)　宾县　北安市　铁力市　五大连池市　富锦市　虎林市　安达市

江苏:滨海县　丰县　阜宁县　灌南县　灌云县　涟水县　沭阳县　宿迁市宿豫区　睢宁县　响水县　盱眙县　泗洪县　泗阳县

浙江:安吉县　苍南县　长兴县　龙游县　宁海县　永嘉县　嵊泗县　衢州市衢江区　江山市　青田县

安徽:砀山县　东至县　凤台县　广德县　和县　霍邱县　霍山县　界首市　金寨县　庐江县　明光市　南陵县　祁门县　青阳县　石台县　寿县　濉溪县　天长市　涡阳县　无为县　歙县　萧县　黄山市黄山区　含山县

福建:安溪县　长泰县　东山县　古田县　建阳市　将乐县　平潭县　上杭县　顺昌县　霞浦县　仙游县　永春县　永定县　永泰县　尤溪县

江西:大余县　分宜县　广丰县　吉水县　九江县　宁都县　上栗县　上饶县　万安县　万年县　新建县　永丰县　永修县　余江县　瑞金市　井冈山市　吉安县　峡江县　新干县

山东:博兴县　曹县　昌乐县　东阿县　东明县　费县　高青县　高

唐县　济阳县　嘉祥县　金乡县　莒县　乐陵市　梁山县　临朐县　临邑县　陵县　宁阳县　平邑县　平阴县　平原县　齐河县　郯城县　微山县　汶上县　阳谷县　沂源县　鱼台县　禹城市　郓城县　东营市河口区

河南:宝丰县　博爱县　长垣县　方城县　淮阳县　潢川县　临颍县　鹿邑县　孟津县　内乡县　濮阳县　淇县　清丰县　汝南县　陕县　遂平县　汤阴县　唐河县　通许县　尉氏县　西平县　新安县　新野县　修武县　鄢陵县　延津县　镇平县　浚县

湖北:保康县　长阳土家族自治县　崇阳县　大悟县　公安县　谷城县　红安县　黄梅县　嘉鱼县　监利县　京山县　利川市　南漳县　蕲春县　团风县　浠水县　孝昌县　远安县　云梦县　郧县　秭归县

湖南:安化县　茶陵县　辰溪县　慈利县　东安县　洞口县　洪江市　会同县　嘉禾县　靖州苗族侗族自治县　蓝山县　隆回县　麻阳苗族自治县　宁远县　平江县　绥宁县　新化县　新宁县　新田县　溆浦县　炎陵县　宜章县　永兴县　芷江侗族自治县　中方县　道县　沅陵县

广西:博白县　富川瑶族自治县　荔浦县　灵川县　陆川县　南丹县　平果县　平乐县　全州县　上思县　田阳县　兴安县　阳朔县　宜州市　岑溪市　北流市　合浦县　田东县　崇左市江州区

海南:保亭黎族苗族自治县　乐东黎族自治县　屯昌县　昌江黎族自治县　定安县　临高县

重庆:南川区　黔江区

四川:安县　长宁县　达县　大竹县　富顺县　高县　珙县　简阳市　江安县　筠连县　阆中市　泸县　米易县　南溪县　仁寿县　荣县　三台县　射洪县　万源市　宜宾县　雅安市雨城区　巴中市巴州区　广元市(朝天区　元坝区)　遂宁市安居区　夹江县　西昌市

贵州:毕节市　赤水市　贵定县　开阳县　龙里县　仁怀市　息烽县　修文县　遵义县

云南:保山市隆阳区　呈贡县　澄江县　江川县　晋宁县　景洪市　开远市　潞西市　水富县　普洱市思茅区　通海县　宜良县　楚雄市

陕西:安塞县　白水县　城固县　大荔县　府谷县　富平县　富县　甘泉县　高陵县　横山县　户县　黄龙县　佳县　靖边县　米脂县　清涧县　三原县　子长县　子洲县　神木县　绥德县　吴堡县　吴起县

延长县　宜川县　志丹县　商洛市商州区

甘肃：定西市安定区　皋兰县　合水县　合作市　徽县　两当县　宁县　平凉市崆峒区　庆城县　文县　庆阳市西峰区　榆中县　张掖市甘州区　敦煌市　酒泉市肃州区　玉门市

宁夏：贺兰县　石嘴山市惠农区　平罗县　永宁县　青铜峡市　吴忠市利通区　中卫市沙坡头区

新疆：五家渠市　吐鲁番市　阜康市　奎屯市　阿勒泰市　塔城市　乌苏市

十四等：

河北：安新县　博野县　成安县　承德县　赤城县　大名县　肥乡县　阜城县　阜平县　馆陶县　广平县　广宗县　海兴县　怀安县　鸡泽县　巨鹿县　宽城满族自治县　涞水县　涞源县　临西县　临漳县　隆化县　隆尧县　滦平县　孟村回族自治县　内丘县　南和县　南皮县　平泉县　平山县　平乡县　青龙满族自治县　邱县　曲阳县　曲周县　饶阳县　任县　涉县　顺平县　万全县　威县　蔚县　魏县　无极县　武强县　武邑县　新河县　行唐县　盐山县　永清县　赞皇县　涿鹿县

山西：保德县　方山县　汾西县　古县　广灵县　和顺县　浑源县　交口县　静乐县　岢岚县　岚县　临县　灵丘县　娄烦县　偏关县　沁县　沁源县　神池县　石楼县　屯留县　万荣县　五寨县　武乡县　昔阳县　夏县　兴县　阳高县　阳曲县　右玉县　榆社县　左权县　大同县

内蒙古：阿尔山市　阿荣旗　敖汉旗　巴林左旗　达拉特旗　鄂伦春自治旗　鄂温克族自治旗　二连浩特市　丰镇市　杭锦后旗　霍林郭勒市　科尔沁左翼后旗　林西县　莫力达瓦达斡尔族自治旗　宁城县　土默特右旗　土默特左旗　翁牛特旗　乌拉特前旗　五原县　包头市石拐区　托克托县　伊金霍洛旗　准格尔旗　西乌珠穆沁旗

吉林：长岭县　扶余县　乾安县

黑龙江：宝清县　抚远县　富裕县　集贤县　克东县　克山县　兰西县　萝北县　明水县　木兰县　嫩江县　绥滨县　塔河县　汤原县　友谊县　大兴安岭加格达奇　依兰县　同江市　望奎县

浙江：常山县　淳安县　岱山县　洞头县　缙云县　景宁畲族自治县　开化县　磐安县　浦江县　庆元县　三门县　松阳县　遂昌县　泰顺县　天台县　文成县　武义县　仙居县　云和县　龙泉市

安徽：枞阳县　定远县　凤阳县　阜南县　固镇县　怀宁县　怀远县　旌德县　来安县　郎溪县　利辛县　临泉县　灵璧县　蒙城县　潜山县　全椒县　泗县　宿松县　太和县　太湖县　望江县　五河县　休宁县　黟县　颍上县

福建：大田县　德化县　华安县　连城县　平和县　浦城县　泰宁县

江西：安义县　安远县　鄱阳县　崇仁县　德安县　定南县　东乡县　浮梁县　赣县　横峰县　会昌县　金溪县　靖安县　莲花县　龙南县　南城县　铅山县　上高县　上犹县　石城县　遂川县　万载县　武宁县　婺源县　信丰县　兴国县　修水县　寻乌县　弋阳县　永新县　于都县　玉山县　资溪县

山东：单县　广饶县　垦利县　利津县　蒙阴县　武城县　沂南县　沂水县　商河县　茌平县　宁津县　莒南县　临沭县　泗水县　东平县　定陶县　惠民县

河南：范县　封丘县　扶沟县　固始县　光山县　滑县　淮滨县　获嘉县　开封县　兰考县　鲁山县　栾川县　罗山县　泌阳县　民权县　南乐县　南召县　杞县　确山县　商城县　上蔡县　社旗县　沈丘县　渑池县　桐柏县　温县　武陟县　舞阳县　西华县　西峡县　淅川县　襄城县　叶县　伊川县　原阳县　正阳县　商水县

湖北：巴东县　房县　建始县　来凤县　罗田县　通城县　五峰土家族自治县　兴山县　阳新县　英山县　竹山县

湖南：保靖县　城步苗族自治县　凤凰县　古丈县　桂东县　花垣县　江华瑶族自治县　江永县　龙山县　泸溪县　汝城县　桑植县　双牌县　通道侗族自治县　新晃侗族自治县　永顺县

广西：宾阳县　大化瑶族自治县　扶绥县　横县　金秀瑶族自治县　乐业县　灵山县　凌云县　隆林各族自治县　鹿寨县　蒙山县　浦北县　田林县　西林县　兴业县　柳城县　苍梧县　藤县　平南县　桂平市

海南：五指山市　白沙黎族自治县　琼中黎族自治县

重庆：大足县　垫江县　丰都县　奉节县　开县　梁平县　綦江县　荣昌县　铜梁县　潼南县　巫山县　武隆县　云阳县　忠县

四川：安岳县　北川羌族自治县　大英县　丹棱县　德昌县　古蔺县　汉源县　合江县　洪雅县　华蓥市　会理县　犍为县　剑阁县　井研县　九寨沟县　开江县　康定县　乐至县　邻水县　隆昌县　芦山县　泸定

县 罗江县 马边彝族自治县 茂县 冕宁县 名山县 沐川县 南部县 南江县 蓬安县 蓬溪县 平昌县 平武县 屏山县 青川县 青神县 渠县 天全县 通江县 旺苍县 威远县 汶川县 武胜县 西充县 兴文县 叙永县 宣汉县 盐边县 盐亭县 仪陇县 营山县 岳池县 中江县 资中县 梓潼县 乐山市金口河区 苍溪县 宝兴县 石棉县 荥经县

贵州:独山县 福泉市 金沙县 荔波县 平坝县 施秉县 桐梓县 玉屏侗族自治县 镇远县

云南:宾川县 大姚县 洱源县 富民县 富源县 华宁县 会泽县 建水县 景东彝族自治县 兰坪白族普米族自治县 临沧市临翔区 陆良县 禄丰县 禄劝彝族苗族自治县 绿春县 罗平县 马龙县 勐海县 勐腊县 弥渡县 弥勒县 牟定县 南华县 宁洱哈尼族彝族自治县 师宗县 双柏县 嵩明县 绥江县 腾冲县 文山县 武定县 祥云县 新平彝族傣族自治县 宣威市 寻甸回族彝族自治县 姚安县 易门县 永仁县 元江哈尼族彝族傣族自治县 元谋县 沾益县 玉龙纳西族自治县 峨山彝族自治县 屏边苗族自治县 瑞丽市 石屏县 蒙自县

陕西: 澄城县 定边县 凤县 凤翔县 扶风县 汉阴县 合阳县 泾阳县 蓝田县 礼泉县 略阳县 眉县 勉县 南郑县 平利县 岐山县 商南县 石泉县 太白县 武功县 西乡县 旬阳县 延川县 镇安县 周至县 柞水县 宝鸡市陈仓区

甘肃:瓜州县 崇信县 宕昌县 迭部县 甘谷县 广河县 华池县 华亭县 环县 会宁县 金塔县 泾川县 景泰县 靖远县 康乐县 康县 礼县 临洮县 灵台县 碌曲县 玛曲县 民勤县 山丹县 肃北蒙古族自治县 天祝藏族自治县 武山县 西和县 夏河县 永昌县 永靖县 镇原县 正宁县 卓尼县 阿克赛哈萨克族自治县

青海:大通回族土族自治县 德令哈市 格尔木市 互助土族自治县 湟中县 乐都县 民和回族土族自治县 平安县

宁夏:固原市原州区 中宁县

新疆:阿瓦提县 巴楚县 博湖县 察布查尔锡伯自治县 额敏县 富蕴县 伽师县 和静县 和硕县 吉木萨尔县 麦盖提县 沙雅县 疏附县 疏勒县 尉犁县 温宿县 叶城县 伊宁县 英吉沙县 岳普

湖县　阿拉尔市　图木舒克市　莎车县　泽普县　和田市　库车县　鄯善县　托克逊县　阿图什市　博乐市　呼图壁县　精河县　玛纳斯县　轮台县　焉耆回族自治县　霍城县　新源县　沙湾县

十五等：

河北:崇礼县　沽源县　康保县　尚义县　张北县　丰宁满族自治县　围场满族蒙古族自治县

山西:天镇县　安泽县　大宁县　浮山县　吉县　隰县　永和县

内蒙古:阿巴嘎旗　阿拉善右旗　阿拉善左旗　阿鲁科尔沁旗　巴林右旗　察哈尔右翼后旗　察哈尔右翼前旗　察哈尔右翼中旗　陈巴尔虎旗　达尔罕茂明安联合旗　磴口县　东乌珠穆沁旗　多伦县　额济纳旗　鄂托克旗　鄂托克前旗　固阳县　杭锦旗　和林格尔县　化德县　喀喇沁旗　开鲁县　科尔沁右翼前旗　科尔沁右翼中旗　科尔沁左翼中旗　克什克腾旗　库伦旗　凉城县　奈曼旗　清水河县　商都县　四子王旗　苏尼特右旗　苏尼特左旗　太仆寺旗　突泉县　乌拉特后旗　乌拉特中旗　乌审旗　武川县　镶黄旗　新巴尔虎右旗　新巴尔虎左旗　兴和县　扎赉特旗　扎鲁特旗　正蓝旗　正镶白旗　卓资县

吉林:通榆县　镇赉县

黑龙江:拜泉县　东宁县　杜尔伯特蒙古族自治县　甘南县　呼玛县　桦川县　桦南县　嘉荫县　林甸县　龙江县　漠河县　青冈县　饶河县　绥棱县　孙吴县　泰来县　逊克县　依安县

安徽:岳西县

福建:长汀县　光泽县　建宁县　明溪县　宁化县　屏南县　清流县　寿宁县　松溪县　武平县　柘荣县　政和县　周宁县

江西:崇义县　都昌县　奉新县　广昌县　湖口县　乐安县　黎川县　南丰县　彭泽县　全南县　铜鼓县　星子县　宜丰县　宜黄县　余干县

山东:苍山县　成武县　冠县　巨野县　鄄城县　庆云县　无棣县　五莲县　夏津县　莘县　阳信县　沾化县

河南:郸城县　郏县　卢氏县　洛宁县　内黄县　宁陵县　平舆县　汝阳县　嵩县　睢县　台前县　息县　夏邑县　新蔡县　新县　宜阳县　虞城县　柘城县

湖北:鹤峰县　神农架林区　通山县　咸丰县　宣恩县　郧西县　竹溪县

广西：巴马瑶族自治县　大新县　德保县　东兰县　都安瑶族自治县　凤山县　恭城瑶族自治县　灌阳县　环江毛南族自治县　靖西县　龙胜各族自治县　龙州县　隆安县　罗城仫佬族自治县　马山县　那坡县　宁明县　凭祥市　融安县　融水苗族自治县　三江侗族自治县　上林县　天等县　天峨县　武宣县　象州县　忻城县　永福县　资源县

重庆：城口县　彭水苗族土家族自治县　石柱土家族自治县　巫溪县　秀山土家族苗族自治县　酉阳土家族苗族自治县

四川：阿坝县　白玉县　丹巴县　道孚县　稻城县　得荣县　德格县　峨边彝族自治县　甘孜县　黑水县　红原县　会东县　金川县　金阳县　九龙县　雷波县　理塘县　理县　炉霍县　美姑县　木里藏族自治县　宁南县　普格县　壤塘县　若尔盖县　色达县　石渠县　松潘县　喜德县　乡城县　小金县　新龙县　雅江县　盐源县　越西县　昭觉县　巴塘县　布拖县　甘洛县　马尔康县

贵州：安龙县　册亨县　岑巩县　长顺县　从江县　大方县　丹寨县　道真仡佬族苗族自治县　德江县　凤冈县　关岭布依族苗族自治县　赫章县　黄平县　惠水县　剑河县　江口县　锦屏县　雷山县　黎平县　六枝特区　罗甸县　麻江县　湄潭县　纳雍县　盘县　平塘县　普安县　普定县　黔西县　晴隆县　榕江县　三都水族自治县　三穗县　石阡县　水城县　思南县　松桃苗族自治县　绥阳县　台江县　天柱县　万山特区　望谟县　威宁彝族回族苗族自治县　瓮安县　务川仡佬族苗族自治县　习水县　兴仁县　沿河土家族自治县　印江土家族苗族自治县　余庆县　贞丰县　镇宁布依族苗族自治县　正安县　织金县　紫云苗族布依族自治县

云南：沧源佤族自治县　昌宁县　大关县　德钦县　凤庆县　福贡县　富宁县　耿马傣族佤族自治县　贡山独龙族怒族自治县　广南县　鹤庆县　红河县　华坪县　剑川县　江城哈尼族彝族自治县　金平苗族瑶族傣族自治县　景谷傣族彝族自治县　澜沧拉祜族自治县　梁河县　龙陵县　陇川县　泸水县　泸西县　鲁甸县　麻栗坡县　马关县　孟连傣族拉祜族佤族自治县　墨江哈尼族自治县　南涧彝族自治县　宁蒗彝族自治县　巧家县　丘北县　施甸县　双江拉祜族佤族布朗族傣族自治县　威信县　巍山彝族回族自治县　维西傈僳族自治县　西畴县　西盟佤族自治县　盐津县　砚山县　漾濞彝族自治县　彝良县　盈江县　永德县

永平县　永善县　永胜县　元阳县　云龙县　云县　镇康县　镇雄县　镇沅彝族哈尼族拉祜族自治县　香格里拉县

西藏：安多县　昂仁县　八宿县　巴青县　白朗县　班戈县　比如县　边坝县　波密县　察雅县　察隅县　昌都县　措美县　措勤县　错那县　达孜县　当雄县　丁青县　定结县　定日县　堆龙德庆县　噶尔县　改则县　岗巴县　革吉县　工布江达县　贡嘎县　贡觉县　吉隆县　加查县　嘉黎县　江达县　江孜县　康马县　拉孜县　朗县　浪卡子县　类乌齐县　林芝县　林周县　隆子县　洛隆县　洛扎县　芒康县　米林县　墨脱县　墨竹工卡县　那曲县　乃东县　南木林县　尼玛县　尼木县　聂拉木县　聂荣县　普兰县　琼结县　曲水县　曲松县　仁布县　日土县　萨嘎县　萨迦县　桑日县　申扎县　索县　谢通门县　亚东县札达县　扎囊县　仲巴县　左贡县

陕西：白河县　彬县　长武县　淳化县　丹凤县　佛坪县　岚皋县　麟游县　留坝县　陇县　洛南县　宁强县　宁陕县　蒲城县　千阳县　乾县　山阳县　旬邑县　洋县　宜君县　永寿县　镇巴县　镇坪县　紫阳县

甘肃：东乡族自治县　高台县　古浪县　和政县　积石山保安族东乡族撒拉族自治县　静宁县　临潭县　临夏县　临泽县　陇西县　民乐县　岷县　秦安县　肃南裕固族自治县　通渭县　渭源县　张家川回族自治县　漳县　清水县　舟曲县　庄浪县

青海：班玛县　称多县　达日县　都兰县　甘德县　刚察县　共和县　贵德县　贵南县　海晏县　河南蒙古族自治县　化隆回族自治县　湟源县　尖扎县　久治县　玛多县　玛沁县　门源回族自治县　祁连县　曲麻莱县　天峻县　同德县　同仁县　乌兰县　囊谦县　兴海县　循化撒拉族自治县　玉树县　杂多县　泽库县　治多县

宁夏：海原县　泾源县　隆德县　彭阳县　同心县　西吉县　盐池县

新疆：阿合奇县　阿克陶县　巴里坤哈萨克自治县　拜城县　昭苏县　布尔津县　策勒县　福海县　巩留县　哈巴河县　和布克赛尔蒙古自治县　和田县　吉木乃县　柯坪县　洛浦县　民丰县　墨玉县　木垒哈萨克自治县　尼勒克县　皮山县　奇台县　且末县　青河县　若羌县　塔什库尔干塔吉克自治县　特克斯县　托里县　温泉县　乌恰县　乌什县　新和县　伊吾县　于田县　裕民县

本章重点回顾

房地产投资环境　　政治环境　　法律环境

经济环境　　自然地理环境　　基础设施环境

社会环境　　区位环境　　房地产开发项目的区位因素

层次分析法　　一致性指标　　几何平均法　　算术平均法

全国土地分等

DI LIUZHANG 第六章 资金的时间价值

房地产投资分析

第一节 概述

一、资金时间价值概念

由于房地产投资具有投资周期长、资金量大等特点，因此，在进行房地产投资分析时，需要对不同时点上的资金进行比较。资金的时间价值在房地产投资分析中显得非常重要且十分关键。

时间是一种特殊的资源，资本通过参与生产或流通过程，在运动过程中实现价值附加。因此，资本的增值离不开时间资源，当资本增值以后，其中的一部分需要作为借贷资本的补偿，这些补偿便是利息。

资金的时间价值是资金放弃即时使用的机会，在一段时间以后所要求获得的补偿，补偿的数量与资金放弃使用的时间应该成正比，放弃使用的时间越长要求所获得的补偿也越多。具体地说，等额资金在不同时间点上所表现出的价值差别，就是资金的时间价值。

资金的时间价值是客观存在的，对房地产投资项目进行正确的评价，不仅要考虑投资项目投入与产出的大小，还要考虑投入与产出之间发生的时间。例如，有两个房地产投资项目，甲项目投入8 000万元，能获得纯利润800 万元，乙项目也是投入8 000万元，但能获得纯利润 900 万元。那么哪个项目更好一点呢？在此，不能简单地判断得出乙项目较甲项目优的结论，因为还不知道这两个投资项目的开发利润，如果甲项目投资开发期是一年，而乙项目投资开发期是三年，则有可能甲项目较乙项目优。

分析和计量资金的时间价值，就是要估计资金时间价值对投资项目效益的影响,使得投资效益分析和投资决策结果更符合实际情况。由于所述的乙项目占用资金的时间比甲项目长两年,如果这两年中8 000万元资金的时间价值大于100万元,则乙项目的投资效益显然就不如甲项目好了。

通过分析投资项目资金的时间价值,可以更好地了解资本的使用效率。投资项目的资金时间价值是所使用资本的机会成本,只有当投资项目的实际收益水平高于这个机会成本时,该投资项目才是可行的。

在一定的利率条件下,资金的价值是数量和时间的函数。假设资金的价值为 V,则有

$$V=f(\text{数量},\text{时间})$$

在上式中,V 与面值有关,f 与收到资金的时间有关。收到资金的时间越长,其价值就越低。

根据是否考虑资金的时间价值,可以将投资项目的经济评价分析方法分为两种,即静态分析法和动态分析法。静态分析法是在评价投资项目时,不考虑资金的时间价值。这种方法相对简单,但不能全面地反映投资项目的经济效果,只能用做粗略的评价。动态分析法是指在评价投资项目时,考虑资金的时间价值,使所评价的投资项目的经济效果更接近实际情况。

二、利息

从资金所有者来看,也就是对贷款人来说,利息是对资金所有者延迟享受的补偿;从资金使用者来看,也就是对借款人来说,利息是对其占用资金在经济上所付出的代价。

[例6-1]有一位M女士准备购买一栋别墅,如果现在立即购买需要100万元,但如果推迟到一年之后购买,她就需要放弃一年的享受。显然,对于这种享受的放弃,她是期望得到一些补偿的。如果她将花在购房上的钱投资于一年期年利率为3%的定期存单,当一年后她把定期存单兑为购房现金时,对推迟购房所得到的补偿为本金100万元之外附加的3%,这3万元就是她放弃即时享受所获得的补偿。

假设一年后购买别墅的价格仍然为100万元,这位女士现在就预备一笔资金用于一年后购买别墅,需要预备多少呢?设 x 为她现在需要预备的资金,在3%年利率情况下,有下列等式:

$$x+0.03x=100$$

通过简单的计算可以得出 $x=97.087$ 万元。这时，就可以发现，一年后的 100 万元，现在只值 97.087 万元。也就是说，一年后的 100 万元可以打折为现在的 97.087 万元。因此在这里，3% 也可以称为折现率。

总之，利息是指占用资金所付出的代价，或者是放弃使用资金而得到的补偿。单位时间内的利息与本金之比称为利率，一般用百分比表示：

$$利率=\frac{单位时间内的利息}{本金}\times 100\%$$

用来表示利率的时间单位，称为计息周期。计息周期可以是年，也可以是季或月等，但通常采用的时间单位为年。

利率的表现形式是多样的，可分为基础利率、存款利率、债券利率、贷款利率等。

三、现金流量图

一般来说，货币支出称为现金流出，货币流入称为现金流入。某一时刻的货币支出与货币流入均称为现金流量，两者之间的差额称为净现金流量。

对于房地产开发投资活动来说，销售收入、租金收入、开发成本、出租成本、税金等都可以构成房地产投资项目的现金流量。

现金流量图是反映投资项目在投资评价期内现金流入和现金流出的活动状况图。在现金流量图上，时间间隔相等，首尾相接，时间零点表示资金运动的开始，第 1 期的期末就是第 2 期的期初，以此类推。现金流量图上的垂直箭头，箭头向上表示正现金流量或者收入，箭头向下表示负现金流量或者支出，箭头所在的垂直线的长短表示现金流量绝对值的大小。

在图 6-1 中，期初投入为 P，第 4 期有现金流出，即支出 F_4，第 1 期、第 2 期、第 3 期、第 $n-1$ 期有现金流入，第 4 期支出的绝对值比第 3 期收入的绝对值大。

如果现金流出或者现金流入不是发生在计息周期的期初或者期末，而是发生在计息周期期间，如果不特殊说明，一般将该现金流量看做是在期末发生，这被称为期末惯例。例如，对于房屋的维修费，每年的维修时间不确定，就可以看做是在年末发生。如果在计息周期内是均匀投入，这时可以将投入看做是期中投入。

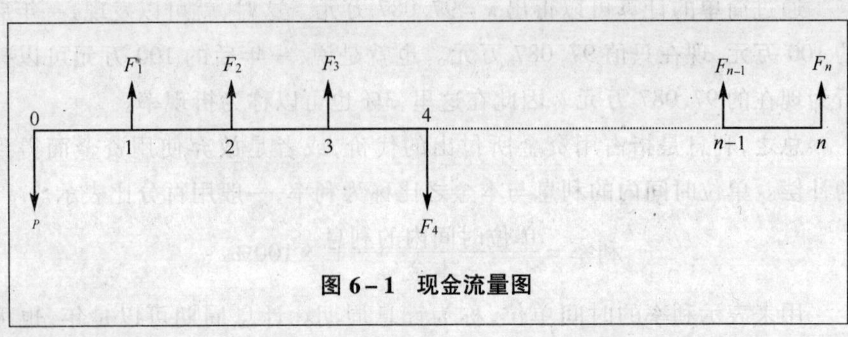

图 6-1　现金流量图

四、等值

等值是指在不同的时点上，数量上不等的资金具有相等的价值。例如，在年利率为 10% 的情况下，现在的 1 万元与一年后的 1.1 万元具有相同的价值，也可以说，一年后的 1.1 万元与现在的 1 万元等值。

如果有人借款 1 万元，在 5 年内偿还。当利率为 0，也就是资金没有时间价值时，5 年内每年偿还2 000元与现在的 1 万元是等值的，但是如果资金具有时间价值，情况就不一样了。

假如在上例中，年利率为 10%，偿还的方式可以是：

第一，第 1 年末偿还11 000元；

第二，第 5 年末偿还16 105.10元；

第三，前 4 年末每年偿还利息1 000元，第 5 年末偿还11 000元；

第四，每年年末偿还26 389元。

通过以下对资金时间价值计算方法的阐述可知，以上 4 种方式都是等值。

第二节　现值与终值

一、单利与复利

利息的计算方式有单利计息和复利计息两种。

单利计息是指利息由本金一次计算而得到，在进行单利计息时，不计入先前计息周期中利息的时间价值，即不对利息再计息。其计算公式为：

$$F = P + P \times n \times i$$

$$=P(1+n\times i)$$

$$I=P\times n\times i$$

式中：F——本利和；

P——本金；

I——利息；

n——计息周期数；

i——利率。

复利计息是指考虑利息时间价值的计息方式，利息由本金复合计算得到。在复利计息时，不仅对本金计息，还要对利息计息。

在复利情况下，利息是按本金加上上期本金获得的利息之和来支付的。

按复利方式计算利息时，利息的计算公式为：

$$F_n = P\times(1+i)^n$$

$$I_n = F_n - \mathrm{P} = P\times(1+i)^n - \mathrm{P} = \mathrm{P}\times[(1+i)^n - 1]$$

复利计息比较符合资金实际运动状况，在投资分析中如无特殊说明，一般采用复利计算。

二、终值

复利终值是指按本金计算的每期利息在各期末以本金的方式再计算利息所得到的本利和，一般用 F 表示。终值的计算公式为：

$$F = P\times(1+i)^n$$

式中：F 为终值，P 为现值，i 为利率，n 为计息次数。

[例 6－2]某房地产开发公司拟贷款 1 000 万元投资某项物业，假设贷款年利率为 6%，5 年后连本带利一次归还，试计算该开发公司到期需归还银行多少金额？

计算步骤如下：

$$\text{第一年的终值}: F_1 = P\times(1+i)^1$$

$$= 1\,000(1+6\%)^1$$

$$= 1\,060(\text{万元})$$

显然，第 2 年年初的本金就不再是 1 000 万元了，而是 1 060 万元。因此，第 2 年后的资金终值为：

$$F_2 = 1\,000(1+6\%)\times(1+6\%)$$

$$= 1\,000 \times (1+6\%)^2$$
$$= 1\,123.6(万元)$$

依此类推，第 n 年后的资金终值为：

$$F_n = P \times (1+i)^n$$

公式中 $(1+i)^n$ 称为复利终值系数，可用 $(F/P,i,n)$ 表示，因此，复利终值的公式表示为：

$$F_n = P \times (F/P,i,n)$$

根据题意，$F_5 = 1\,000 \times (1+6\%)^5 = 1\,338$（万元）

三、现值

现值是相对于终值而言的，复利现值是指未来某一金额的现在价值，一般用 P 表示。

从纯数学角度看，复利现值就是复利终值的逆运算，所以，本金即为终值的现值。复利现值的计算公式为：

$$P = \frac{F}{(1+i)^n} = F \times (1+i)^{-n}$$

将未来金额折算到现值的过程称为贴现或者折现，贴现中使用的利率称为贴现率或折现率，而 $(1+i)^{-n}$ 称为现值系数或者贴现系数，简写为 $(P/F,i,n)$。现值的计算公式为：

$$P = F \times (P/F,i,n)$$

[例 6－3]某房地产开发商拟投资建设写字楼，第一年初需支付资金 3 000万元，第二年末需支付资金 5 000 万元，第三年末需支付资金 2 000 万元。假设贴现率为 8%，则该投资项目的总投资 1 亿元的现值为多少？

$$P_n = F_n \times (P/F,i,n) = \frac{F_n}{(1+i)^n}$$

$$P = 3\,000 + 5\,000 \times (1+8\%)^{-2} + 2\,000 \times (1+8\%)^{-3} = 8\,874.36(万元)$$

第三节　年　金

等额不变的年收益或年费用，称为年值或年金。年金，是指一定时期内，在相同间隔的时间点上，收入或支出的数额是相同的，这个时间间隔一般以年为单位。年金一般用A表示。按照付款情况的不同,可将年金分为后付年金、先付年金和永续年金等。下面分别介绍各种年金的计算方法及其与终值和现值之间的关系。

一、期末年金终值

期末年金,又称为普通年金或后付年金,指每期期末等额序列收付款项的年金,是最为常见的年金形式。

后付年金终值即每期期末交付本金的复利终值之和。其收付形式如图6-2所示。

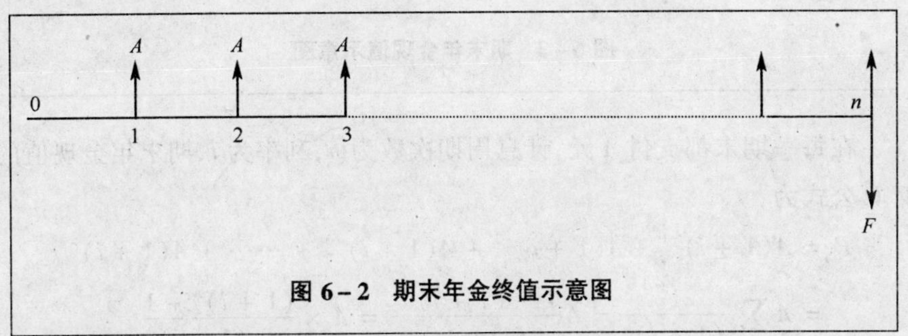

图6-2 期末年金终值示意图

如图6-2所示,在每一期期末都支付A元,计息周期数为n,利率为i。用A表示年金,F_n表示年金终值,n表示计息次数,计算公式为:

$$F_n = A(1+i)^{n-1} + A(1+i)^{n-2} + A(1+i)^{n-3} + \cdots\cdots + A(1+i)^1 + A$$

$$= A\sum_{t=1}^{n}(1+i)^{n-t} = A\frac{(1+i)^n - 1}{i}$$

式中,$\sum_{t=1}^{n}(1+i)^{n-t}$称为年金复利终值系数,简写为$(F/A,i,n)$,则年金终值的计算公式为:

$$F_n = A \times (F/A,i,n)$$

[例6-4]某投资者每年末存入银行10万元,存款利率为8%,共存入10年,那么第十年末的年金终值为多少?

$$F_{10} = 100\ 000 \times \frac{(1+8\%)^{10} - 1}{8\%}$$

$$= 100\ 000 \times 14.487 = 1\ 448\ 700(元) = 144.87(万元)$$

二、期末年金现值

期末年金现值即一定时期内各期期末所发生的等额款项的现值之和，又称普通年金现值。如图 6－3 所示。

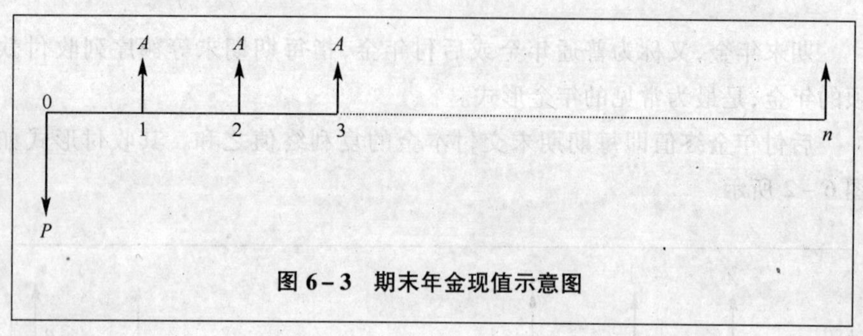

图 6－3　期末年金现值示意图

在每一期末都支付 A 元，计息周期次数为 n，利率为 i，期末年金现值的计算公式为：

$$P = A(1+i)^{-1} + A(1+i)^{-2} + A(1+i)^{-3} + \cdots\cdots + A(1+i)^{-n}$$

$$= A\sum_{t=1}^{n}\frac{1}{(1+i)^{t}} = A\frac{1-(1+i)^{-n}}{i} = A\times\frac{(1+i)^{n}-1}{i\times(1+i)^{n}}$$

式中，P 为普通年金现值；$\sum_{t=1}^{n}\frac{1}{(1+i)^{t}}$ 为年金现值系数，简写为 $(P/A,i,n)$，则普通年金现值的计算公式为：

$$P = A\times(P/A,i,n)$$

［例 6－5］某项投资如果分期进行，每年末需投入 10 万元，共需 5 年，假设利息率为 8%，则最初需准备多少资金才能满足上述要求？

$$P = A\times\frac{(1+i)^{n}-1}{i\times(1+i)^{n}} = 10\times\frac{(1+8\%)^{5}-1}{8\%\times(1+8\%)^{5}}$$

$$= 100\,000\times3.992\,7 = 399\,270(\text{元}) = 39.927(\text{万元})$$

三、期初年金终值

期初年金是指在每期期初支付的年金，又称即付年金或先付年金。先付年金与后付年金的区别在于付款时间不同，二者的付款次数是相同的，因此，二者在现值和终值的计算上存在密切关系。见图 6－4 所示。

在付款次数相同的前提下，每一期先付年金终值比后付年金多计算一期利息，所以可以将后付年金的终值乘以(1 + i)，便可得到先付年金的终值，计算公式如下：

$$V_n = A \times (F/A,i,n) \times (1+i) = A \times (F/A,i,n+1) - A$$

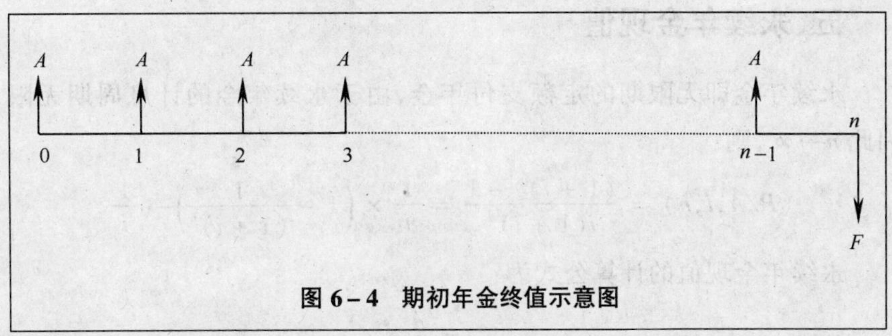

图 6-4　期初年金终值示意图

[例 6-6]某投资者每年年初存入银行 1 万元，年利率为 10%，共存入 5 年，则第 5 年末共可取出多少资金？

$$V_n = A \times (F/A,i,n) \times (1+i)$$
$$= 10\,000 \times 6.105 \times 1.1 = 67\,155(\text{元})$$

四、期初年金现值

对于期初年金现值，可以看做在同样付款次数前提下，前一期后付年金比先付年金多贴现一期，即将后付年金现值乘以(1 + i)，便可得到先付年金的现值，见图 6-5 所示。其计算公式如下：

$$V_0 = A \times (P/A,i,n) \times (1+i) = A \times (P/A,i,n-1) + A$$

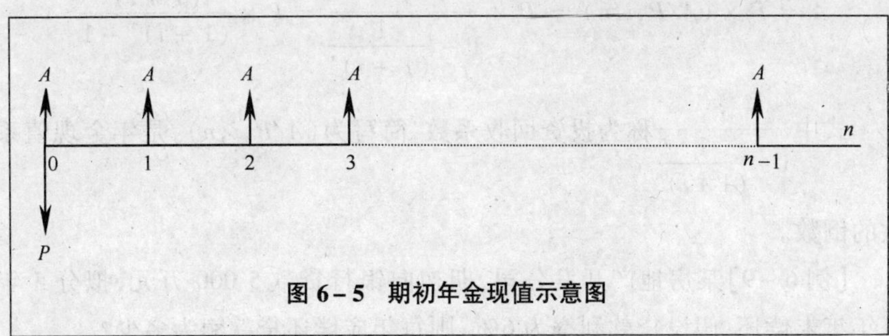

图 6-5　期初年金现值示意图

[例 6-7]某人租房，每年年初支付租金 10 000 元，共预租 5 年，年利率为 8%，则这些租金现值为多少？

$$V_0 = A \times (P/A,i,n) \times (1+i)$$

$$= 10\ 000 \times (P/A, 8\%, 5) \times (1 + 8\%)$$

$$= 100\ 00 \times 3.993 \times 1.08$$

$$= 43\ 124.4(\text{元})$$

五、永续年金现值

永续年金即无限期的定额支付年金，由于永续年金的计息周期无限，因此 $n \to \infty$，则：

$$(P/A, i, n) = \frac{(1+i)^n - 1}{i(1+i)^n} = \frac{1}{i} \times \left(1 - \frac{1}{(1+i)^n}\right) \to \frac{1}{i}$$

永续年金现值的计算公式为：

$$V_0 = \frac{A}{i}$$

[例 6-8]某宗地，若年地租为 12 万元，年利率为 8%，土地使用年期为无限年，则该土地的地价为多少？

$$V_0 = \frac{A}{i}$$

$$= \frac{12}{8\%} = 150(\text{万元})$$

六、资金回收年金

资金回收年金是指在一定的折现率和计息期数条件下，对期初的投资额每年年末回收的等额值，又称投资回收年值，计算公式为：

$$A = P \times (A/P, i, n) = P \times \frac{i}{1 - \frac{1}{(1+i)^n}} = P \times \frac{i(1+i)^n}{(1+i)^n - 1}$$

式中 $\frac{i}{1 - \frac{1}{(1+i)^n}}$ 称为投资回收系数，简写为 $(A/P, i, n)$，是年金现值系数的倒数。

[例 6-9]某房地产开发公司，期初向银行贷款 5 000 万元，拟分 5 年每年年末偿还，假设贷款利率为 6%，则每年应偿还贷款额为多少？

$$A = P(A/P, i, n) = 5\ 000 \times \frac{6\% \times (1 + 6\%)^5}{(1 + 6\%)^5 - 1} = 1\ 187(\text{万元})$$

七、偿债基金年金

偿债基金年金是指在一定的贴现率和计息周期数条件下，对期末终值额每年年末需存储的等额值，又称为资金存储年值，计算公式为：

$$A = F \times (A/F,i,n) = F \times \frac{i}{(1+i)^n - 1}$$

式中，$(A/F,i,n) = \frac{i}{(1+i)^n - 1}$，称为偿债基金系数，是年金终值系数的倒数。

[例 6-10]某人第 5 年末需要从银行提取现金 3 万元，假设存款利率为 2%，则每年年末需存入银行多少？

$$A = F \times (A/F,i,n) = 3 \times \frac{2\%}{(1+2\%)^5 - 1} = 0.576\ 5(\text{万元})$$

第四节　梯　度

有时支出或流入每期的变化呈现出梯度规律，如周期的变化可能是等差的，即每期的变化额相等，也可能是等比的，即每期的变化比例相同。在本节公式中，a 为第一期的净现金流量，P 为期末现值。

一、等差梯度

1. 净现金流量按等差级数递增，期数无限

$$P = \frac{a}{r} + \frac{b}{r^2}$$

成立条件：①净现金流量按等差级数递增；②净现金流量逐年递增额为 b；③期数无限；④r 大于零。

2. 净现金流量按等差级数递增，期数无限

$$P = \left(\frac{a}{r} + \frac{b}{r^2}\right)\left[1 - \frac{1}{(1+r)^n}\right] - \frac{b}{r} \times \frac{n}{(1+r)^n}$$

成立条件：①净现金流量按等差级数递增；②净现金流量逐年递增额为 b；③期数有限为 n；④r 大于零。

3. 净现金流量按等差级数递减，期数无限

$$P = \frac{a}{r} - \frac{b}{r^2}$$

成立条件:①净现金流量按等差级数递减;②净现金流量逐年递减额为 b;③期数无限;④r 大于零。

4. 净现金流量按等差级数递减,期数有限

$$P = \left(\frac{a}{r} - \frac{b}{r^2}\right)\left[1 - \frac{1}{(1+r)^n}\right] + \frac{b}{r} \times \frac{n}{(1+r)^n}$$

成立条件:①净现金流量按等差级数递减;②净现金流量逐年递减额为 b;③期数有限为 n;④r 大于零。

二、等比梯度

1. 净现金流量按等比级数递增,期数无限

$$P = \frac{a}{r-s}$$

成立条件:①净现金流量按等比级数递增;②净现金流量逐年递增比率为 s;③期数无限;④r 大于零;⑤$r > s > 0$。

2. 净现金流量按等比级数递增,期数有限

$$P = \frac{a}{r-s}\left[1 - \left(\frac{1+s}{1+r}\right)^n\right]$$

成立条件:①净现金流量按等比级数递增;②净现金流量逐年递增比率为 s;③期数有限为 n;④r 大于零;⑤ $0 < s < r$。

3. 净现金流量按等比级数递减,期数无限

$$P = \frac{a}{r+s}$$

成立条件:①净现金流量按等比级数递减;②净现金流量逐年递减比率为 s;③期数无限;④r 大于零;⑤ $0 < s < r$。

4. 净现金流量按等比级数递减,期数有限

$$P = \frac{a}{r+s}\left[1 - \left(\frac{1-s}{1+r}\right)^n\right]$$

成立条件:①净现金流量按等比级数递减;②净现金流量逐年递减比率为 s;③期数有限为 n;④r 大于零;⑤ $0 < s \leq 1$。

[例 6-11] 有一宗房地产,目前的纯收益为 50 万元,资本化率为 5%,若①未来各年的纯收益将在上一年的基础上增加 1 万元;②未来各年的纯收益将在上一年的基础上增长 1%。假设收益年期无限,试分别评估这两种情况下房地产的收益价格。

$$(1)P=\frac{50}{5\%}+\frac{1}{(5\%)^2}=1\ 400(\text{万元})$$

$$(2)P=\frac{50}{5\%-1\%}=1\ 250(\text{万元})$$

第五节　名义利率与实际利率

计息周期为一年时的利率称为名义利率,也就是按年计息的利率。通常,金融机构公布的利率是年利率,而实际计算利息时,有的按月计算复利,有的按季度计算复利,还有的按半年计算复利。这就出现了不同计息周期的利率换算问题,于是有了名义利率 i_n 和实际利率 i_e 之分。实际利率是指在名义利率包含的单位时间内,按周期利率复利计息所形成的总利率。

[例 6－12]假设本金为 100 元,年利率为 12%,分别计算一年计复利一次、半年计复利一次和每月计复利一次的情况下,一年后的终值与利息。

一年计复利一次,年利率为 12%,$n=1$,一年后的终值与利息为:

$F_1=100(1+12\%)^1=112(\text{元})$

$I=100\times12\%=12(\text{元})$

半年计复利一次,半年利率 $=12\%/2=6\%$,$n=2$,一年后的终值与利息为:

$F_1=100(1+6\%)^2=112.36\ (\text{元})$

$I=100\times[(1+6\%)^2-1]=12.36(\text{元})$

每月计复利一次,月利率 $=12\%/12=1\%$,$n=12$,一年后的终值和利息为:

$F_1=100(1+1\%)^{12}=112.68\ (\text{元})$

$I=100\times[(1+1\%)^{12}-1]=12.68(\text{元})$

从上例中可以发现,尽管名义利率只有一个,都是 12%,但是计算复利次数的不同会引起实际利息以及终值的差异。如 100 元存款,每年计复利一次,第一年末的利息为 12 元,这时名义利率与实际利率相同,都为 12%;半年计复利一次,年末利息为 12.36 元,年实际利率为 12.36%;而每月计复利时,年末利息达到 12.68 元,实际利率为 12.68%。可见,在同一名义利率下,计复利的次数不同,会导致实际利率的差异。名义利率和实际利率的转换公式为：

$$i_e = (1 + \frac{i_n}{m})^m - 1$$

$$i_m = \frac{i_n}{m}$$

式中，m 为年计复利次数；i_m 为每个计息周期的实际利率，也称周期利率。

不同名义利率和计息周期下的实际利率见表 6－1 所示。

表 6－1　不同名义利率和计息周期下的实际利率表

名义利率(%)／计息周期	1	2	3	4	5	6	7	8	9	10	11	12	13	14	15
一年	1	2	3	4	5	6	7	8	9	10	11	12	13	14	15
半年	1.00	2.01	3.02	4.04	5.06	6.09	7.12	8.16	9.20	10.25	11.30	12.36	13.42	14.49	15.56
季度	1.00	2.02	3.03	4.06	5.09	6.14	7.19	8.24	9.31	10.38	11.46	12.55	13.65	14.75	15.87
月	1.00	2.02	3.04	4.07	5.12	6.17	7.23	8.30	9.38	10.47	11.57	12.68	13.80	14.93	16.08
日	1.01	2.02	3.05	4.08	5.13	6.18	7.25	8.33	9.42	10.52	11.63	12.75	13.88	15.02	16.18

[**例 6－13**]如果实际的年利率为 12%，按月计息，那么实际的月利率为多少？

$$i_m = (1 + i_e)^{1/m} - 1$$
$$= (1 + 0.12)^{1/12} - 1 = 0.95\%$$

则名义利率 = 0.95 × 12 = 11.4%

名义利率与实际利率之间存在如下关系：

1. 实际利率比名义利率更能反映资金的时间价值；

2. 名义利率一定，计算周期越短，实际利率越大；

3. 当计息周期为一年时，名义利率等于实际利率；

4. 当计息周期大于一年时，实际利率大于名义利率。

在按周期利率计息的情况下，复利计算公式可以转变为：

$$F_n = P \times (1 + \frac{i_n}{m})^{m \times n}$$

以上复利计算公式中，计息周期都有一定的时间间隔。当复利的时间间隔趋于0，或者说 m 趋向无穷时，则称为连续复利，此时，令 $r=i_n$，由于

$$\lim_{m\to\infty}\left[\left(1+\frac{1}{k}\right)^{k}-1\right]=e$$

$$\lim_{m\to\infty}\left[\left(1+\frac{r}{m}\right)^{m}-1\right]=e^{r}$$

所以，

$$i_e=\lim_{m\to\infty}\left[\left(1+\frac{r}{m}\right)^{m}-1\right]=e^{r}-1$$

$$F=P\times\lim_{m\to\infty}\left[\left(1+\frac{r}{m}\right)^{m\times n}\right]=P\times e^{r\times n}$$

[**例** 6－14]地产公司为了促进销售并融通资金，推出“还本销售”方法。如现价100万元的商品房，10年后，购房者可以领回买房时支付的全部房款100万元。假设年利率为12%，按月计复利，请将这种促销方式与“七折”销售相比。

对于这样一种促销行为，10年后的100万元的现值为：

$$P=\frac{F_n}{\left(1+\frac{i_n}{m}\right)^{n\times m}}=\frac{1\ 000\ 000}{\left(1+\frac{12\%}{12}\right)^{10\times 12}}=302\ 995\ \text{元}$$

购房者实际付款为697 005元，相当于房价打7折。但是，对房地产公司来说，这种销售方法又优于“七折”销售，除了可以迎合一部分消费者的心理偏好外，还可以获得流动资金。

第六节　复利计息系数表

一、资金计息方式

通过以上分析我们可以看出，资金的计息方式是多种多样的。在复利计息情况下，可以是间断计息，也可以是连续计息；可以是等额支付，也可以是不等额支付。具体情况见图6－6。

二、非连续复利的复利系数表

非连续复利的复利系数表见表6－2所示。

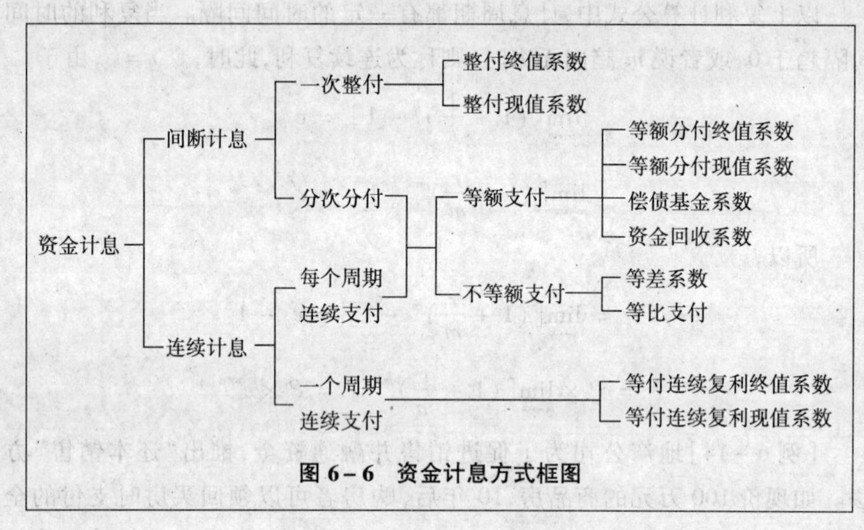

图 6－6　资金计息方式框图

表 6－2　复利系数表（非连续复利）

系数名称	已知	求取	符号	代数公式
一次支付复利终值系数	P	F	$(F/P,i,n)$	$(1+i)^n$
一次支付复利现值系数	F	P	$(P/F,i,n)$	$\frac{1}{(1+i)^n}$
偿债基金系数	F	A	$(A/F,i,n)$	$\frac{i}{(1+i)^n-1}$
资金回收系数	P	A	$(A/P,i,n)$	$\frac{i(1+i)^n}{(1+i)^n-1}$
等额序列复利终值系数	A	F	$(F/A,i,n)$	$\frac{(1+i)^n-1}{i}$
等额序列复利现值系数	A	P	$(P/A,i,n)$	$\frac{(1+i)^n-1}{i(1+i)^n}$

三、连续复利的复利系数表

连续复利的复利系数表见表 6－3 所示。

表 6-3　复利系数表(连续复利)

系数名称	已知	求取	符号	代数公式
一次支付连续复利终值系数	P	F	$(F/P,i,n)$	e^{rn}
一次支付连续复利现值系数	F	P	$(P/F,i,n)$	$\frac{1}{e^{rn}}$
连续复利偿债基金系数	F	A	$(A/F,i,n)$	$\frac{e^{r}-1}{e^{rn}-1}$
等额连续复利资金回收系数	P	A	$(A/P,i,n)$	$\frac{e^{rn}(e^{r}-1)}{e^{rn}-1}$
等额连续复利终值系数	A	F	$(F/A,i,n)$	$\frac{e^{rn}-1}{e^{r}-1}$
等额连续复利现值系数	A	P	$(P/A,i,n)$	$\frac{e^{rn}-1}{e^{rn}(e^{r}-1)}$

第七节　应用举例

[例 6-15]等额还款方式是我国目前居民个人购房偿还抵押贷款的主要形式,其方式为:在一个较长的时间范围内(如 10 年、15 年或者 20 年),每月等额偿还一定的资金,在贷款到期日正好还清所贷款项。现有一人购买 120 平方米商品住宅,单价为 5 000 元/平方米。银行安排七成 15 年按揭,年利率 6.6%。问该人每月还款额是多少?

实际贷款额 = 120 × 5 000 × 70% = 420 000(元),$i = 6.6\%/12 = 0.55\%$,$n = 12 \times 15 = 180$。

$$A = P \times \frac{i(1+i)^n}{(1+i)^n - 1} = 420\ 000 \times \frac{0.55\% \times (1+0.55\%)^{12\times15}}{(1+0.55\%)^{12\times15} - 1}$$

$$= 3\ 681.78(\text{元})$$

[例 6-16]某家庭以 4 000 元/平方米的价格购买了一套建筑面积为 120 平方米的住宅,银行提供了 15 年期的住房抵押贷款,年利率为 6%,抵押贷款价值比率为 70%,采用按月等额还款方式。如该家庭在第六年初一次提前偿还了本金 8 万元,问从第六年起,抵押贷款的月还款额是多少?

已知:$P = 4\ 000 \times 120 \times 70\% = 336\ 000$ 元,$P' = 80\ 000$ 元,$n = 15 \times 12 = 180$ 月,$n' = 10 \times 12 = 120$ 月,$i = 6\%/12 = 0.5\%$。

前 5 年每月还款额为:

$$A = P \times \frac{i(1+i)^n}{(1+i)^n - 1} = 336\ 000 \times \frac{0.5\%(1+0.5\%)^{180}}{(1+0.5\%)^{180} - 1} = 2\ 835.36(\text{元})$$

第六年初一次偿还本金 8 万元后,减少的月还款额为

$$A' = P' \times \frac{i(1+i)^{n'}}{(1+i)^{n'}-1} = 80\ 000 \times \frac{0.5\% \times (1+0.5\%)^{120}}{(1+0.5\%)^{120}-1} = 888.16(\text{元})$$

从第六年起，月还款额为：

2 835.36 − 888.16 = 1 947.20(元)

[例 6 − 17]等本金还款也是一种个人住房抵押贷款的还款方式，最近开始被我国银行采用。其方法是：每月除固定偿还一定的本金外，还需支付尚未偿还本金的利息。某人购买了一套 120 平方米的商品住宅，单价 5 000元/平方米，银行为其提供了 15 年期的住房抵押贷款，年利率为 6.6%，抵押贷款价值比率为 70%，实行每月等本金还款。试求前两个月和最后一个月的还款额。

第一个月：

$$\text{偿还本金} = \frac{120 \times 5\ 000 \times 70\%}{15 \times 12} = 2\ 333.33(\text{元})$$

$$\text{偿还利息} = 420\ 000 \times \frac{6.6\%}{12} = 2\ 310(\text{元})$$

因此，第一月偿还额 = 2 333.33 元 + 2 310 元 = 4 643.33(元)

第二月：

偿还本金 = 2 333.33(元)

偿还利息 = (420 000 − 2 333.33) × 0.55% = 2 297.17(元)

第二月偿还额 = 2 333.33 元 + 2 297.17 元 = 4 630.50(元)

最后一月：

偿还本金 = 2 333.33(元)

偿还利息 = 2 333.33 × 0.55% = 12.83(元)

因此，最后一月的偿还额 = 2 333.33 元 + 12.83 元 = 2 346.16(元)

在抵押贷款分期偿还时，有时需要知道每期偿还额中本金和利息各是多少。如在提前还款或考虑避税时，需要对此加以考虑。在美国，房屋贷款的利息是可以从税基中扣除掉的。

[例 6 − 18]某人向银行贷款 10 万元购买一处住宅，利率 12%，周期为 5 年，每年偿还银行贷款一次，则每年的还款额中本金和利息各是多少？

首先计算出每年的还款金额 $A = P \times (A/P, i, n)$

$= 10 \times (A/P, 12\%, 5)$

$= 27\ 741(\text{元})$

然后计算利息：

第 1 年利息 = 100 000 × 12% = 12 000(元)

则第一年偿还本金 = 27 741 - 12 000 = 15 741(元)

第 2 年偿还利息 = (100 000 - 15 741) × 12% = 10 111(元)

第 2 年偿还本金 = 27 741 - 10 111 = 17 630(元)

第 3 年偿还利息 = (100 000 - 15 741 - 17 630) × 12% = 7 996(元)

第 3 年偿还本金 = 27 741 - 7 996 = 19 745(元)

依此类推,可以得到表 6 - 4。

表 6 - 4　等额付款本金与利息构成表　　单位:元

年	年金	利息	本金	贷款余额
0				100 000
1	27 741	12 000	15 741	84 259
2	27 741	10 111	17 630	66 629
3	27 741	7 996	19 745	46 884
4	27 741	5 626	22 115	24 769
5	27 741	2 972	24 769	0

从表 6 - 4 中可以看出,在等额还款方式下,每期偿还的本金越来越多,每期偿还的利息越来越少。随着时间的推移,本金在每期偿还款中的比例越来越大。

若贷款金额为 P,利率为 i,贷款计息周期为 n,则有以下公式:

第 m 年的本金余额 $R_m = A \times (P/A, i, n - m)$

第 m 年偿还的本金额 $P_m = A \times (P/F, i, n - m + 1)$

第 m 年支付利息额 $I_m = A - P_m$

$$= A - A \times (P/F, i, n - m + 1)$$

$$= A \times [1 - (P/F, i, n - m + 1)]$$

$$= A \times \left[1 - \frac{1}{(1 + i)^{n-m+1}}\right]$$

本章重点回顾

资金的时间价值　　动态分析法　　静态分析法

利息　　利率　　等值

单利　　复利　　现值年金期末年金终值

期末年金现值　　期初年金终值　　期初年金现值

永续年金现值　　资金回收年金　　偿债基金年金

等差梯度　　等比梯度　　名义利率

实际利率　　资金计息方式　　间断计息

连续计息　　等额支付　　不等额支付

DI QI ZHANG 第七章 房地产投资经济评价

房 地 产 投 资 分 析

第一节 房地产投资经济评价概述

一、房地产投资经济评价的内容

投资项目的经济评价就是利用一些特定的经济参数和分析方法，从企业财务和国民经济两方面来考察投资项目在经济上是否可行，预计的经济收益如何，并进行多方案的比较和风险分析的一项工作。投资项目经济评价是可行性研究的重要组成部分和核心内容，也是投资管理中的重要环节。

房地产投资是众多投资形式中的一种，较之其他投资形式，一般回收期较长，收益可观，但风险也大。因此，在进行房地产投资之前，要进行缜密的调查、分析和策划，要对所选定的投资项目进行详细的可行性研究，包括经济评价与风险分析，从而对房地产投资项目作出正确的投资决策。这样，可以避免由于盲目投资而造成的经济损失，使房地产投资建设项目以最少的投入，得到最大的产出，即获得最佳经济效益。

由于投资项目经济评价在经济建设中的重要性已被广泛认识，也得到了广泛的应用，因此，在长期的实践过程中形成了一套规范化的基本程序。虽然目前世界上各大咨询公司在具体做法上不尽相同，但都遵循着一条基本的规律，即分阶段、有步骤、由浅入深地进行研究。通常的做法是把研究工作的全部过程分为四个阶段，即投资的机会研究阶段、初步可行性研究阶段、详细可行性研究阶段和评价决策阶段。

投资项目经济评价的主要手段是以定性分析和定量计算相结合，且以定量计算为主的方法，对拟建项目在技术和经济上进行全面的分析和计算。项目的财务测算和效益分析是投资项目经济评价中最为重要的定量计算部分,也是企业投资决策者十分关注的决策依据。

房地产投资项目经济评价的主要内容包括:

第一,财务分析的静态指标评价。此方法比较简单,容易理解,但没有考虑资金的时间价值。其对投资项目的财务经济效益分析不够全面准确,一般只用于作项目的初步评价或粗略评价。

第二,财务分析的动态指标评价。此方法考虑到了项目的整个寿命期,也考虑到了资金的时间价值,其结果比较全面准确,但计算比较复杂。

第三,项目风险程度的分析。风险是由人们对未来行为的决策和客观条件的不确定性而可能引起的后果与预定目标发生多种负偏离的综合。这种负偏离包括偏离的方向、大小以及偏离的各种程度。风险分析通过全面研究、分析计算,预测这种风险,为投资项目决策提供可靠依据。

第四,项目的国民经济评价,其主要功能是从国家宏观经济的角度分析项目的投资效益。

二、房地产投资经济评价指标体系

从理论和实践上来看,一个理性的投资者必定会要求其作出的投资方案具有一个较理想的回报,并且一般来说,都选择回报率较高的项目作为投资对象。然而,这里所谓的回报率指标并不是唯一的,人们设计了一些经济指标来反映投资项目在经济上的效益或回报。这些经济指标可以划分为静态指标和动态指标,其指标体系如图 7-1 所示。

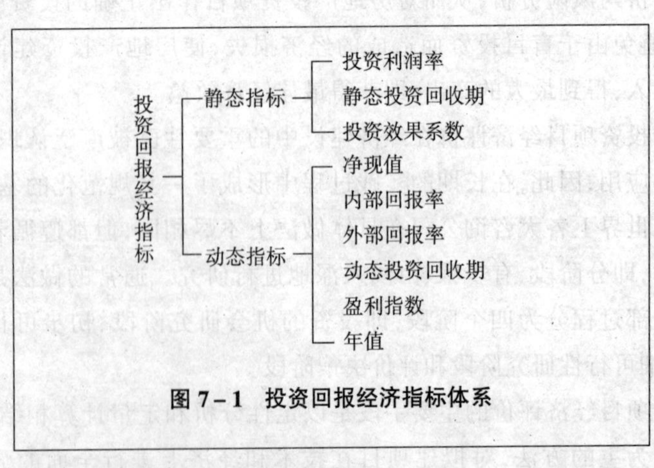

图 7-1 投资回报经济指标体系

所谓静态指标，是指没有考虑货币时间价值的指标。为此，这些指标并不能完全反映经济活动的真实情况，但是，由于其计算简便，经济含义直观，在项目的初步分析中得到广泛的使用。静态指标包括投资利润率、静态投资回收期和投资效果系数。

动态指标考虑了资金的时间价值，能够更科学、更全面地反映投资项目的经济活动状况，因此在房地产投资分析中，其应用较为普遍。并且，在进行项目评价时，一般都是以动态指标为主，静态指标为辅。常用的动态指标包括动态投资回收期、净现值 *NPV*、盈利指数 *PI*、年值 *AE* 和内部回报率 *IRR* 等。

在讨论之前，将本章常用字符的含义定义如下：

F_t：各年的净现金流量；

P：期初投资款；

i_0：基准回报率；

NPV：净现值；

IRR：内部回报率。

第二节 房地产投资静态分析

静态指标值是指投资项目在不考虑时间因素，即不考虑资金时间价值的情况下来考察项目盈利能力的一种指标值。在建设工期短的小型项目投资分析中，静态指标值有一定的应用价值。对大中型投资项目，在投资机会研究或初步可行性分析阶段，它也有着广泛的应用。常见的静态分析指标值主要有投资利润率、投资利税率和静态投资回收期。

一、投资利润率

投资利润率又称投资收益率，是指房地产投资项目开发建设完成后正常年度的年利润总额（或预计回收期内的平均年利润额）与项目总投资额的比率。其计算公式为：

$$投资利润率 = \frac{年利润总额或平均年利润额}{项目总投资额} \times 100\%$$

式中：项目总投资额是包括贷款利息的总投资；年利润额是房地产开发商品的年销售收入，如商品房销售收入、土地使用权的转让收入等。按照收益计算内容的不同,实际工作中将投资利润率分为税前投资利润率和税后投资利润率两类。

将所得的项目投资利润率与一个事先确定的可以接受的投资利润率标准(基准投资利润率)相比较,便可判定该项目的投资经济效益。如果预期的投资利润率高于或等于基准投资利润率,说明该项目投资经济效益高于或相当于本行业的平均水平,可考虑接受;若预期的投资利润率小于基准投资利润率,则该项目经济效益尚未达到平均水平,一般不予接受,或要对该项目的投资计划与开发方案重新制订。当采用投资利润率对两个或两个以上的方案进行比较时,一般先与基准投资利润率相比较,排除小于基准投资利润率的方案,再选择投资利润率最大的方案为优选方案。

投资利润率这个指标值越大,说明该项目的投资效益越好。如房地产投资项目可行,其投资利润率应高于行业平均利润率水平。

投资利润率指标值的优点是计算简单、直观,易于理解;缺点在于正常年度利润额的选择有困难,因为房地产投资项目的销售收入是根据房地产市场行情,以及推销能力和预售情况等来反映每年的销售收入业绩的,很难确定其正常年份的利润额,所以按预计回收期内全部售完的几年内的平均值为年利润总额来计算投资利润较为合理。

投资利润率指标一般适用于投资额小、比较简单的项目的财务评价,对于各年收益不同的两个方案进行比较并作方案选择时,是不适合的。

二、投资利税率

投资利税率是指房地产投资项目开发建设完成以后正常年度的年利税总额(或预计回收期内或全部售完的几年内的年均利税)与项目总投资的比率。其计算公式为:

$$\text{投资利税率} = \frac{\text{正常年利税总额或平均年利税额}}{\text{项目总投资额}} \times 100\%$$

投资利税率指标值越大,说明项目或方案的获利能力越大,为国家所作的贡献越大。

三、静态投资回收期

静态投资回收期是指以项目的净收益来抵偿全部投资(包括固定资产

投资和流动资金)所需要的时间,它是反映房地产投资项目在静态情景下回收投入资金能力的一个主要静态指标值。当房地产开发的商品供出租经营时,静态投资回收期对于评价项目投资的经济效益有较大的实用价值。其原理为:

当 $\sum_{t=0}^{n} F_t = 0$ 时

项目投入资金正好与项目的赢利达到平衡,即收回了全部投资。式中:F_t 为各年的净现金流量;n 为静态投资回收期。

静态投资回收期可直接利用全部投资现金流量表的累计净现金流量计算求得,当累计净现金流量等于零或出现正值的年份,即为项目静态投资回收期的最终年份。考虑到项目经营收入的均衡性问题,实际的投资回收期有两种计算方法。

(一)按平均收益额计算静态投资回收期

当项目投入经营后,每年的收益额大致持平、比较均匀时,可用项目的年平均收益额作为计算投资回收期的依据。

$$投资回收期 = \frac{项目总投资}{项目年平均收益额}$$

式中的项目投资额一般也应考虑投资贷款利息。项目的年平均收益额是由项目的年平均营业收入(租金收入)扣除年平均经营成本(不含折旧)及各种税金后的余额。

这里之所以要从年平均经营成本中扣除固定资产折旧费,是因为折旧费的提取,本身就是用于回收投资的,当计算投资回收期时,为避免重复计算,应将折旧费从经营成本中扣除。

(二)按累计收益额计算静态投资回收期

对于年收益额不太均衡、相差较大的项目,可用累计收益额来计算项目的投资回收期,即以项目净现金收入累计值等于项目总投资所需要的时间为投资回收期。其计算公式如下:

$$项目投资总额 = \sum_{t=0}^{n} F_t$$

式中:F_t——第 t 年的净现金流量;

n——静态投资回收期。

与投资收益率法一样,采用投资回收期法进行项目的经济效益评定时,需要先拟订一个作为评价尺度的基准投资回收期。这个基准投资回收期反映了同类项目在当时条件下的平均水平。如果该项目的投资回收期小于或等于这个基准投资回收期,则该项目或该项目的投资方案是可取的;否则,便是不可取的。在进行多方案评价优选时,如单从经济效益考虑,则应选择回收期尽可能短的方案。

静态投资回收期的着眼点是项目的清偿能力。实际上,用静态投资回收期来评价项目,是以投资支出的回收快慢作为决策依据的。用静态投资回收期来评价房地产开发项目的经济情况,其优点是简明、直观、易算,也便于投资者粗略地衡量投资回收的风险。但是这种方法的缺点在于没有考虑回收资金以后的情况,没有考虑资金的时间价值因素,因而这一指标值无法全面反映房地产开发经营项目在整个经营过程中或在整个寿命期内的真实资金流量的时效性。所以,这一指标值常用于对项目建设的投资回收的粗略评价。要对项目投资回收情况及资金回收时效性进行全面、仔细、准确地评价,就必须将动态投资回收期指标和其他指标一起使用。

第三节　房地产投资动态分析

一、房地产投资动态分析指标

(一)净现值(*NPV*)

所谓净现值,就是将投资期内不同时间所发生的净现金流量(现金流入与现金流出之差),以一定的贴现率贴现到投资期初,并将各期的净现金流量现值相加,所得之和即为净现值。也就是说,用一定的贴现率将投资期内的净现金流量贴现为现值,并取其总和,称为净现值。

这里所选用的贴现率一般为基准回报率。基准回报率是基本建设投资管理部门为筛选建设项目,从拟建项目对国民经济的净贡献方面,统一制定的最低回报率判别标准,按照行业制定的基准回报率叫做行业基准回报率。

由此看来,基准回报率或行业基准回报率好比是一个门槛,只有那些收益比基准回报率高的投资项目才能成为投资决策备选方案。

基准回报率可由下式表示:

$$i_0 = i + (r - i)\beta$$

式中：i ——无风险利率；

r——资金市场平均收益率；

β——风险系数。

从上式我们可看出，基准回报率可分为两部分：一是无风险利率 i，它是对货币的时间报酬。其含义是，投资者现在不消费而到以后消费，应该要有报酬。二是风险报酬 $(r-i)\beta$。风险报酬对投资者来说是必要的，因为投资总是要有风险报酬的，否则人们就会将钱存入银行。

一般来说，投资回报率都大于基准回报率 i_0。

净现值 NPV 的计算公式如下：

$$NPV = \sum_{t=1}^{n} F_t(P/F, i_0, t) - P$$

如果将 P 看做投资方案 0 年度的净现金流量 F_0，那么上式可以写成：

$$NPV = \sum_{t=0}^{n} F_t(P/F, i_0, t) = \sum_{t=0}^{n} \frac{F_t}{(1+i_0)^t}$$

从上式可以看出，净现值就是投资期内逐年净现金流量现值的代数和。

净现值大于零，即 $NPV>0$，表示投资项目的资金产出大于项目的资金投入。或者说，该投资项目可实现的投资收益率，会超过用作贴现率的最低投资期望收益率。据此，可以判断该投资项目可以盈利。

净现值小于零，即 $NVP<0$，表示投资项目的资金产出小于项目的资金投入。或者说，该投资项目可实现的投资收益率，低于用作贴现率的最低投资期望收益率。据此，可以判断该投资项目是亏本的。

净现值等于零，即 $NPV=0$，表示投资项目资金的产出等于项目资金的投入，或者说，该投资项目可以实现的投资收益率正好等于用作贴现率的最低投资期望收益率。据此，可以判断该投资项目不赔不赚。

［**例** 7－1］有一项投资，投资者投资 1 000 000 元购买一栋住宅用于出租，共租出 10 年。租约规定每年年初收租，第一年租金为 100 000 元，每两年租金增加 10%，在租约期满后，将物业售出，得到收益900 000元，贴现率为 12%，运用 NPV 方法来判断该方案是否赢利，见表 7－1。

表7-1　净现值法算例

年期	投资额	租金收入	贴现率(12%)	贴现后租金收入
1	-1 000 000	100 000	1	100 000
2		100 000	0.892 9	89 286
3		110 000	0.797 2	87 691
4		110 000	0.711 8	78 296
5		121 000	0.635 5	76 898
6		121 000	0.567 4	68 659
7		133 100	0.506 6	67 433
8		133 100	0.452 3	60 208
9		146 410	0.403 9	59 133
10		146 410	0.360 6	52 797
10年末售出		900 000	0.322 0	289 776

所以,净现值 NPV = 售楼收益 + 租金总收入 - 投资额

= 289 776 + 740 401 - 1 000 000

= 30 177

由于 $NPV>0$,因此该投资方案可以赢利。

净现值指标是投资分析与评价中最常用的指标之一,在房地产投资分析中也得到广泛应用。它的优点在于考虑了项目投资期内各笔资金的时间价值,对投资项目的净利润有明确反映,净现值越大,项目净利润越高,经济效益越好。

然而,净现值的局限性也是明显的,主要表现在以下两方面:

1. 贴现率不易确定。净现值计算少不了贴现率,那么贴现率取多大才适宜呢?这是一个难以给出准确答案的问题,贴现率取值的准确与否,对净现值指标的影响很大,尤其对长期经营项目和后期资金流量较大的项目更为明显。一般来说,贴现率的大小选择要考虑银行存款利率高低、项目经营风险程度、通货膨胀率等因素。

2. *NPV* 是一个绝对指标,没有反映出投资的单位回报,而反映投资单位回报的动态经济指标,常用的是 *IRR*。

(二)内部回报率(*IRR*)

在项目投资过程中,使现金流入现值的总和等于现金流出现值的总和的贴现率,称之为内部回报率。也就是说,内部回报率是指项目在投资期

内资金净现值等于零时的贴现率。其表达式为：

$$NPV = \sum_{t=0}^{n} \frac{F_t}{(1+i)^t} = 0$$

式中，i 称为内部回报率，通常记为 IRR。

内部回报率，表示项目在投资期投入资本在项目中的盈利能力。也可以说，它反映了单位货币投资成本平均每年从项目中获得的现金净收益。

从 IRR 的定义可以看出，投资者至少要获得比 IRR 更高的回报率才会有利润，假如低于 IRR，则表示投资者不仅不能获得任何利润，而且还会赔本。

内部回报率 IRR 一般很难直接求解出来，通常采用线性内插法来求解。

假设有两个非常接近的贴现率 i_1 和 i_2（一般来说，$|i_1 - i_2| < 3\%$），并且满足下列不等式：

$$NPV(i_1) > 0$$

$$NPV(i_2) < 0$$

$$i_2 > i_1$$

则

$$IRR = i_1 + \frac{NPV(i_1)}{NPV(i_1) - NPV(i_2)} \times (i_2 - i_1)$$

［例 7－2］在表 7－1 中，当贴现率取 12% 时，$NPV = 30\ 177 > 0$。再假设贴现率为 13%，计算 NPV，进而求取 IRR。见表 7－2。

表 7－2　IRR 的计算表

年期	投资额	租金收入	折算率（13%）	贴现后租金收入
1	－1 000 000	100 000	1	100 000
2		100 000	0.885 0	88 496
3		110 000	0.783 1	86 146
4		110 000	0.693 1	76 236
5		121 000	0.613 3	74 212
6		121 000	0.542 8	65 674
7		133 100	0.480 3	63 931
8		133 100	0.452 3	56 576
9		146 410	0.376 2	55 074
10		146 410	0.332 9	48 738
10 年末售出		900 000	0.294 6	265 130

所以，净现值 NPV ＝售楼收益＋租金总收入－投资额

$$=265\ 130+715\ 083-1\ 000\ 000$$

$$=-19\ 787$$

$$IRR=12\%+\frac{30\ 177}{30\ 177+19\ 787}\times(13\%-12\%)=12.6\%$$

这表示,投资者要获得利润,回报率必须高于12.6%。

计算 *IRR*,无需事先假定贴现率,可以直接计算出项目盈亏平衡时的贴现率,减少了人为主观性,因而内部回报率 *IRR* 是最常用的动态指标。但其要比计算净现值等复杂得多,尤其是 i_1 或 i_2 的初始值选取,i_1 与 i_2 之间的间隔长度等问题。然而,随着计算机技术的应用和日益普及,这些问题已经不再是什么难题,通过反复迭代,步长可以取0.01,甚至更小。

IRR 是投资项目净现值 *NPV* 等于零时的贴现率,也就是说,它是投资项目在不亏不盈情况下的贴现率。如果一个项目的贴现率高于内部回报率 *IRR*,项目的净现值小于零,说明投资项目将亏损。如果贷款利率大于内部回报率 *IRR*,则项目的净现值将小于零,出现亏损。因此,内部回报率 *IRR* 是投资项目所能承担的最高贷款利率。只有当贷款利率低于内部回报率 *IRR* 时,投资项目才有可能盈利。因此,投资项目的内部回报率越高,其所能承受的贷款利率就越高,投资风险就越小。

IRR 的作用有如下几点:

1. 内部回报率可以指出投资者能够承受的贷款利率上限。

2. 与基准收益率比较,能够评判独立项目的取舍。

3. 能够比较互斥项目单位投资回报的优劣。

(三)动态投资回收期(*N*)

动态投资回收期是指在考虑了资金的时间价值的基础上,以投资项目所得到的净现金流量现值抵偿项目初始投资的现值所需要的时间。设动态投资回收期为 *N*,则其计算公式如下:

$$\sum_{t=1}^{n}F_t(P/F,i_0,t)\le P$$

$$\sum_{t=1}^{n+1}F_t(P/F,i_0,t)>P$$

$$N=n+\frac{P-\sum_{t=1}^{n}F_t(P/F,i_0,t)}{F_{n+1}(P/F,i_0,n+1)}$$

或者

$$\sum_{t=1}^{n} F_t(P/F, i_0, t) \leqslant P$$

$$\sum_{t=1}^{n+1} F_t(P/F, i_0, t) > P$$

$$N = n + 1 - \frac{\sum_{t=1}^{n+1} F_t(P/F, i_0, t) - P}{F_{n+1}(P/F, i_0, n+1)}$$

式中：F_t——各年现金流量；

P——期初投资额；

n——投资期；

N——动态投资回收期。

[**例** 7-3]有一个房地产投资项目，期初投入750万元，各年现金流量见表7-3，贴现率为10%。动态回收期的计算情况见表7-3。

表7-3 动态投资回收期的计算

年份	净现金流量 F	$\sum F$	净现值 NPV	$\sum NPV$
0	-750	-750	-750	-750
1	124	-626	113	-637
2	129	-497	107	-530
3	130	-367	98	-432
4	134	-233	92	-340
5	138	-95	86	-254
6	159	64	90	-164
7	159	223	82	-82
8	159	382	74	-8
9	159	541	67	59
10	259	800	100	159

通过表7-3的计算可以得到：

动态投资回收期 $N = 8 + 8/67 = 8.12$（年）

或者 $N = 9 - 59/67 = 8.12$（年）

投资回收期这一指标特别适用于风险较大的投资项目。一般来说，预先有确定的标准投资回收期，用计算出来的投资回收期和标准投资回收期进行比较，如果某方案的投资回收期小于标准投资回收期，则该方案可以考虑接受,反之则不可取。

利用动态回收期这一经济指标时,有以下几点结论:

1. 动态投资回收期的长短,受到所选用的贴现率大小的影响。因为,在动态投资回收期计算过程中的资金现值与所采用的贴现率有关。

2. 在静态投资回收期的基础上,引入资金贴现概念,完善了投资回收期的概念,即不仅要回收资本的投入量,还应该按期望的投资回报率回收投入资本所应得到的货币时间价值。贴现率越大,则净现值越小,因而投资回收期就越长;反之,则越短。

投资回收期这一经济指标在进行投资评价时,具有明显的局限性。这一指标只强调投入资本的回收快慢,而忽视了投入资本的盈利能力,更没有考虑投资回收以后的收益情况。因此,一般来说,不宜以投资回收期来作为评价投资方案的主要指标,而只能作为辅助指标。

对于投资回报,本文着重探讨的是所投入单位资金与产生经济效益的关系,而投资回收期这一经济指标并不能较完整地反映这一关系,因而本文不对其进一步展开讨论。

(四)净现值率(NPVR)和盈利指数(PI)

一般来说,如果考虑初始投资资金的影响,仅以净现值为依据,则不足以判定净现值较大的项目其投资效益较高。为了进行互斥项目的比较,应知道产生这些数值大于零的净现值所对应的初始投资额。所谓净现值率,是净现值和初始投资(P)的比率,即:

$$NPVR = \frac{\sum_{t=0}^{n} F_t(P/F, i_0, t)}{P} = \frac{1}{P}\sum_{t=0}^{n} \frac{F_t}{(1+i_0)^t}$$

盈利指数 PI 是单位投资带来的收益现值,其表达公式为:

$$PI = \frac{\sum_{t=1}^{n} F_t(P/F, i_0, t)}{P} = \frac{\sum_{t=0}^{n} F_t(P/F, i_0, t) + P}{P} = \frac{NPV}{P} + 1$$

一般来说,PI 的值越大越好,如果 $PI \geqslant 1$,则投资方案可以接受;如果 $PI < 1$,则该投资方案需舍弃。

[例 7-4]有 A,B,C 三个投资项目,如表 7-4 所示。

如果以净现值作为评判标准,则应该选择方案 B,其净现值为 276.4,但其初始投资也最大,为2 000,因此,难以说方案 B 为三者中最佳者。然而，若用净现值率作为标准，只有项目单位初始投资对应的净现值最大者，该项目才称得上最佳。很显然，应该选择方案 A，因为此方案的净现值率为 24.3%，在三个方案中最大。

表 7－4　净现值率计算

n	A	B	C	折算系数(10%)
0	-1 000	-2 000	-1 500	1
1	500	0	600	0.909 1
2	500	1 300	0	0.826 4
3	500	1 600	1 500	0.751 3
NPV(10%)	243.4	276.4	172.4	
$NPVR$(10%)	24.3%	13.8%	11.5%	
PI	124.3%	113.8%	111.5%	

上述现象是：在互斥方案的选择中，净现值 NPV 与净现值率 $NPVR$ 表现出不一致性，即两种方法的评价结果不一样。

然而，在独立方案的选择中，如果 $NPV \geqslant 0$，则 $PI \geqslant 1$；如果 $NPV < 0$，则 $PI < 1$。因此，在评判任一独立方案的取舍时，这两个方法总是一致的。

二、对 *NPV* 和 *IRR* 的深入分析

（一）*NPV* 的函数性质和应用

内部回报率 IRR 是 $NPV(i)=0$ 时的贴现率，因此，探讨 $NPV(i)$ 的函数性质，对于分析内部回报率 IRR 是必要的。

$$NPV(i) = \sum_{t=1}^{n} \frac{F_t}{(1+i)^t} - P$$

对 $NPV(i)$ 求一阶导数：

$$NPV(i) = -\sum_{t=1}^{n} \frac{t \times F_t}{(1+i)^{t+1}}$$

下面分两种情况进行讨论：

1. F_t 总是大于零

若 $F_t > 0\ (t=1,2,\cdots,n)$，则表示期初投资 P 以后各期均产出正现金流量，其现金流量图如图7－2所示。

因为 $F_t > 0$

所以

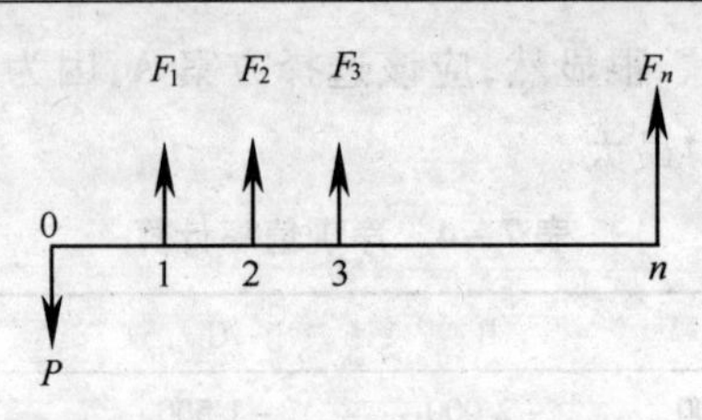

图 7-2　第 1 至第 n 期现金流量图

$$NPV'(i) = -\sum_{t=1}^{n} \frac{t \times F_t}{(1+i)^{t+1}} < 0$$

因此，$NPV(i)$ 函数是单调减函数，随着 i 的增大，NPV 减小，其值由正值逐渐变为负值。

下面来讨论 $NPV(i)$ 函数的凸凹性，对 $NPV(i)$ 求二阶导数，得到：

$$NPV''(i) = \sum_{t=1}^{n} \frac{t(t+1) \times F_t}{(1+i)^{t+2}}$$

因为 $F_t > 0$，所以 $NPV''(i) > 0$

因此，当 $F_t > 0$ 时，净现值函数是上凹的，其函数图像如图 7-3 所示。

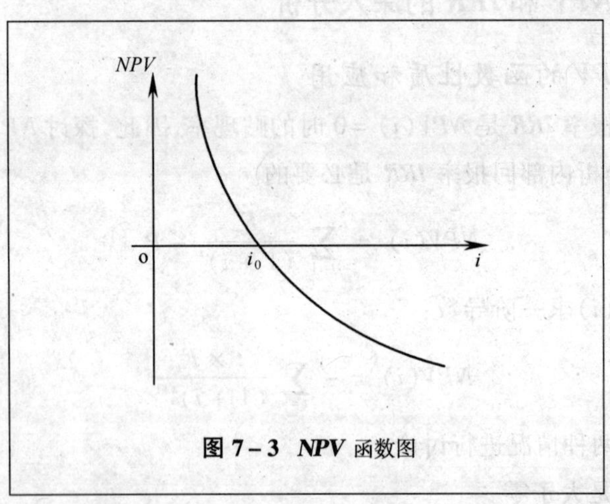

图 7-3　NPV 函数图

下面再来分析利用线性内插法求 IRR 的准确性，见图 7-4。

因为 $NPV(i)$ 函数是单调下降的，因此可以在 i_0 附近找两个非常接近的点 (i_1, NPV_1) 和 (i_2, NPV_2)，以直线段近似地代替弧线。

又因为净现值 $NPV(i)$ 函数是上凹的，因此，i' 总是较内部回报 i_0 来得

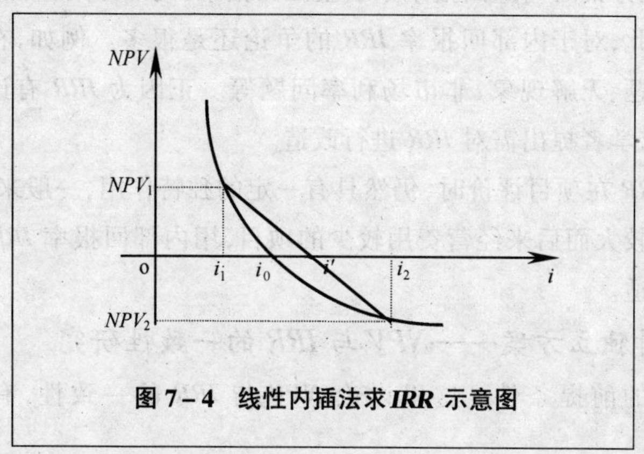

图 7-4 线性内插法求 ***IRR*** 示意图

稍大一些。

2. F_t 的正负号不确定

如果 F_t 的正负号不定,有时大于零,有时小于零,那么,就表示除了初始投资外,在投资途中仍然有负现金流量,在这种情况下,$NPV(i)$ 的一阶导数和二阶导数的正负就不固定,并不是恒大于零或恒小于零,那么,净现值函数 $NPV(i)$ 就有可能如图 7-5 所示。

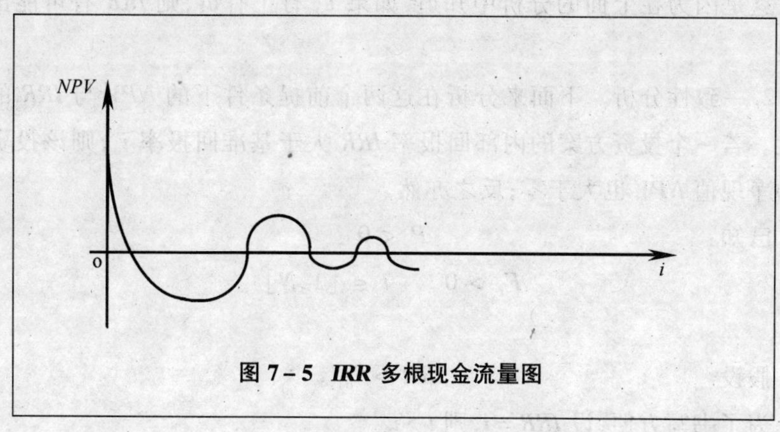

图 7-5 ***IRR*** 多根现金流量图

在这种情况下,净现值函数曲线并不完全是单调下降或单调上升,这样,*IRR* 就容易产生多根现象。

(二)*IRR* 的性质和应用

由于 *IRR* 实际上就是投资项目所获得的回报率,因此,一般来说,它越大越好,如果某方案内部回报率大于基准回报率,则说明该方案可以考虑

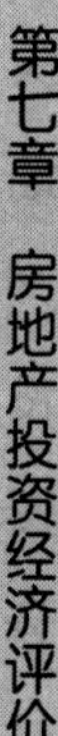

接受;如果某方案的内部回报率小于基准回报率,则该方案应舍弃。

尽管如此,对于内部回报率 IRR 的争论还是很多。例如,在下面将提及的多根问题、无解现象、非市场利率问题等。正因为 IRR 有诸多的局限性,有些专家学者提出需对 IRR 进行改造。

然而,IRR 在项目评价时,仍然具有一定的独特作用,一般来说,对于那些初始投资较大而后来经营费用较少的项目,用内部回报率 IRR 作为评价指标较为合适。

(三)对独立方案——NPV 与 IRR 的一致性研究

1. 讨论的前提条件。这里讨论 NPV 与 IRR 的一致性,有两个前提条件:

(1)对投资方案的类型限制。这主要是说讨论的对象是独立方案。所谓独立方案,是指所评价的投资方案是相互独立的,不作相互间比较,并且对于一个方案所作出的取舍评价结果不影响对另一个方案的评价。

(2)对现金流量的限制。这里讨论的现金流量具有如下特征:

$$P < 0$$

$$F_t > 0 \quad t \text{ 为投资年期内的某一年,即 } t \in [1, N]$$

这是因为在上面的分析中知道,如果 F_t 有正有负,则 IRR 有可能出现多根。

2. 一致性分析。下面来分析在这两个前提条件下的 NPV 与 IRR 的一致性。若一个投资方案的内部回报率 IRR 大于基准回报率 i_0,则该投资方案的净现值 NPV 也大于零;反之亦然。

已知:

$$P < 0$$

$$F_t > 0 \qquad t \in [1, N]$$

假设 $IRR > i_0$

为了书写方便,设 $IRR = i$,则 $i > i_0$

那么:

$$\sum_{t=1}^{N} F_t(P/F, i, t) = P \quad ①$$

$$NPV(i_0) = \sum_{t=1}^{N} F_t(P/F, i_0, t) - P \quad ②$$

将①代入②得:

$$NPV(i_0) = \sum_{t=1}^{N} \frac{F_t}{(1+i_0)^t(1+i)^t}[(1+i)^t - (1+i_0)^t]$$

因为：$i > i_0$

所以显然：$NPV(i_0) > 0$

反之，若 $i < i_0$，同样可以证明得到：$NPV(i_0) < 0$

因此，在对独立方案进行取舍时，采用净现值 *NPV* 指标和采用内部回报率 *IRR* 指标所得到的结果是一致的。

这个结论，从净现值 *NPV* 函数曲线上也可以直观地看出，由上节讨论知道，*NPV* 函数是单调下降且上凹的，见图 7－6。

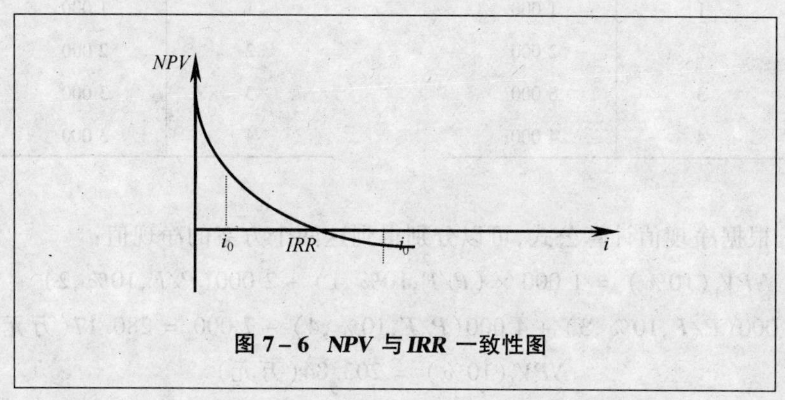

图 7－6 *NPV* 与 *IRR* 一致性图

若基准回报率 i_0 在 *IRR* 的左侧，即 $i_0 < IRR$，按照内部回报率的评判标准，此方案可以接受；此时，按 i_0 贴现的净现值 *NPV* 也一定大于零，按照净现值的评判标准，此方案也可以接受。

若基准回报率 i_0 在 *IRR* 的右侧，即 $i_0 > IRR$，按照内部回报率的评判标准，此方案须舍弃；此时，按 i_0 贴现的净现值 *NPV* 也一定小于零，按照净现值的评判标准，此方案须舍弃。

（四）对互斥方案——*NPV* 与 *IRR* 的不一致性研究

1. 前提条件。在这一部分的讨论中，假设的两个前提条件是：

（1）对投资方案的类型限制——讨论的对象是互斥方案。所谓互斥方案，是指在众多评价方案中，只挑选出一个最佳方案，即一个方案的接受，意味着对其他方案的舍弃。也可以这么说，独立方案的取舍是方案的自身比较，而互斥方案的取舍，是投资方案之间的相互比较。

（2）对现金流量的限制

$$P < 0$$
$$F_t > 0, t \in [1, N]$$

2. 不一致性的例子。所谓不一致性，也就是当 $i_1 > i_2$ 时，不总是有 $NPV_1(i_0) > NPV_2(i_0)$。

[例 7-5] 有两个互斥的投资方案，其基准回报率为 10%，现金流量如表7-5、表7-6所示：

表 7-5　A 方案现金流量

n	现金流量
0	-7 000
1	1 000
2	2 000
3	6 000
4	4 000

表 7-6　B 方案现金流量

n	现金流量
0	-4 000
1	1 000
2	2 000
3	3 000
4	3 000

根据净现值计算公式，可以分别得到这两个方案的净现值：

$$NPV_1(10\%) = 1\,000 \times (P/F, 10\%, 1) + 2\,000(P/F, 10\%, 2) + 6\,000(P/F, 10\%, 3) + 4\,000(P/F, 10\%, 4) - 7\,000 = 280.17(\text{万元})$$

$$NPV_2(10\%) = 203.84(\text{万元})$$

于是根据净现值标准，第一方案为优。

如果根据内部回报率指标，则分别得到这两个方案的内部回报率：

$$1\,000(P/F, i_1, 1) + 2\,000(P/F, i_1, 2) + 6\,000(P/F, i_1, 3) + 4\,000(P/F, i_1, 4) = 7\,000$$

$$i_1 = 23.7\%$$

$$1\,000(P/F, i_2, 1) + 1\,000(P/F, i_2, 2) + 3\,000(P/F, i_2, 3) + 3\,000(P/F, i_2, 4) = 4\,000$$

$$i_2 = 27.3\%$$

于是根据内部回报率指标，由于 $i_1 < i_2$，故第二方案为优。

两个方案计算结果如下：

	A	B	优劣比较
IRR	23.7%	27.3%	B 优于 A
NPV	280.17	203.84	A 优于 B

很显然，当 $IRR_B > IRR_A$ 时，$NPV_B < NPV_A$。

由此可以看出，净现值评判结果与内部回报率 *IRR* 评判结果发生不一致现象。

3. 从 *NPV* 函数图形分析。事实上，这个问题可以直接从净现值函数 $NPV(i)$ 图形上看出。假设两个经济上均合理的方案的 $NPV_1(i)$ 和 $NPV_2(i)$ 曲线均如图 7－7 所示。甲图是这两个方案的净现值函数曲线在第一象限不相交的情况，如图有 $i_2 > i_1$；同时由于这两个方案在经济上均合理，故基准回报率 i_0 只能在 $(0, i_1)$ 选值，而对于 $i_0 \in (0, i_1)$，始终有 $NPV_2(i_0) > NPV_1(i_0) > 0$，因此，在两个方案的净现值函数曲线不相交的情况下，这两个指标是一致的。

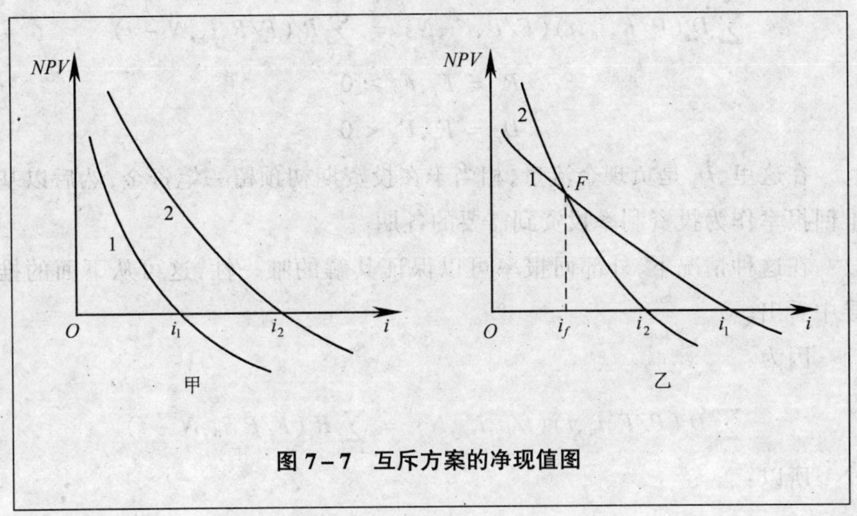

图 7－7　互斥方案的净现值图

在乙图中，这两个方案的净现值函数曲线相交于点 *F*，这时就会出现如上例中的不一致现象。因为从图中可以看出 $i_1 > i_2$，则按照内部回报率标准判断，方案 1 优于方案 2；但如按照净现值标准，则难以判断，应该分不同情况来讨论。如果基准回报率 i_0 在 *F* 点左边取值，即 $i_0 \in (0, i_f)$，这时 $NPV_2(i_0) > NPV_1(i_0)$，方案 2 优于方案 1；如果 $i_0 > i_f$，则方案 2 劣于方案 1，因为此时 $NPV_2(i_0) < NPV_1(i_0)$。

由此可以给出结论，当两个方案的净现值函数曲线相交时，*NPV* 与 *IRR* 这两个经济指标所评价出的结果是有可能不一致的。

三、外部回报率

一般来说，项目所产生的现金流量不可能被闲置起来，而是被再次投放到其他投资活动中。例如，投资购置楼宇大厦后出租，每年的租金可以用来购买股票和债券或存款贷款而收取利息等，这种由再投资而引起的利息率称为再投资利率。

NPV 和 *IRR* 之所以出现不一致情况，是因为它们的再投资利率不一样。净现值指标隐含着一个假定，即各年回收的收入以基准回报率 i_0 为利率进行再投资；而内部回报率则隐含着以内部回报率进行再投资的假定；当基准回报率和内部回报率不等时，它们就可能会出现矛盾。

如果让各年的净现金流量以基准回报率作为再投资利率来进行投资，这样得到的投资回报率称做外部回报率，其计算公式为：

$$\sum_{t=0}^{N} D_t(P/F,i_0,t)(F/P,i^*,N) = \sum_{t=0}^{N} R_t(F/P,i_0,N-t)$$

$$R_t = F_t, F_t \geqslant 0$$

$$D_t = F_t, F_t < 0$$

在这里，D_t 是负现金流量，相当于在投资期初预留一笔资金，然后以基准回报率作为投资利率投资到需要的各期。

在这种情况下，外部回报率可以保证其解的唯一性，这可从下面的推导中看出。

因为：

$$\sum_{t=0}^{N} D_t(P/F,i_0,t)(f/p,i^*,N) = \sum_{t=1}^{N} R_t(F/P,i_0,N-t)$$

所以：

$$\sum_{t=0}^{N} \frac{D_t}{(1+i_0)^t} \times (1+i^*)^N = \sum_{t=1}^{N} R_t(1+i_0)^{N-t}$$

$$(1+i^*)^N = \frac{\sum_{t=1}^{N} R_t(1+i_0)^{N-t}}{\sum_{t=0}^{N} D_t/(1+i_0)^t}$$

$$i^* = \sqrt[N]{\frac{\sum_{t=1}^{N} R_t(1+i_0)^{N-t}}{\sum_{t=0}^{N} \frac{D_t}{(1+i_0)^t}}} - 1$$

从这里可以看出，外部回报率 i^* 的解是唯一的，因而其经济含义是明确的，外部回报率是以基准回报率作为再投资利率所得到的投资回报率。

由外部回报率的概念可以看到，各年净现金流量的再投资利率是可以不一样的，再投资利率可以是内部回报率，也可以是基准回报率。

由此可见,再投资利率在计算投资回报过程中是十分重要的。

本章重点回顾

房地产投资经济评价	投资机会研究	初步可行性研究
详细可行性研究	静态指标	动态指标
投资利润率	静态投资回收期	投资效果系数
动态投资回收期	净现值	盈利指数
年值	内部回报率	投资利税率
静态投资回收期	动态投资回收期	净现值率
外部回报率		

DI BA ZHANG 第八章 房地产投资不确定性分析

第一节 不确定性分析概述

一、不确定性分析的含义与方法

房地产投资是一个获利于未来的投资，因此在房地产投资项目的经济评价中，分析人员所运用的大量技术和经济数据中，有很大一部分是对未来情况的预测和估算。由于未来的不确定性和人们主观判断的差异性，无法准确地预测各种数据的未来值，难以精确地控制其变动。因此，根据这些数据计算出来的经济评价指标不可避免地存在一定的不确定性，从而给投资项目带来风险。

房地产投资不确定性分析，是以合理、有效地识别和规避风险为主要目标的一种分析方法。它通过计算和分析各种不确定性因素的变动对投资项目经济效果的影响程度，分析可能出现的风险，进而确认投资项目在财务、经济上的可行性。由于投资项目本身存在不确定性，因此在对项目进行财务分析时，应该考虑各种变动因素对评价指标的影响。

房地产投资不确定性分析的方法主要有三种：盈亏平衡分析、敏感性分析和概率分析。

二、不确定性分析的作用

房地产投资项目不确定性分析，是房地产项目投资决策的重要依据，对房地产项目投资决策的成败具有重要影响。

首先，不确定性分析可以为投资者的正确决策提供参考依据。通过对投资项目进行不确定性分析，可以预测不确定因素在什么范围内变动，将对项目的经济效果产生何种影响，程度如何。在综合分析的基础上，投资决策人员可以据此进行比较研究、作出判断或者提出具体的修改意见，为投资决策提供一定的参考依据。

其次，不确定性分析可以预测项目的抗风险能力，减少投资失误。通过不确定性分析，可以预测项目对不确定性因素的变化（例如，成本、售价的变动）的抗冲击能力，从而看出项目的敏感性和稳定性。同时，通过不确定性分析可以确认不同影响因素对项目经济效果的影响程度，找出敏感性因素并加以控制，从而在一定程度上化解项目的投资风险。

再次，不确定性分析考虑了投资者的心理、偏好及对市场的预期，使分析结果更符合投资主体的实际情况。房地产投资分析最终是为投资决策主体服务的。不同的投资决策主体对市场的预期不同，对各种因素的控制能力不同。不确定性分析在一定程度上考虑了投资决策主体的实际情况，使得分析结果对投资决策主体更为实用。

三、不确定性因素

房地产投资的周期一般都较长，在这一过程中，很难在项目开始阶段就对整个房地产投资项目运作过程中的有关费用和后期的收益情况作出准确的估计。项目经济评价中所涉及的许多参数，如租售价格、建安成本等，在项目进行过程中往往会因外部环境或内部管理而发生变动，从而影响项目的投资效果。通常，这些可变因素称为房地产投资项目中的不确定因素，主要包括租售价格、出租率、空置率、开发周期、建安成本、利率等。房地产投资分析有必要对这些因素的变化对投资评价结果产生的影响进行分析，从而为房地产投资决策提供科学的、更加符合实际情况的参考依据。

（一）租售价格及租售率

租金收入或者销售收入构成了房地产投资项目的主要现金流入，也是其利润的主要来源，因此，租金或者售价的变动对房地产投资项目收益的影响是显而易见的。房地产市场是处于不断变化当中的，同类物业在市场上供求关系的变化、开发过程中的政治、经济、社会和环境等因素的变化，都会对租金和售价产生影响。同样，出租率、空置率在房地产市场中也是处于不断变化之中的。

(二)开发周期

房地产开发周期大体上可分为投资决策、项目前期、建设施工、租售四个阶段,环环相扣。每一个阶段都有具体的工作需要完成,前一阶段工作的完成程度直接影响后期工作的实施,任何一个环节的拖延都有可能导致整个开发周期的延长。而建设周期的延长意味着开发商将增加贷款利息、施工人力成本、市场变化风险及提高工程总造价,这一切都将影响项目投资效果。

同时,导致工期延长的因素是相当复杂的,每一个阶段都存在一些关键环节。例如,前期工作中政府部门的审批能否按时通过,招投标能否顺利进行;建设过程中原材料、人力资源、机械准备是否充足,施工中是否遇到特殊地质构造或者文物,施工合同是否能有效履行等;销售阶段能否按时完成销售任务,是否有公众干预等。

(三)开发成本

开发商对于开发成本一定程度上是可以进行控制的,但投资估算和实际开发成本之间也不一定相符。开发成本的增加主要是由于在开发期内原材料和劳动力价格的上涨,或者成本控制力度不够导致浪费;反之,如在这些方面控制得好,将减少开发成本。开发成本的变化对投资利润的影响是十分明显的。

(四)利率

房地产开发商在开发建设项目时,一般自有资金只占其中的一小部分,其余的大部分都要通过金融机构借款,所以融资成本即贷款利息支出对于项目获利大小的影响极大。利率的变化直接影响着开发项目的融资成本。政府宏观经济政策的变化及经济运行整体状况的变化都有可能引起贷款利率的变动,商业银行也可能在一定幅度内调整贷款利率,这些都导致了房地产投资过程中不确定性的增加。

第二节　盈亏平衡分析

盈亏平衡分析也称量本利分析、盈亏临界分析和收支平衡分析,它是通过分析房地产投资项目在一定时期内的开发数量(销售数量)、成本、税金、利润等因素之间的变化关系,找出生产规模或销售规模的盈亏平衡点,判断房地产投资项目对不确定性因素的承受能力。

一、基本思路

盈亏平衡点是指项目既不盈利也不亏本状态下的规模,也称保本点。求取盈亏平衡点是盈亏平衡分析的目标。盈亏平衡点是房地产投资项目盈利与亏损的分界点,在这一点上,项目的收入等于支出,净收入等于零。它是企业的销售收入扣除销售税金后与成本相等的经营状况。因此,盈亏平衡点又叫收支平衡点、临界点、保本点、损益平衡点等。

合理区分房地产投资项目的固定成本和变动成本是盈亏平衡分析方法的前提条件。房地产项目开发经营成本与其他商品经营成本一样,按成本额与开发数量的关系可以分为固定成本与变动成本两大类。固定成本,是指在一定范围内不随开发量(销售量)的变化而变化的相对稳定的成本,如建筑机械费用、固定资产折旧费、公司管理人员工资等。可变成本,是指那些随着开发量(销售量)的变化而变化的成本,如建筑安装工程费(包括建筑材料费)、勘察设计费等。

开发量、成本、利润之间存在一定的相互关系。投资开发量可以看做是销售收入和总成本的变量,从而使开发量与利润之间建立起函数联系,计算出开发量的变化对利润的影响。这个数学函数关系见下式:

$$利润 = 销售收入 - 销售税金 - 总成本$$

根据房地产投资项目的开发量与销售收入或总成本之间的变化关系,盈亏平衡分析可以分为线性盈亏平衡分析和非线性盈亏平衡分析。

二、线性盈亏平衡分析

(一)线性盈亏平衡分析的假设条件

1. 房地产产品的总销售收入和生产变动成本与房地产开发面积(或者产品产量)呈线性关系。

2. 房地产产品的投资开发量和销售量相等,即开发的房地产产品能全部销售出去。

3. 房地产产品的固定成本在开发和租售期内保持不变,即固定成本为常数。

4. 销售收入随开发面积的变化而变化,但平均单位售价为常数。

5. 计算所使用的各种数据是正常生产年度的数据。

(二)线性盈亏平衡分析的计算分析过程

由于总成本与销售量呈线性关系,可以将总成本用如下公式表示:

$$C = C_F + C_V$$
$$= C_F + C_X Q$$

其中:C 为总成本,C_F 为固定成本,C_V 为可变成本,单位产品的可变成本为 C_X,开发数量为 Q。

设销售收入(扣除销售税金和附加)为 S,单位产品销售税金及附加为 t,销售单价(含销售税金和附加)为 P,则可以得出:

$$S = PQ - tQ$$

设利润为 E,则有:

$$E = S - C$$
$$= (PQ - tQ) - (C_F + C_X Q)$$
$$= (P - C_X - t)Q - C_F$$

当盈亏平衡时,$E = 0$,即:$E = (P - C_X - t)Q - C_F = 0$

设盈亏平衡时的开发数量为 Q^*,则有:

$$Q^* = \frac{C_F}{P - C_X - t}$$

(三)线性盈亏平衡分析的图解法

如图 8-1 所示,纵轴表示成本 C,横轴表示开发量 Q,固定成本线为 C_F 线,可变成本线为 C_V 线,总成本线为 C 线,销售收入线为 S 线。

盈亏平衡点 M 为 C 线与 S 线的交点,它对应的产量为 Q^*。MQ^* 连线将图示区域分为两个部分,左侧总成本线高于销售收入线,为亏损区;右侧总成本线低于销售收入线,为盈利区。也就是说,当项目实际销售量 $Q > Q^*$ 时,该投资开发项目盈利;当 $0 < Q < Q^*$ 时,该投资开发项目亏损;当 $Q = Q^*$ 时,该投资开发项目不亏不盈,处于保本状态,这时 Q^* 为保本量。

(四)线性盈亏平衡分析的应用

[**例 8-1**] 某房地产开发商拟投资一房地产开发项目,该项目固定成本为7 000万元,单位面积的可变成本为2 000元/平方米,项目建成后预计平均售价为6 000元/平方米,销售税金及附加为 500 元/平方米,开发商拟获利5 000万元。试求项目盈亏平衡时的开发数量及目标利润开发量。

依题意可知,

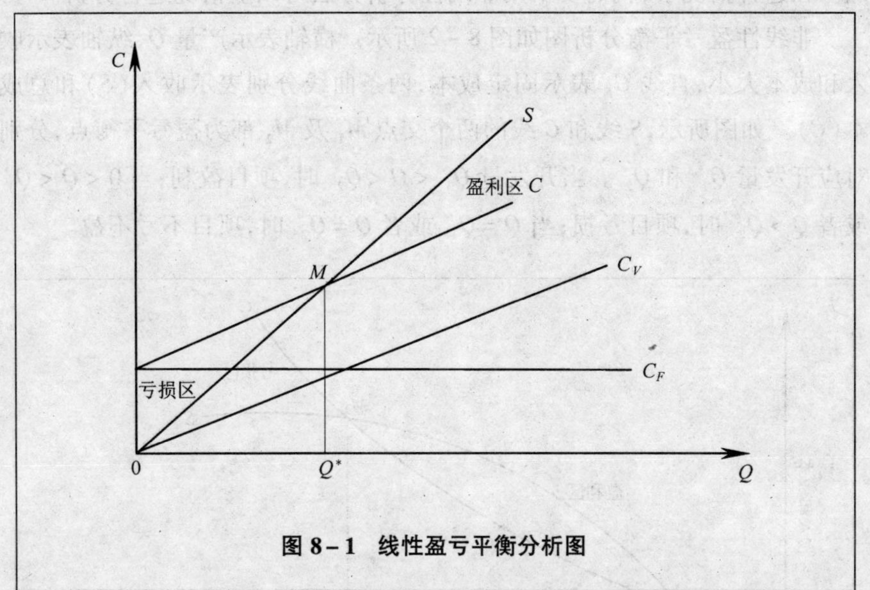

图 8-1　线性盈亏平衡分析图

$C_F=7\ 000$ 万元，$P=6\ 000$ 元/平方米，$C_X=2\ 000$ 元/平方米，$t=500$ 元/平方米，目标利润 $E=5\ 000$ 万元。

则项目的盈亏平衡点为：

$$Q^*=\frac{7\ 000\times 10^4}{6\ 000-2\ 000-500}=20\ 000(\text{平方米})$$

目标利润开发量为

$$Q_E=\frac{E+C_F}{P-C_X-t}=\frac{(5\ 000+7\ 000)\times 10^4}{6\ 000-2\ 000-500}=34\ 286(\text{平方米})$$

由此可知，该项目至少开发 20 000 平方米才能保本，若要盈利 5 000 万元，则需开发 34 286 平方米。

三、非线性盈亏平衡分析

线性盈亏平衡分析是以项目的销售收入、生产成本与开发量呈线性关系为前提的。但是，在实际开发经营中，单位产品的可变成本与销售价格不一定是以线性关系发生变化的，因此，销售收入和生产成本与开发量的关系不一定呈严格的线性关系。例如，当销售量大幅增加，导致市场需求趋于饱和时，其边际产品价格会逐渐下降；或者由于产量形成规模效应时，将使产品的边际成本下降，然后随着产量的进一步上升，边际成本又将增加。在这种情况下，就需要采用非线性分析方法对以上情况进行分析。

非线性盈亏平衡分析图如图 8－2 所示。横轴表示产量 Q，纵轴表示收入和成本大小，直线 C_F 表示固定成本，两条曲线分别表示收入(S)和总成本(C)。如图所示，S 线和 C 线的两个交点 M_1 及 M_2 都为盈亏平衡点，分别对应开发量 Q_1^* 和 Q_2^*。当开发量 $Q_1^* < Q < Q_2^*$ 时，项目盈利；当 $0 < Q < Q_1^*$ 或者 $Q > Q_2^*$ 时，项目亏损；当 $Q = Q_1^*$ 或者 $Q = Q_2^*$ 时，项目不亏不盈。

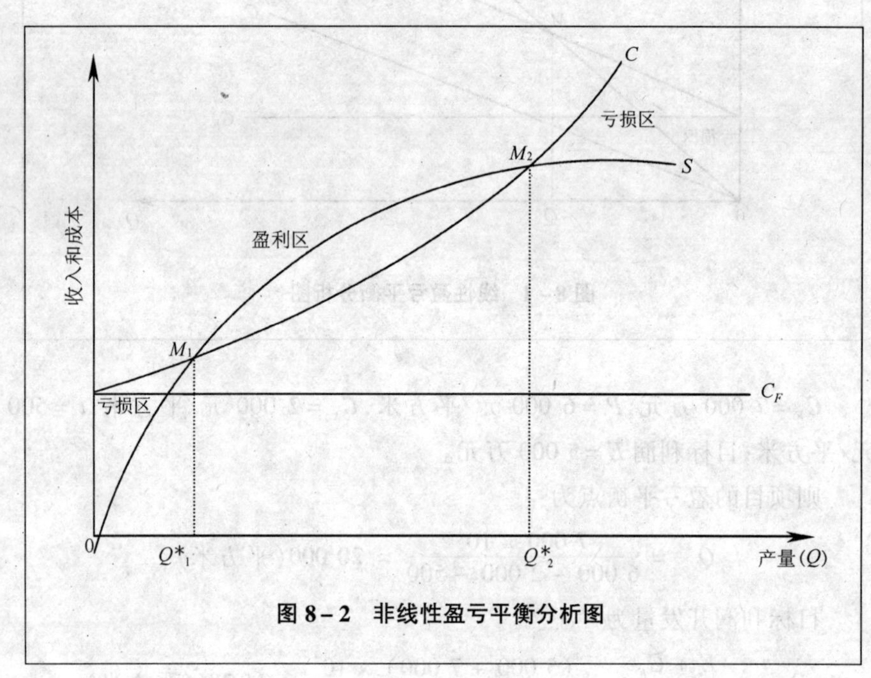

图 8－2　非线性盈亏平衡分析图

非线性盈亏平衡分析的计算过程是：先建立收入函数 $S(Q)$ 和成本函数 $C(Q)$，再通过解方程式 $E = S(Q) - C(Q) = 0$，即可求得保本量 Q^*，这时，Q^* 将会有多解。

［例 8－2］某公司生产销售一种建筑材料，该项目的固定成本为 28 万元，单位可变成本为 80 元，单位销售价格 260 元。现在为了促销，公司按销售量的 1% 递减售价，同时将按销售量的 1% 递增可变成本。请分析：在多大的规模内该项目将盈利，最大的盈利产量是多少？

依据题意，$S(Q) = (P - Q \times 1\%) \times Q$

$$C(Q) = C_F + (C_X + Q \times 1\%)Q$$

$$E = S(Q) - C(Q) = (P - Q \times 1\%) \times Q - C_F - (C_X + Q \times 1\%)Q$$

$$= (260 - Q \times 1\%) \times Q - 280\,000 - (80 + Q \times 1\%)Q$$
$$= 0$$

求得 $Q_1^* = 2\,000$，$Q_2^* = 7\,000$，即项目产量在 2 000 ~ 7 000 范围之内将盈利。

最大盈利时的产量，即为对 $E = S(Q) - C(Q)$ 求导后等于零时的 Q 值，$E' = [S(Q) - C(Q)]' = 0$ 时，$Q = 4\,500$，此时达到最大盈利。

第三节　敏感性分析

一、敏感性分析的含义和作用

敏感性分析是通过分析、预测房地产投资项目的某些不确定性因素发生变化时，项目经济评价指标因此而受到的影响程度，进而从中找出敏感性因素，并确定其影响程度的一种分析方法。假设某不确定性因素发生很小的变化，就会对项目经济评价指标产生很大影响，则可认为该项目对该因素很敏感。

在房地产投资分析中，经济评价指标通常有净现值、内部收益率、利润等；而不确定性因素通常有开发成本、租售价格、租售率、利率、建设周期等。经济评价指标对某种因素的敏感程度可以有两种表示方法：一是用表格表示某因素按一定比例变化时所引起的评价指标的变化幅度，即敏感性分析表；二是用图解法表示评价指标达到临界点时，某个变量可能的最大值，即敏感性分析图。

敏感性分析的作用和目的在于找出项目的敏感性因素，分析其变化范围和对项目有可能造成的影响程度，从而全面了解项目有可能出现的风险及程度，考察房地产投资项目的抗风险能力，为项目投资决策提供参考依据。在进行多方案项目比较选择时，可以通过敏感性分析，选择那些敏感性小、承受风险能力强、稳定性较好的投资方案。

二、敏感性分析的方法和步骤

敏感性分析着重对项目最敏感的关键性因素（通常为不利因素）及其敏感程度进行分析，可分为单因素分析和多因素分析。单个因素变化的分析较简单，但必要时，需要分析两个或者两个以上因素变化对项目经济评价指标的影响程度。由于多因素分析方法比较复杂，下面主要介绍单因素分析方法及步骤。

第一，选择经济评价指标。进行敏感性分析时，首先需要选择那些最能反映投资项目经济效果的评价指标，将其作为分析对象。房地产项目的敏感性分析通常可以围绕净现值、内部收益率、投资回收期（动态或者静态）、利润等指标进行，可以与项目财务分析时所采用的指标一致起来。

第二，选择不确定性因素，确定其变化范围。影响项目经济效果的因素多种多样，要选择好不确定性因素通常应遵循这样几项原则：①该因素在可能变动的范围内将对项目经济效果产生较强烈的影响；②该因素发生变化的可能性较大，并且这种变化通常将不利于项目经济目标的实现；③突出重点，对重要的或者敏感性强的因素进行分析。房地产项目的不确定因素一般有：项目投资总额、租售价格、出租率或者空置率、经营成本、建设周期、利率、建筑面积等。

各因素的变动范围可以根据市场调查结果、统计资料、类似项目的比较和分析者的经验等作出综合性的考虑后得出，如 ±5%、±10% 等。

第三，分析因素变动对项目经济评价指标的影响程度。首先，假定其他因素不变，分别计算某特定因素在设定的变化幅度下，各评价指标的变动结果。然后，对每一个因素的每一次变动重复以上计算。最后，将各运算结果制作成表格或者图形，清晰地表示评价指标对因素变动的敏感程度（见表 8－1、表 8－2 和图 8－3）。

表 8－1　某项目关于售价变动的敏感性分析表

经济指标	基准方案	售价变动					
		－15%	－10%	－5%	5%	10%	15%
内部收益率	17.81%	7.55%	10.97%	14.39%	21.23%	24.65%	28.07%
投资利润率	15.91%	4.93%	8.59%	12.25%	19.57%	23.23%	26.89%

说明：由该表可以看出售价在不同的变化幅度范围内对各经济指标的影响，从而有利于决策者准确判断和防范项目的风险。

表 8-2　某项目内部收益率(*IRR*)的敏感性分析表

	IRR	差异
正常	12.69	0
投资增加 10%	10.58	-2.11
开发周期增加 1 年	10.88	-1.81
开发成本增加 10%	12.3	-0.39
销售收入减少 10%	10.25	-2.44

说明：从该表可以看出，在相同变化幅度下，收入的变动能使内部收益率产生更大的变化，所以收入为敏感性因素。

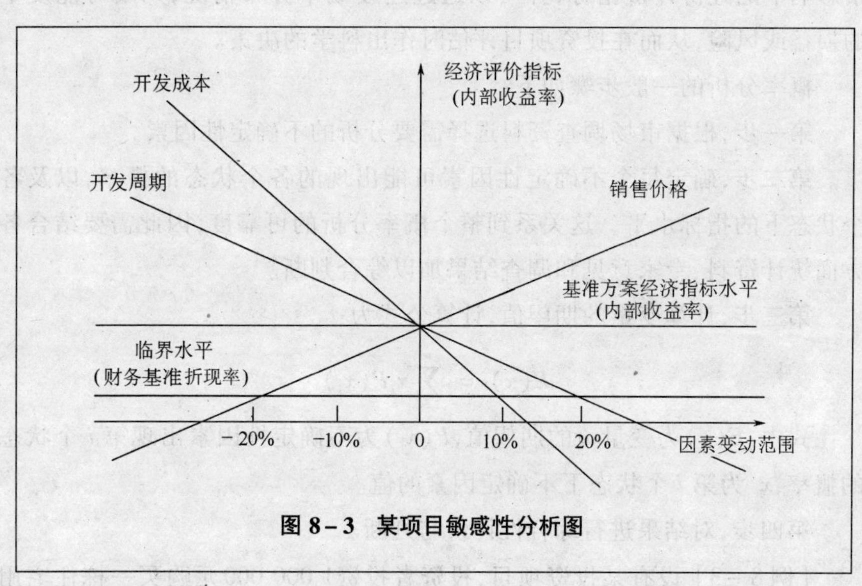

图 8-3　某项目敏感性分析图

说明：该图是表 8-2 的解析图表示。它首先确定待研究的某一经济指标，然后计算各敏感性因素在不同范围内变动对该经济指标的影响，再通过解析图表示出来。图中，横坐标表示因素变动范围，纵坐标表示某经济指标水平，各斜线表示因素的变动曲线。从图上可以看出，斜线的斜率代表影响的程度，斜率越大，说明该因素的变化对项目的影响也越大，这有利于识别敏感性因素。临界水平代表项目所能接受的水平，当某因素的变动使经济指标水平降至临界水平以下时，项目将亏损，这有利于决策者防范和控制风险。

第四，对结果进行比较研究，找出较为敏感的变动因素，作出进一步的分析。

由以上的计算和分析可以查明各种不确定因素的变动对项目的影响程度，从而将那些有较小变化就能导致经济评价指标大幅变动的因素确定为敏感因素。

第四节　概率分析

概率分析是运用概率原理预测不确定性因素对房地产投资项目经济效益影响的一种定量分析方法。它可以描述项目同时在多种不确定性因素影响下的经济评价指标，并可以通过连续概率分布情况，判断可能发生的损益或风险，从而在投资项目评估时作出科学的决策。

概率分析的一般步骤如下：

第一步，根据市场调查资料选择需要分析的不确定性因素。

第二步，确定每个不确定性因素可能出现的各个状态的概率，以及各个状态下的指标水平。这关系到整个概率分析的可靠度，因此需要结合各方面统计资料、专家意见和调查结果加以综合判断。

第三步，计算变量的期望值，计算公式为：

$$E(x) = \sum_{i=1}^{n} x_i P(x_i)$$

式中：$E(x)$为变量 x 的期望值，$P(x_i)$为不确定性因素出现第 i 个状态的概率，x_i 为第 i 个状态下不确定因素的值。

第四步，对结果进行综合性评价与判断。

［例 8－3］设有某投资项目，投资者投资1 000 000元购买一栋住宅用于出租，共出租 10 年，每年年初收租。设未来的市场行情有好、一般、差三种情况，专家预测的概率和年收入如表 8－3 所示。

表 8－3　某项目专家预测的概率和年收入表

年份	开支	收入			贴现率 12%
		好 0.3	一般 0.5	差 0.2	折现系数
1	1 000 000	130 000	100 000	60 000	1

续表

年份	开支	收入			贴现率 12%
		好 0.3	一般 0.5	差 0.2	折现系数
2		130 000	100 000	60 000	0.892 9
3		143 000	110 000	66 000	0.797 2
4		143 000	110 000	66 000	0.711 8
5		157 200	121 000	72 700	0.635 5
6		157 200	121 000	72 700	0.567 4
7		173 720	133 100	79 170	0.506 6
8		173 720	133 100	79 170	0.452 3
9		190 692	146 410	87 487	0.403 9
10		190 692	146 410	87 487	0.360 6
10 年后		1 170 000	900 000	540 000	0.322

试用净现值的概率分析判断该项目的可行性。

根据表 8－3，利用净现值期望计算公式：

$$E(x) = \sum_{i=1}^{n} x_i P(x_i)$$

该项目的净现值期望值计算如表 8－4 所示。

表 8－4　某项目的净现值期望计算表

年份	开支	收入			净流量期望值	折现系数（贴现率 12%）	净现值的期望值
		好 0.3	一般 0.5	差 0.2			
1	1 000 000	130 000	100 000	60 000	－899 000	1	－899 000
2		130 000	100 000	60 000	101 000	0.892 9	90 183
3		143 000	110 000	66 000	111 100	0.797 2	88 569
4		143 000	110 000	66 000	111 100	0.711 8	79 081
5		157 300	121 000	72 600	122 210	0.635 5	77 664
6		157 300	121 000	72 600	122 210	0.567 4	69 342

续表

年份	开支	收入			净流量期望值	折现系数（贴现率 12%）	净现值的期望值
		好 0.3	一般 0.5	差 0.2			
7		173 030	133 100	79 860	134 431	0.506 6	68 103
8		173 030	133 100	79 860	134 431	0.452 3	60 803
9		190 333	146 410	87 846	147 874	0.403 9	59 726
10		190 333	146 410	87 846	147 874	0.360 6	53 323
11		1 170 000	900 000	540 000	909 000	0.322	292 698
项目净现金流期望 $E=40\ 493$							

由上可知，项目净现金流的期望大于零，项目可行。

本章重点回顾

房地产投资不确定性分析	不确定性因素	租售价格
租售率	开发周期	开发成本
利率	盈亏平衡分析	量本利分析
盈亏临界分析	收支平衡分析	盈亏平衡点
线性盈亏平衡分析的图解法	非线性盈亏平衡分析	敏感性分析
概率分析		

DI JIUZHANG 第九章 房地产投资风险分析

第一节 房地产投资风险概述

一、房地产投资风险的含义

(一)关于风险的定义

风险的定义最初出现于1901年美国的A. M. Willet所作的博士论文《风险与保险的经济理论》中:"风险是关于不愿意发生的事件发生的不确定性之客观体现。"这一定义强调了风险的客观性和不确定性。其后许多专家学者在此基础上给风险下了各种大同小异的定义。如英国的史蒂芬·鲁比认为,"在投资决策活动中,风险可以被认为是决策的实际结局可能偏离它的期望结局的程度"。美国学者在其著作中提到,"风险是投资者不能收到期望的或要求的投资收益率的偶然性或可能性","风险是相对于期望收益或可能收益的方差"等等。

虽然风险的定义很多,但大致可分为两类,第一类定义强调风险的不确定性,如"...defines risk as the variation in the outcomes that could occur over a specified period in a given situation"(风险可定义为在特定环境条件下发生结果的差异程度)①。第二类定义强调风险损失的不确定性,如风险被定义成"the term mainly to mean the uncertainty of occurrence of economic loss"(经济损失的不确定性)②,"the possibility of loss, injury , disadvantage or

---

① C. Arthur Williams, Jr. & Richard M. Heins. *Risk Management and Insurance*. 1981.

② Creene. Mark R & Serberin, Oscan N. *Risk Management: Text and Cases*. 1978.

destruction”(损失、伤害、不利或毁坏的可能性)①,“ Risk is defined as the uncertainty of loss”(损失的不确定性)②。

事实上,风险是反应一种特殊的事件,这种事件会带来多个不确定的结果,而且每一个不确定的结果的出现有一个可测定的概率值。因此,风险是一个事件的不确定性和它可能带来的不确定的结果的综合效应。

(二)投资风险的度量

根据上面的定义,风险 R 用数学函数可以表达为:

$$R = f(P, K)$$

其中:P——各种不确定性的概率;

K——所有不确定结果的数量值。

这种效应的数量值就是风险的度量。

度量风险的大小,实际上是度量那些不确定结果之间的差异程度或离散程度。这种差异程度越大,表明不确定结果的综合效应越难以测定,从而事件的风险就越大。为了从数量上进行度量,将事件的所有不确定结果之间的标准差定义为风险的度量指标,其计算公式可写为:

$$R = \sqrt{\sum_{i=1}^{n} (K_i - \overline{K})^2 \cdot P_i}$$

$$\overline{K} = \sum_{i=1}^{n} K_i \cdot P_i$$

其中:R——风险的度量指标;

n——不确定结果总的数目;

P_i——第 i 个不确定结果发生的概率;

K_i——第 i 个不确定结果的数量值。

[例9-1] 一房地产投资者拟投资高档写字楼。由于市场条件的变化,他所能获取的回报率是不确定的。假设这个事件的不确定资料如表9-1所示,其风险计算过程如表9-2 所示,计算结果表明,这项投资的风险值为0.305 1。

---

① Hertz, David B. Thomas, Howard. *Risk Analysis and Its Applications*. 1983.

② Jerry S. Rosenbloom. *A Case Study in Risk Management*. 1972.

表 9－1 投资高档写字楼的回报率预测

经济状况	发生概率	投资回报率
萧条	0.2	－15%
平稳	0.5	20%
繁荣	0.3	70%

表 9－2 写字楼投资的风险度量值计算

状况	P_i	K_i	$(K_i-\overline{K})$	$(K_i-\overline{K})^2$	$(K_i-\overline{K})^2 . P_i$
1	0.2	－0.15	－0.43	0.184 9	0.036 98
2	0.5	0.20	－0.08	0.006 4	0.003 2
3	0.3	0.70	0.42	0.176 4	0.052 92
结果	$\sum P_i=1$ $\overline{K}=0.28$ 方差 $\sigma^2=0.093\ 1$ 风险度量值 $R=0.305\ 1$				

如果该投资者改高档写字楼投资为普通住宅投资，他预测得到的回报率仍然是不确定的，假设这项投资的不确定性如表 9－3 所示，其风险计算过程如表 9－4 所示，这项投资的风险度量值 $R=0.049$。计算结果表明，投资普通住宅回报率的风险比投资高档写字楼回报率的风险要小得多。

表 9－3 普通住宅的投资回报率预测

经济状况	发生概率	投资回报率
萧条	0.2	6%
平稳	0.5	15%
繁荣	0.3	20%

表 9-4 普通住宅的投资回报率预测

状况	P_i	K_i	$(K_i-\overline{K})$	$(K_i-\overline{K})^2$	$(K_i-\overline{K})^2.P_i$
1	0.2	0.06	-0.087	0.007 569	0.001 513 8
2	0.5	0.15	0.003	0.000 009	0.000 004 5
3	0.3	0.20	0.053	0.002 809	0.000 842 7
结果	$\sum P_i=1$ $\overline{K}=0.147$ 方差 $\sigma^2=0.002\ 361$ 风险度量值 $R=0.049$				

可以看出,在经济萧条时,高档写字楼租售可能惨淡,因此会出现亏损,如回报率为-15%,而这情况对普通住宅市场的冲击可能较小,回报率仍为6%。经济平稳发展时,二者回报率比较接近,分别为20%和15%。经济繁荣时,写字楼火暴,回报率会很高,如为70%,而对普通住宅影响较小。

二、房地产投资风险的特点

房地产投资具有周期长、投入资金量大、资金变现能力差等特点,因而房地产投资风险也具有其自身特点。

(一)多样性

由于房地产投资整个过程中涉及社会、经济、技术等各个方面,因而其风险也表现出多样性,相互间的变化也呈现出极其复杂的关系。

(二)变现差

由于房地产投资投入资金量大、周期长,并且房地产市场是个不完全市场,房地产也不像其他资产如存款、国库券等可以随时变现,因而其变现风险也较大。

(三)补偿性

由于房地产投资具有风险,因而投资者一般对承担的这一风险在经济上要求补偿,这一补偿也叫风险溢价或风险回报。

房地产投资风险与股票、债券、外汇、黄金和古董等投资风险各有特点。有的企业家对我国南方某城市的各类投资风险进行了比较,其风险大小的次序如表9-5所示。

表9-5　各类投资风险比较

投资类型	风险量
债券	1.75
黄金	1.94
古董	4.37
外汇	6.56
房地产	7.08
股票	7.17
期货	7.50

变化方向
↓
增大

从中可以看出，房地产投资风险比黄金、古董、外汇、债券大，而比股票、期货小。笔者认为，外汇市场瞬息万变，受到国内外各种因素的影响，投资风险也是较大的。一般来说，房地产投资风险比黄金、古董、债券投资风险大，而比外汇、股票、期货投资风险小。

三、房地产投资风险的类型

房地产市场是千变万化的，变化的根本原因是由于一系列的不确定因素的存在。这些不确定因素影响产生的动态变化会给在房地产市场中交易的商品经营者带来各种不同形式的风险。划分风险的方法很多，如系统风险和非系统风险，纯粹风险和投机风险等。本文试图根据风险因素的不同性质，将房地产投资风险分为政策风险、社会风险、经济风险、技术风险、自然风险和国际风险，每种风险又可细分为多种风险（见图9-1）。

- 房地产投资风险
  - 政策风险
    - 政治环境风险
    - 经济体制改革风险
    - 产业政策风险
    - 房地产制度变革风险
    - 金融政策变化风险
    - 环保政策变化风险
    - 法律风险
  - 社会风险
    - 城市规划风险
      - 容积率变化风险
      - 建筑覆盖率变化风险
      - 用途的相容性风险
    - 区域发展风险
      - 近邻地区发展风险
      - 类似地区发展风险
    - 公众干预风险
    - 住户干预风险
    - 治安风险
  - 经济风险
    - 市场供求风险
      - 购买力风险
      - 住户规模变化风险
      - 单元住宅面积变化风险
    - 财务风险
      - 通货膨胀风险
      - 利率变化风险
      - 资金变现风险
      - 开发费用变化风险
      - 税率变动风险
    - 地价风险
    - 融资风险
    - 国民经济状况变动风险
  - 技术风险
    - 建筑材料改变和更新的风险
    - 建筑施工技术和工艺革新风险
    - 建筑设计变动或计算失误风险
    - 设备故障、损坏或施工事故风险
    - 建筑生产力因素短缺风险
    - 信息风险
  - 自然风险
    - 火灾风险
    - 风暴风险
    - 洪水风险
    - 地震风险
    - 气温风险
  - 国际风险
    - 国家风险
    - 国际政治风险
    - 国际投资环境风险
    - 货币汇率变化风险
    - 国际货币利率变化风险
    - 国际经营风险

图9-1　房地产投资风险分类图

第二节 房地产投资风险因素

一、房地产投资政策风险分析

政策风险是指由于政策的潜在变化有可能给房地产市场中商品经营者带来各种不同形式的经济损失。政府的政策对房地产业的影响是全局性的，房地产政策的变化趋向，直接关系到房地产投资者的成功与否。房地产业由于与国家经济发展紧密相关，因此在很大程度上受到政府的控制，政府对租金、售价的限制，对外资的控制，对土地使用的控制，对环境保护的要求，尤其对投资规模、投资方向以及金融的控制以及新税务政策的制定等都对房地产投资者构成风险。在市场环境还未完善的条件下，政策风险对房地产市场的影响尤为重要，因此房地产投资商都非常关注房地产政策的变化趋势，以便及时处理由此而引发的风险。政策风险因素按其影响因素，可以分为政治环境风险、经济体制改革风险、产业政策风险、房地产制度变革风险、金融政策变化风险、环保政策变化风险和法律风险等。笔者以下着重对经济体制改革风险、房地产制度变革风险、金融政策变化风险等进行分析。

（一）经济体制改革风险

一个国家的经济体制决定着该国经济的发展方向和国民经济的结构比例以及经济运行机制。如果对这种体制进行改革，就意味着对各种工业之间的比例进行调整以及对整个经济运行机制加以改变。对房地产业来说，这种改变的结果会出现两种情况：一是通过改革，政府将房地产业在整个经济中的地位进行调整，如果政府将房地产业在国民经济中的地位降低，减少投资于房地产业的资金，房地产商品市场的活动将会减少，这将给房地产商品生产者和经营者都带来不利影响。这种损失不一定体现在房地产商品的绝对价格降低上，主要是市场上的交易活动减少。另一种情况是经济体制改革后房地产业内部结构发生改变，或者说房地产业发展的模式发生改变，各种房地产市场在整个房地产业中占的比例发生改变。这种改变会给有些房地产市场带来生机，但对另一些房地产市场则带来不利影响。比如，香港地区近年来工业结构的转型，导致了对厂房需求下降，而对写字楼等楼宇的需求上升。各种厂房生产者和交易者无疑会受到很大损失。又如在我国内地,20世纪80年代开始的经济体制改革及对外开放政策,土地由无偿、无限期、无流转使用制度转变为有偿、有限期、有流转使用制度,房屋成为商品,房地产开发者和经营者有了赚取利润的机会, 这是对整个中国房地产市场带来的正面“风险”结果。经济体制改革风险在一般情况下带来的都是正面“风险”效果,因为任何国家所推行的经济改革体制均是通过调整秩序或机制,使体制更加完善,以促进整个国民经济的发展。

(二)房地产制度变革风险

1. 土地使用制度改革风险。土地使用制度改革会对房地产商品的价值产生影响,如果使这种价值降低,房地产市场中经营者和投资者就会蒙受损失。比如,使用年期、补偿和收费的规定等都可以导致开发成本的增加,降低房地产商品的价值。

土地使用制度改革另一方面体现在政府改变使用土地的一些具体技术政策上面,这也有可能给房地产商品投资者和经营者带来损失。比如,在出让土地的方式上政府可以采用协议、招标和公开拍卖三种方式,采用不同的方式可以给投资土地的投资者带来不同的成本。例如,政府以协议方式出让土地使用权时,没有引入竞争机制,这种方式由于缺乏公开性和平等竞争,受人为影响的因素较多,出让方和受让方的灵活性都较大,土地的出让价格一般来说都较市场地价来得低。由于缺乏公开性和公平性,受让方可能以后会被要求补偿地价,这就造成了巨大风险。招标方式引进了竞争机制,综合考虑规划、地价、投资者的资信情况等多种因素,即在评标时既考虑投标者的报价,同时还对投标规划设计方案和企业的资信情况进行综合评价。对投标者来说,中标的可能性带有很大的不确定性,失去中标的机会较大,这就意味着投标者会面临着在准备投标中的所有时间和资金无偿丢失的风险。对于公开拍卖出让方式来说,它充分引进了竞争机制,排除了许多主观因素。然而,拍卖这一出让方式对拍卖者和竞投者都有很多要求。对拍卖方来说,不仅要事先公布竞争土地的位置、面积、用途、土地使用年限及付款方式、付款时间,而且还要事先制订好规划设计方案并公布其要点,如建筑密度、容积率、建筑层数及建筑总面积、绿化比率等,以便竞投者进行投资决策分析。对竞投者来说,必须在参加拍卖竞投之前,对拍卖地块的基础设施状况、环境状况对投资的影响以及该地块的区位对客户的吸引力等进行充分地实地调查和分析,详细测算建筑成本,分析市场情况和走势,制订多种还价方案,特别是掌握竞标的极限地价,以便做到心中有数。因此,政府采取不同的土地出让方式,也会给投资者带来一定的不确定性。

另外,政府为了避免地价过分偏离市场价格,可能会采取一些调控政策,这些政策可能会给房地产投资者带来不同程度的损失。比如,政府可能在一定情况下实行高地价政策,以控制土地供给相对过剩的情况,控制土地的出让数量,并会行使优先购买权,对一些价格较低的地块实行优先购买。这时会给房地产开发商带来增加成本的风险。相反,当房地产市场炒风盛行,地价飞涨时,政府为了平抑地价,抑制土地投机行为,往往会实行低地价政策,抛售一批价格较低的土地,这种情况将给囤积土地、待价而沽者带来很大的风险。

2. 住房制度改革风险。住房制度改革风险主要是指国家和政府对住房方面的投资政策加以改变,从而对房地产商的利益产生影响。比如,如果政府推行福利政策,大量建设公房或福利房,这样会将居民的主要兴趣和需求吸引过去,而房地产开发商或经营者出售的商品房就会受到需求短缺的压力,导致市场交易活动减少而蒙受损失。我国内地以前实行的住房体制就是一个明显的例子,政府推行住房"双轨制"、"多轨制",使大量公房、福利房与市场上的商品房同时存在,这使得人们都愿意等"免费"的公房,因此许多房地产开发者盲目开发的大量住房售不出去,导致巨大的经济损失。而香港地区推行的住房政策则相反,由于政府逐渐缩小公房比例,间接地将房地产的部分需求推到市场中去,因而活跃了房地产商品市场,这也是香港地区房地产大亨可以持久地拥有大住宅市场的主要原因。

另外,在住房制度方面,政府推行楼花买卖管制规定、抵押贷款限制等也可以影响楼市的活跃程度,减少市场交易活动,从而给房地产商品经营者带来损失。

房地产投资受政策制约很大,房地产业由于投资大、周期长,在投资商的决策与国家的政策调整(主要指国家对房地产投资的政策)存在一定的差距或矛盾时,该投资商必然会面临政策变动所带来的风险。譬如说,在即期市场上,某项房地产开发很有发展前景,但长期市场的变化要受到国家政策调整的影响,因此每项投资都有由政策调整带来投资损失的可能性。

(三)金融政策变化风险

政府改变金融政策会对整个房地产市场产生很大的影响,房地产商品的生产者和经营者都会因此赚取利润或亏损。

1980～1992年，国务院在不同时期根据国内的宏观经济形势，发布了一系列金融方面的政策措施。如1980年，让所有楼堂馆所一律停下来重新审查，各级银行不再拨款等，这些措施一出台，房地产市场就立即冷淡下来，交易活动立即减少，商品房开发商的损失立即出现。20世纪90年代初出现了房地产热，由于在经济过热时中央银行银根不紧，利率过低，而且贷款条件一味放宽以鼓励房地产开发，导致流通中货币增长过快，地皮、建材供不应求，价格上涨，使房地产开发成本加大，房地产价格上涨，超过了社会购买者的有效需求和购买力，致使许多楼房积压。1993年，为了抑制国内通货膨胀，中央采取了宏观经济调控政策，银根紧缩，导致大量的房地产项目施工不足。由于房地产项目需要相当长的时间和资金来消化，金融紧缩使房地产失去了银行信贷的有力支持，开发商先期投入的资金无法收回，资金缺乏，楼宇无法按时完工，有的被迫缓建、停建，从而使大量高层住宅楼盘积压。以深圳房地产业为例，1993年国家实施宏观调控，深圳房地产市场首当其冲，被列为重点调控对象，高层住宅积压量逾百亿元，已完工的住宅单位中有200万平方米空置待销，整体住宅空置率达10%，而在建的高层住宅数目依然庞大，不少于200栋，建筑面积达400万平方米。同时，花园别墅物业也大量空置，甚至有价无市。

利率的变化对房地产投资回报的影响是较明显和直接的。假如房地产经营者投资购买一物业并将物业出租从而收取租金以获取利益，我们可以用投资回报率来表示经营者获取利益的大小。在这种情况下，投资回报率可以用租金收益率来表示，用公式可写成：

$$\delta = \frac{R}{H}$$

其中：δ——租金收益率；

R——全年租金收入；

H——物业的年初市价。

例如，一个市价为200万元的单位预计全年租金的贴现收入为20万元，则

$$\delta = 20\text{万}/200\text{万} = 0.1$$

很明显，R/H 比率越高，说明经营者的投资回报率越高，这种方式的投资也越具有吸引力。

然而,投资物业收取租金只是一个具有资金的投资者为了获取投资回报的一种方式。投资者也可以通过其他投资方式获取投资回报,比如,投资股票以获取股息,投放在银行以获取利息等。应该注意的是,投放银行以获取利息的方式基本上是一种无风险的投资,其他方式的投资不确定因素很多。因此,在上面分析的情况下,如果银行利率 i 高过租金收益率,很少有投资者会感兴趣投资在物业上,或者说租金收益率要大于银行利息率才有可能吸引资金投资在物业上。

因此,假设一年后物业的市价为 H_1,物业一年后的投资总收益应大于利息收入,这样可以写为

$$R + H_1 - H > H_i$$

$$即\frac{R}{H} > i - \frac{H_1 - H}{H}$$

$$令\ \Delta H = \frac{H_1 - H}{H}为楼价升降幅度$$

$$\frac{R}{H} > i - \Delta H$$

例如,当 R/H 比率为 9%,楼价升幅为 3%时,若银行利率为 10%,$R/H > i - \Delta H$,此时房地产市场对资金具有吸引力;而若银行利率为 16%,$R/H < i - \Delta H$,此时,房地产市场对资金就不具有吸引力。

再以香港物业市场为例,1981 年,尽管当时通货膨胀高达 15%,但银行优惠利率却高达 20%,香港楼市下泻,整个物业市场萧条。1983 年 10 月,香港政府实施联系汇率,这样,港元利率的走势随着美元利率而变化,政府对利率的控制权减弱,银行利率偏低,通货膨胀率相对较高,这促进了香港房地产市场的兴旺和发展。比如,1991 年,尽管香港通货膨胀率达到 13%,优惠利率却只有 9.5%,使 20 世纪 90 年代初香港的物业市场十分兴旺。

二、房地产供求风险分析

任何市场的供给与需求都是动态的和不确定的。这种动态不确定性决定了市场中的经营者收入的不确定性,因为经营者的收入主要是由市场的供给和需求决定的。房地产市场中的经营者所承担的这种风险比在一般市场情况下要大些,因为房地产商品的价值受供求影响的幅度很大。比如,当供给短缺或是需求不足时,都将使房地产市场的主体,即买方或卖方

中的一方受到损失。这种由于供给与需求之间的不平衡而导致的房地产经营者的损失,就是供求风险。这是整个房地产市场中最重要、最直接的风险之一。只有对房地产供求关系作出客观、准确的判断,并进行科学的预测,把握房地产市场供求关系变化的客观规律,才有可能避免该风险的发生。

供给和需求是紧紧联系在一起的,分析供给离不开需求,而分析需求也离不开供给。据有关统计资料显示,至1995年底,我国未售出的新建商品房面积累计达到5 046万平方米,其中商品住宅面积有3 000多万平方米。然而,另一方面,城市居民的住房问题仍然相当严峻,至1996年底,仅全国城市中就有人均居住面积不足4平方米以下的缺房户300多万户,且尚有3 000多万平方米的危房需要改造更新。这充分说明,供给和需求是密切相关的,房地产投资过程中的供给过剩,实际上是有效需求不足。

一般来讲,市场需求分潜在需求和有效需求两种。潜在需求是一种欲念上的但无经济购买力的需求。比如,在有的地方,人们的住房水平非常落后,人们对住房的需要在客观上和欲念上都是很强的。但是在这个地方,人们经济收入很低,还没有形成对住房的购买能力。因此,这个地方对住房的需求是一种潜在需求。有效需求是具有经济购买能力的现实需求,即既有客观上的需要,又有经济上的购买能力。在分析房地产需求时,着重是分析有效需求,当然,也不能忽视潜在需求,因为潜在需求在一定的条件下可以转化成有效需求。例如,随着我国经济的发展和人民收入的提高,对高档住宅的需求,在一些经济发达地区,已不完全是潜在需求,其中已有一部分转化为有效需求。

潜在需求是否能成为有效需求,或者在多大程度上可以转化为有效需求是市场需求的主要风险,在有些情况下,潜在需求还包括虽有客观上的需求和购买力,但由于其他因素的影响,人们不愿将购买力投入到这种需求上。比如,在我国内地,住房租金曾经极低,很少有人愿意将储蓄用于购买住房。可见,对住房的需求主要受到居民收入、房价和租金水平等因素的制约,当居民收入不断增加时,对住房数量和质量的追求欲望也会上升;反之,则会下降。而当房价或租金水平上涨时,一定程度上会抑制需求;反之,则会刺激需求。

另外,房地产市场需求变化也应反映需求结构的变化。比如,因环境或其他条件改变,某一地区的人口密度突然增大,该地区的住宅需求会立刻增加;相反,人口密度减少会减少对房地产的需求。

住户规模变化对房地产商品需求量影响也很大。住户规模也称为家庭规模,是指居住在一个建筑单元内的人口数。住户规模减小,相应地对住宅单元的总量需求会增加。年轻人成家后,一般都单独居住,这在一定程度上增加了住宅需求,但对商业和工业楼宇的需求却并没有什么影响。

人们对住宅的需求,首先是"经济、合理和实用",在此基础上,还要求"宽敞、舒适和与环境的协调"。因此,每套住宅的面积也是随着经济发展状况和人们对住宅追求心理的变化而变化的。据《房改——无限需求的终止》一书所说,中国烟台市实行房改后,每套住宅比改革前平均减少5平方米的建筑面积,对此,世界银行报告中称:"烟台实验具有突出意义的贡献是向企业向居民出售的新建住宅面积降了下来……这是生产者对买房者已在考虑将来支付能力问题的直接反映。"所以,单位住宅面积的变化,也对住宅投资市场的需求和供给产生一定的影响。

随着经济的发展和国民收入水平的提高,房地产的需求与消费结构将向丰富多彩和较高层次的方向转变。比如,人均收入的增长会引起普通住宅、高级公寓和别墅的比例关系产生变化。又如,一个地区经济增长的速度和对外交流的程度,将影响写字楼和购物中心所占的份额。

三、房地产按揭风险分析

在香港,人们通常所说的按揭,真正意义上是抵押,但已习惯于称作按揭。因此,本文所说的楼宇按揭,基于如下含义:楼宇按揭贷款是指购楼者以所购得的楼宇作为抵押品而从银行获得贷款,购楼者按照按揭契约中规定的归还方式和期限分期付款(Payment by Instalments)给银行,银行按照一定的利率收取利息。如果贷款人违约(Breach of Contract),银行有权收回楼宇。

贷款利率一般根据香港银行公会利率小组公布的最优惠利率确定。香港的楼宇按揭贷款利率经常变动,有时一年之内频繁变动10次之多。1991年9月以后,香港新的楼宇按揭贷款利率从最优惠利率加1.25厘上升至1.75厘,目前仍然维持这个水平。但是,期间优惠利率又经多次变动。1995年2月4日,香港银行公会宣布银行利率上调半厘,最优惠利率为9厘,而标准楼宇按揭贷款利率为10.75厘。最优惠利率的变动会影响按揭利率的变化,但不是唯一的调整原则。一般契约都规定银行有权随市况调整利率。

年期，是指楼宇按揭贷款分期偿还的期限。根据消费者委员会调查的结果，香港的东亚银行和大部分中资银行的按揭贷款长达 25 年，其余多数以 20 年为最长。年期一旦签约确定，则必须每月按期付款，若延迟供款，将会受到罚息；提早还款，则有可能被银行要求补息。

贷款额与按揭比率有关。所谓按揭比率，是指贷款额与楼价的比率。目前的最高按揭比率为 7 成，香港楼宇按揭率曾经达到 9 成。

本部分主要以香港房地产市场为例，说明房地产按揭风险。

(一) 房地产按揭对房地产市场的影响

香港楼宇按揭措施对楼市的影响是不可低估的，对楼市的价格、需求和投机活动都有着直接的影响。我们先来看一个例子。

1993 年秋季，正当香港整体地产市场趋于活跃，楼市价格不断上升之际，香港两家大银行汇丰银行和恒生银行突然宣布实施一系列收紧楼宇按揭的新措施。这些措施有 6 条，主要包括：一是限制提早归还银行按揭款，即凡一年内全数偿还按揭款者，罚款由当时的 1 万元增至 5 万元（或由当时的尚欠收款之 1.5% 增至 3%）；二是限制出租物业的按揭，即两行不再提供出租物业的按揭贷款，即使为租约期满收回自住者也不例外；三是限制申请按揭人的家庭月收入水平，即只接受有充分入息的家庭直系人士的借款，取消以前一并考虑其他担保人入息的做法，且月供款额压低至供款人月入总额的四成；四是限制公司借款人，汇丰银行维持公司借款人申请手续费2 000元的水准，有关公司的董事若无密切家庭关系，手续费将调升至借款额的 0.5%，最低收费为5 000元，而恒生银行则由目前的1 000元申请手续费提升至2 000元；五是限制按揭贷款使用日期，即银行一经批出按揭贷款，按揭人必须在 60 天内支用，拖延者即取消按揭；六是限制楼花按揭的时间，两家银行都不再为超过 6 个月入伙的新楼花提供按揭。

银行在楼市异常活跃、楼价暴升时，采取这一系列紧缩按揭的措施，是为了控制风险，保障自身的商业利益。然而，这客观上对楼市产生了极大的影响，新措施出台后，地产股票普遍下跌，股市恒生指数急挫 60 多点。香港两个最大型的楼盘，新鸿基地产的“雅典居”和恒基兆业的“富荣大厦”曾被很多炒家和置业者一致看好，由于新按揭措施的出台，发售时极不理想，问津者比预期的大大减少。

房地产按揭对房地产市场的影响可具体概括为：

1. 影响房地产供求。银行提供按揭贷款是要承担风险的，风险越大，其所要求的风险溢价就越高。银行应对这类风险的途径有两条，一是通过上调利率，提高风险溢价从而补偿风险所带来的成本；另一种方法是利用诸如对按揭比率的限制和将楼宇作为抵押品等按揭配给政策来减低风险及成本。

这些措施的实施，都将影响按揭信贷量。当按揭利率下降时，由于房地产业的信贷成本降低，进而有可能刺激房地产信贷需求，按揭信贷量增加。此时，楼宇需求有可能增加，进而刺激房地产的供应；反之，则压抑楼宇的需求和供应。

同样，如果银行采取较宽松的按揭配给政策，则会刺激房地产的需求和增加供给；反之，若紧缩按揭配给政策，则有可能冷却楼市。

政府可以通过适当的方式，指引按揭信贷量供应的幅度，从而调节房地产的供求，间接地调控房地产市场的发展方向。有的专家通过分析指出，似乎按揭比率对楼市的影响要比利率的影响更大。这是因为，首期所需的资金对房地产需求有着显著的影响。

2. 压抑“炒风”。楼宇按揭政策放松，房地产投机活动相对地会增多；而如果采取紧缩政策，则可以压抑“炒风”，打击房地产中的投机行为。

1993 年，汇丰银行的提前还款额是惊人的，5 月份为64 600万元，6 月份为69 500万元，7 月份为10 200万元。提前偿还供款余额的数量越大，说明楼宇转手的频率有可能越高。据业内人士估计，“雅典居”第九座原来的买家中，可能有超过四成是“炒家”而非自用者。因此，当银行的紧缩政策出台后，压抑了炒作行动，而使销售平淡。

（二）楼价跌落风险

房地产价格是变幻莫测的，时涨时落。当价格低落到一定界限时，当因借款人收入不足而不得不违约时，贷款商就有可能要承受一定的损失。比如，贷款时房地产价值 100 万元，发生违约后贷款商不得不拍卖，拍卖时可能只值 60 万元，贷款商则承受 40 万元的损失，贷款商还需要支付拍卖费、律师费以及其他手续费。

当楼价下跌时，借款人会考虑继续供款是否值得，进而有可能产生违约现象，这种风险是有可能存在的。因为当剩余供款总额大于购置相同功能物业所需付出的代价时，即从理财角度考虑，业主会认为继续供款下去不如重新购置相同功能的物业划算，这时违约现象便有可能发生。

这种现象可以通过以下的理论分析进行说明。假定：H 为房地产商品的购买价；H_1 为购买后房地产的新市价；α 为按揭比率；E 为已供款的本息累积额；β 为购买房地产时的交易费用占楼价的百分比。则有：

原房地产的剩余供款总额 $= \alpha H - E$

如果购置新楼宇，其费用应为：$H_1 + \beta H_1$

所以，上面提到的剩余供款总额大于购置相同功能物业所需代价的情况可以表示为：

$$\alpha H - E > H_1 + \beta H_1$$

$$\frac{H_1}{H} < \frac{\alpha}{1+\beta} - \frac{E}{H(1+\beta)}$$

或者

$$\frac{H - H_1}{H} > \frac{\beta - \alpha + \frac{E}{H} + 1}{1+\beta}$$

其中 $\frac{H-H_1}{H}$ 为价格下跌幅度。因此可以说，当价格下跌幅度超过 $\frac{\beta - \alpha + \frac{E}{H} + 1}{1+\beta}$ 时，违约行为就有可能发生。

从另一个角度分析，当楼价下跌的绝对幅度大于借款人投入的资金及成本时，违约行为也有可能发生。楼价下跌的绝对幅度可以表示为 $(H + H\beta) - (H_1 + H_1\beta)$，借款人投入的资金及成本可以表示为 $(1-\alpha)H + E + \beta H$，因此上述行为可以写为：

$$(H + H\beta) - (H_1 + H\beta) > (1-\alpha)H + E + \beta H$$

即：

$$\frac{H - H_1}{H} > \frac{1 - \alpha + \frac{E}{H} + \beta}{1+\beta}$$

这个表达式与上式相同。这说明两种违约风险的根源是一致的，即房地产价格下跌到一定程度会引起违约风险。

在上述式子中，$(1-\alpha)H$ 为首期付款，E 为已供款本金累积额，βH 为交易费用。

令楼价下跌幅度 $F = (H - H_1)/H$，再令 $r = E/H$ 为借款本金偿还率，这样，违约行为的理论公式可以写为：

$$F > 1 + \frac{r - \alpha}{1 + \beta}$$

我们可以令：$R = 1 + \frac{r - \alpha}{1 + \beta}$为楼价下跌幅度警戒线，所以，当 $F > R$，即超过警戒线时，违约行为发生的可能性就很大。

从上述过程可以看出几个风险因素之间的关系：

1. 当借款本金偿还率 r 增加时，R 会增大，因此，违约风险减小；相反，R 会减小，违约风险会增大。

2. 当按揭比率 α 增大时，R 会减小，因此，违约风险增大；反之，R 增大，违约风险会减小。

3. 当购楼交易费用率 β 增大时，R 减小，违约风险增大，呈正向运动；反之亦然。

4. 当楼价下跌幅度 F 增大时，$F > R$ 的可能性增大，违约风险会增大；反之，F 减小，$F > R$ 的可能性减小，故违约风险减小。

上述关系可以用表 9－6 清楚表示。

表 9－6　按揭风险因素的几组关系

因素	因素向增加方向变化		因素向减小方向变化		因素与风险的关系
	因素变化	风险变化	因素变化	风险变化	
r（偿还率）	↗	↘	↘	↗	反向
m（已供款期数）	↗	↘	↘	↗	反向
α（按揭比率）	↗	↗	↘	↘	正向
β（交易费率）	↗	↗	↘	↘	正向
F（楼价跌幅）	↗	↗	↘	↘	正向

下面举例说明上述理论分析。

［**例** 9－2］假设 $\beta = 0.1$，$\alpha = 0.9$，$n = 10$ 年期，在不同时期因楼价下跌而可能发生的违约风险分析如表 9－7 所示。

表 9-7 $\alpha=0.9$ 时的楼价下跌幅度警戒线

供款第 m 年	供款本金偿还率 r(%)	楼价下跌幅度警戒线 R(%)
0	0	18.181 82
0.5	2.582 014	20.529 11
1	5.305 956	23.005 42
2	11.211 26	28.373 88
3	17.783 62	34.348 75
4	25.098 38	40.998 53
5	33.239 4	48.399 45
6	42.300 01	56.636 38
7	52.384 09	65.803 72
8	63.607 25	76.006 59
9	76.098 15	87.361 95
10	90	100

在未偿还本金前，即第 0 期，供款本金偿还率为 0，但由于已支付首期供款和交易费，故楼价下跌 18.2% 以上，也会出现违约风险。半年之后，楼价下跌幅度风险警戒线上升至 20.6%，随着供款年期的增加，楼价下跌幅度的风险警戒线也越来越高，当供款期满，供款本金偿还率 $r=90\%$，即全部偿还按揭贷款，此时，已没有按揭风险。因此，从理论上表述，此时楼价下跌幅度警戒线为 1，即 100%。

[例 9-3] 假设 $\beta=0.1$，$\alpha=0.7$，$n=10$ 年期，在不同时期因楼价下跌而可能发生的违约风险分析如表 9-8 所示。

表 9-8 $\alpha=0.7$ 时的楼价下跌幅度警戒线

供款第 m 年	供款本金偿还率 r(%)	楼价下跌幅度警戒线 R(%)
0	0	36.363 64
0.5	2.008 233	38.189 3
1	4.126 854	40.115 32
2	8.719 871	44.290 79
3	13.831 7	48.937 91
4	19.520 96	54.109 97
5	25.852 87	59.866 25
6	32.900 01	66.272 74
7	40.743 18	73.402 89
8	49.472 31	81.338 46
9	59.187 45	90.170 41
10	70	100

将上述两种情况进行比较,可以得出如下对照表9-9。

假设 $\beta=0.1$, $n=10$ 年期,比较按揭比率 $\alpha=0.7$, $\alpha=0.9$ 时的两种情况,容易看到,供款半年之时,$\alpha=0.7$ 时的楼价下跌幅度警戒线为38.2%,较 $\alpha=0.9$ 的警戒线水准高,并且,其他各期的比较数字都有类似的特点,即相应高出一截。从这里可得出这样的结论:按揭比率越小,银行承受的违约风险也越小。

表9-9　楼价下跌幅度警戒线对照表

供款第 m 年	供款本金偿还率 r(%)		楼价下跌幅度警戒线 R(%)		
	$\alpha=0.9$	$\alpha=0.7$	$R_{0.9}$	$R_{0.7}$	$R_{0.7(n=15)}$
0	0	0	18.181 82	36.363 64	36.363 64
0.5	2.582 014	2.008 233	20.529 11	38.189 3	37.242 65
1	5.305 956	4.126 854	23.005 42	40.115 32	38.169 98
2	11.211 26	8.719 871	28.373 88	44.290 79	40.180 35
3	17.783 62	13.831 7	34.348 75	48.937 91	42.417 82
4	25.098 38	19.520 96	40.998 53	54.109 97	44.908 03
5	33.239 4	25.852 87	48.399 45	59.866 25	47.679 52
6	42.300 01	32.900 01	56.636 38	6.272 74	50.764 08
7	52.384 09	40.743 18	65.803 72	73.402 89	54.197 06
8	63.607 25	49.472 31	76.006 9	81.338 46	58.017 83
9	76.098 15	59.187 45	87.361 95	62.270 41	62.270 18
10	90	70	100	100	67.002 86

目前,许多银行采取的按揭政策是:一年以后才可以提前全部偿还贷款,按揭最高比率为70%。在这一政策下,当年期为10年时,只有楼价下跌幅度超过40%,才有可能出现因楼价下跌而违约的风险。

一般来说,按揭利率与贷款期限和抵押率有关,贷款期限越长,或者抵押率越大,按揭利率越高。这是因为,贷款期限越长,按揭率越大,按揭违约风险也越大。

(三)按揭人收入变化风险

按揭人收入变化风险是指因为按揭人的收入发生变化,特别当收入明显减少，无力供付按揭款，从而可能放弃房地产的风险。这种情况对按揭人和银行影响都很大，对按揭人来说意味着损失财产，对银行意味着要将房地产变卖，而收回的资金可能要比最初所提供的按揭款少，从而蒙受损失。

当然，通过延长供款期，可以减少每月的供款额，从而可以减轻因收入下降而产生的压力。然而年期越长，偿还本金的速度也越慢，在这个漫长的供款过程中，又增加了违约机会。

借款人的入息增长速度、来源及稳定性都有可能导致违约风险的发生。当然，入息下降或不足，违约现象不是一定就发生。当入息下降但仍大于供款时，借款人可以减少其他方面的开支而全力支付供款；另一方面，当入息不足以支付月供款时，借款人还可以再贷款或寻找其他财源。一般来说，按揭人收入变化风险是一种小概率事件。

（四）按揭利率变化风险

当按揭利率上升时，要么每月增加供款，要么延长供款期限，这两种途径都增加了违约机会，从而给按揭双方都带来损失。

如果每月增加供款，客户则有可能承受不起而放弃借款。如果延长供款期限，其间又增加了违约机会。因此，利率越上升，违约风险越大。

经济学家普遍认为，按揭比率是影响按揭双方违约行为的一个主要因素。一般来说，按揭比率越高，违约风险越大。

不过，香港的楼宇按揭信誉普遍很高，违约个案极低，有关专家曾估计，违约案例低于0.5%。因此，香港银行普遍将房地产按揭业务看做一个低风险的交易，愿意提供较高的按揭额及较长年期的贷款，因而，楼宇按揭业务在香港银行间竞争非常激烈。

第三节　房地产投资组合风险

一、房地产投资组合的含义

（一）什么是房地产投资组合

投资组合是从证券业、保险业以及金融业发展出来的一种投资策略，是投资者进行投资决策的重要理论依据之一。可以用一个简单的例子来说明投资组合的含义：投资组合可以简单形容为“不要将鸡蛋放在同一篮子里”,因为当遇到意外而“篮子”跌在地上时,所有“鸡蛋”都会被摔破。相反,如果将“鸡蛋”放在几个篮子里,至少不会全被摔坏。这个概念应用到房地产投资上,就被称为房地产投资组合。房地产投资组合可以从广义和狭义两个方面去理解。从狭义上讲,房地产投资组合是指由不同类型的房地产和不同地区的房地产投资所构成的投资组合,这里不同类型的房地产可以是住宅、商业、购物中心、写字楼、工业厂房等等;而不同地区,则可以是在北京,也可以是在广州、上海、深圳等地投资。从广义上讲,房地产投资组合是指房地产与股票、证券等金融资产的投资组合。

当然,不论投资哪方面的项目,都会遇到或大或小的风险,但其出现的概率却不同。不过,风险大的投资项目回报率也相对高,回报率低的投资项目相对风险就低些。如果资金分散地投入不同项目,整体投资风险就会得到分散,投资的回报也可以改善。

(二)投资组合选择模型

投资组合选择模型用于投资决策时,从若干个投资项目中选择出几个适当的项目进行投资组合,使得该组合风险与回报达到期望目标。

假定 $x_j = 1(0)$ 为一个决定变量,来确定是接受还是拒绝 n 个项目中的第 j 个项目,下面给出了一个合适的均方差模型:

$$Z(y) = \min \sum_{i=1}^{n} \sum_{j=1}^{n} x_i c_i \sigma_i \rho_{ij} \sigma_j c_j / (\sum_{j=1}^{n} c_j x_j)^2 \quad (1)$$

限制条件:

$$U'(x) = \sum_{j=1}^{n} u'_j x_j / \sum_{j=1}^{n} c_j x_j \geq y \quad (2)$$

$$\sum_{j=1}^{n} c_j x_j \leq b$$

$$x_j = 0,1; j = 1,2,\cdots,n; \text{式中所有 } y \text{ 均大于零} \quad (3)$$

每个项目的成本为 c_j,在该成本下相应回报率为 r_j,期望回报率的标准离差为 ρ_j,j 项目期望的回报总额为 $u_j = c_j$,组合投资的回报总额为 $\sum_{j=1}^{n} u'_j x_j$ 。用它除以组合投资总成本 $\sum_{j=1}^{n} c_j x_j$,即得到组合投资的纯回报率。ρ_{ij}为项目 i 和项目 j 之间的标准相关系数,且为非负。这里 ρ_{ij} 非负的经济意义是指:不同类型或地区的房地产投资的相关性是正向变动或同向变动的。如果是广义的房地产投资组合,即当房地产投资和股票、债券等金融资产组合在一起时,其相关系数 ρ 可以为负数。因此,投资者寻找的组合投资的回报率方差为最小,而回报至少要大于参数 y。公式(3)代表了整个组合投资的开支预算极限。

在经典的连续变化资产模型中,产生一个相关系数矩阵是一个很重要且十分复杂的问题,必须各自做出估计而采用一共同指数,一个较大的困难是这些值在内部必须是相互一致的。

上述模型中给定的值 y 和 b 以目前的技术有效地确定还有些困难,并且组合投资的现金流量 $\sum_{j=1}^{n} c_j x_j$ 同样出现在(1)、(2)两式的分母中。由于它事先无法确定值的大小,这就将大大地增加计算的难度。然而,这个问题可假设投资者总可以将未经分配资金以已知利息 r_0(安全利率,其方差为0即为无风险利率)进行投资,经修正后的模型如下:

$$Z(y) = \min \frac{1}{b^2} \sum_{j=1}^{n} \sum_{i=1}^{n} x_i c_i \sigma_i \rho_{ij} \sigma_j c_j x_j$$

限制条件:

$$U(x) = r_0 + \frac{1}{b} \sum_{j=1}^{n} u_j x_j \geq y$$

$$\sum_{j=1}^{n} c_j x_j \leq b$$

$$x_j = 0,1; j = 1,2\cdots,n$$

这里的 $u_j = (r_j - r_0) \times c_j$ 表示超过安全利率那部分超额回报。这个选择模型是进行投资组合资产选择和决策的基础。

二、房地产投资组合风险分析

(一)投资组合风险的定义

投资组合中各项投资都具有风险,一般可用方差来表示,但要全面认识投资组合风险,仅认识单项投资的风险是不够的,还必须考虑它与其他投资的相互作用。投资组合风险是指作为一个整体的投资获得预期收益所要承担的风险。假设投资组合有 n 项单项投资,则组合风险的数学表达式如下:

$$\sigma = \sqrt{\sum_{i=1}^{n} x_i^2 \sigma_i^2 + \sum_{i=1}^{n} \sum_{j=1}^{n} x_i x_j \sigma_i \sigma_j \rho_{ij}}$$

或

$$\sigma = \sqrt{\sum_{i=1}^{n} x_i^2 \sigma_i^2 + \sum_{i=1}^{n} \sum_{j=1}^{n} \sigma_{ij}}$$

这里：σ 表示投资组合风险；

x_i 是投资组合中投资 i 的百分比或权重；

σ_i 是投资组合中投资 i 的预期收益的标准差；

ρ_{ij}是投资 i 与投资 j 之间的相关系数；

σ_{ij}是投资 i 与投资 j 之间的协方差。

从上式中可看出，投资组合的风险可以分为两个部分，即单项投资风险和各投资资产间的相关性影响。

(二)一个案例

[**例** 9－4] 假设投资者有一笔1 000 万元的资金，其投资方案有甲、乙、丙三种。甲方案是资金全部投入住宅，乙方案资金全部投入写字楼方面，丙方案是一种组合投资，用一半的资金投入住宅方面，一半的资金投入写字楼方面。由于不同的投资方案会面临不同的不确定性条件，从而可能带来不同的不确定结果。因此，三种方案的收益情况可以图 9－2 表示。

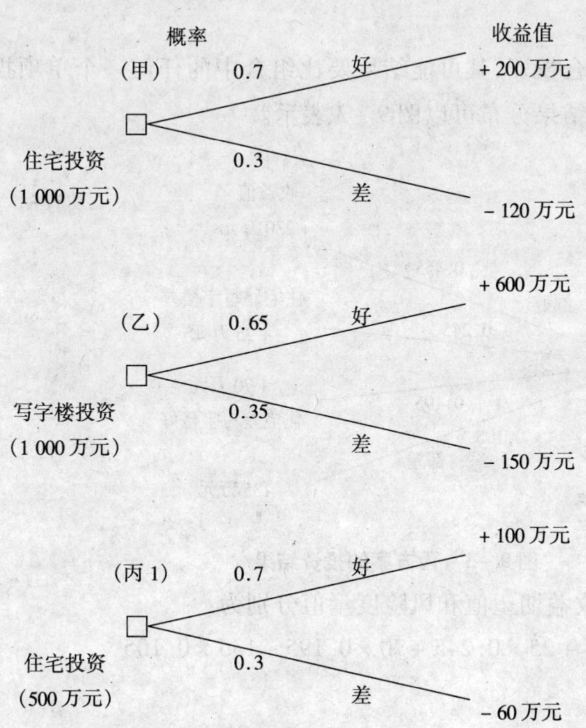

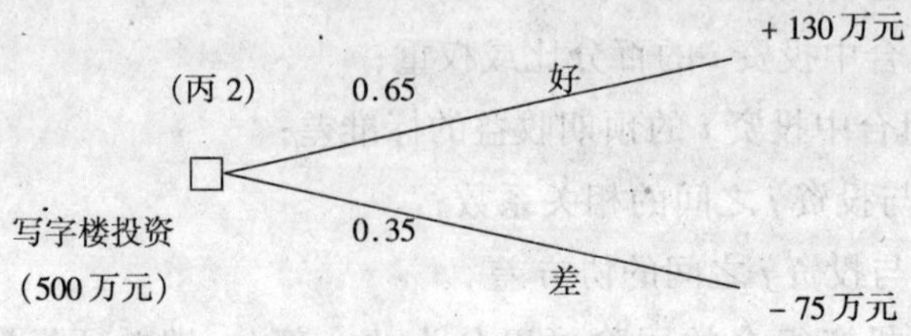

图 9-2 三种方案的投资收益情况

上述情况表明,投资写字楼的回报率要高些,但风险也大些(不确定性要大些)。通过分析计算可知投资甲方案时,收益期望值和风险度量值分别为:

$\overline{K}_{甲} = 200 \times 0.7 - 120 \times 0.3 = 104.0$

$R_{甲} = 146.6$

乙方案的收益期望值和风险度量值分别为:

$\overline{K}_{乙} = 0.65 \times 260 - 0.35 \times 150 = 116.5$

$R_{乙} = 195.6$

丙方案是一种组合投资,其可能结果要比组合中的任何一个单项投资结果要多。丙方案的结果分布可以图 9-3 表示。

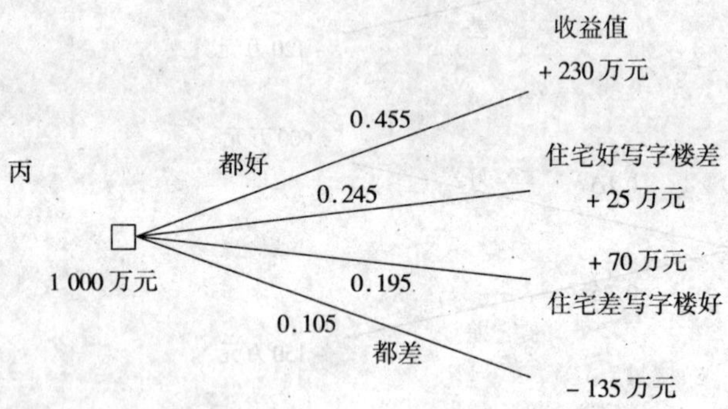

图 9-3 丙方案的投资结果

那么,该方案的收益期望值和风险度量值分别为:

$$\overline{K}_{丙} = 230 \times 0.455 + 25 \times 0.245 + 70 \times 0.195 - 135 \times 0.105 = 110.25$$

$R_{丙} = 122.2$

从上述分析可以看出,组合投资丙方案的风险度量值比甲、乙两个方案的风险值有所降低,但其期望值也有所变化。美国伊诺斯大学金融学教授罗伯特·A.哈根在他的著作《现代投资学》一书中论述:“排除卖空的情况,投资组合的期望收益总是在两种股票的收益之间。”①房地产投资组合也有类似的结论,房地产投资组合的期望收益总是介于独立投资收益的最大值与最小值之间,但组合投资的风险会下降,因此达到了分散风险的目的。

三、风险分散对风险溢价的影响

投资人承担风险时会要求对此有所补偿,这个经济上的补偿被称为风险溢价。因此,风险越高,投资者这种期望自然越大,预期回报也必然越高。组合投资能够分散风险,但要付出降低风险溢价的代价。

从前面的分析可以看到,组合投资丙方案亏损 135 万元的概率为 0.105,要比甲方案亏损 120 万元的概率 0.3 和乙方案亏损 150 万元的概率 0.35小得多,因此其风险比甲、乙两方案低。然而,这一降低风险效果换来的是:投资组合丙方案的最高可能收益值为230 万元,小于乙方案的最大值260 万元,并且,实现最大值的机会(0.455)既小于甲方案实现最大值的机会(0.7),也小于乙方案实现最大值的机会(0.65)。这与实际情况下的行为相吻合,即风险越大,其风险溢价越高;相反,风险降低,其风险溢价也会降低。

应该指出的是,以上分析结果是基于在组合投资丙方案中,分散投资的两个项目是相互独立、互不相关的。但在现实中,一般来说不同类型的房地产投资项目之间有一定的相关性,以下主要讨论在两种特殊相关的情况下的风险分散的效果。

四、完全正相关与完全负相关组合投资

当两种投资方案为完全正相关时,不确定因素对他们的影响效应是完全一样的。两者的期望回报率会一同上升或一同下降。在这种情况下,投资组合的风险与个别投资的风险相同。因此,当两种方案完全正相关时,组合投资对于风险的降低不起作用。例如,将一笔资金分别投资于两幢住宅楼,甲的价格上升,乙的价格也上升,甲的价格下跌,乙的价格也下跌,并且其升降幅度也相同,这就起不到分散风险的作用。

---

① 罗伯特·A.哈根.现代投资学.北京:中国财政经济出版社,1992.

另一方面，当两种投资方案为完全负相关时，不确定因素对他们的影响效应恰恰相反。因此，其回报率正好反向变化——当一个回报率上升时，另一个则下降；反之亦然。在这种情况下，两种方案的组合投资会抵消掉独立投资的风险。如在表 9-10 中，A，B 两方案是完全负相关的。A，B 组合投资的风险为 0。在房地产市场中，完全负相关的情况较为罕见，但负相关是存在的。假设有两项投资 A 和 B，A 为写字楼投资，B 为工业厂房投资，在经济繁荣时，由于办事处增多，因而写字楼的回报上升，但工业通用厂房又租售不利，回报下降；而经济萧条，基础工业加强时，写字楼回报下降，通用厂房的回报却上升，其假设情况和风险度量值计算结果见表9-10。

表 9-10　完全负相关的组合投资

经济状况	P_i	K_A	K_B	K_{AB}
萧条	0.2	-0.15	0.35	0.1
平稳	0.5	0.10	0.10	0.1
繁荣	0.3	0.35	-0.15	0.1
期望回报率		0.125	0.075	0.1
风险度量值		0.175	0.175	0

从上述分析中可以看出，完全负相关的个别投资项目的组合，可以将所有个别的风险都分散掉。

当然，在狭义的房地产投资组合中，很少有完全正相关或完全负相关的投资方案，但是，在广义的房地产投资组合中，上述情况理论上是有可能存在的。总之，应用组合投资能在一定程度上减少总体投资风险。

五、房地产投资组合风险与回报

虽然比较投资回报是评价投资方案的重要起点，但这仅是分析投资风险与回报的内容之一。从前面几章的论述中我们知道，一般来说，高回报的投资比低回报的投资更具风险。由于我国房地产市场刚刚起步，且尚未发育健全，因而有关房地产投资风险与回报的数据也未成体系。下面利用美国的有关房地产投资回报及风险值的数据来研究这一关系。风险与回报的关系可以通过风险溢价来研究，按照风险溢价是否与承担的风险相当来进行客观评价。因此，投资者可以通过比较不同投资组合所能获得的风险溢价来决定选择何种投资组合。

在阐述房地产投资回报与风险的关系之前,先来分析一下 1985 年末到 1990 年末美国房地产投资信托证券(EREITs)的回报与风险的关系。由此分析单项投资的风险与回报的关系,以及投资组合整体的风险与回报关系。

表 9-11 给出 EREITs 从 1986 年到 1990 年的持有期季度回报率的有关统计数据。

表 9-11 EREITs 持有期季度回报率(1986~1990 年)

期数(季度)	EREITs 指数(1972=100)	$FMRR_i$	$(FMRR_i - FMRR)$	$(FMRR_i - FMRR)^2$
1985.4	673.7			
1986.1	764.6	0.134 9	0.124 0	0.015 4
2	787.6	0.030 1	0.019 2	0.000 4
3	803.6	0.020 3	0.009 4	0.000 1
4	802.5	-0.001 4	-0.012 3	0.000 2
1987.1	886.3	0.104 4	0.093 5	0.008 7
2	890.6	0.004 9	-0.006 1	0.000 0
3	855.3	-0.039 6	-0.050 5	0.002 6
4	773.1	-0.096 1	-0.107 0	0.011 5
1988.1	844.3	0.092 1	0.081 2	0.006 6
2	867.8	0.027 8	0.016 9	0.000 3
3	878.5	0.012 3	0.001 4	0.000 0
4	874.4	-0.004 7	-0.015 6	0.000 2
1989.1	895.6	0.024 2	0.013 3	0.000 2
2	948.5	0.059 1	0.048 2	0.002 3
3	982.6	0.036 0	0.025 0	0.000 6
4	952.5	-0.030 6	0.041 5	0.001 7
1990.1	914.5	-0.039 9	-0.508 0	0.002 6
2	911.8	-0.003 0	-0.013 9	0.000 2
3	780.7	-0.143 8	-0.154 7	0.023 9
4	804.9	0.031 0	0.020 1	0.000 4
$n=20$		$\sum 0.218\ 1$		$\sum 0.077\ 9$

1986 年第一季度 $FMRR_i = (764.6 - 673.7)/673.7 = 0.134\ 9$

$$FMRR = \sum FMRR_{i/n} = 0.218\ 1/20 = 0.010\ 9$$

方差 $\sigma^2 = \sum (FMRR_i - FMRR)^2/n = 0.077\ 9/20 = 0.003\ 9$

标准差 $\sigma = \sqrt{\sigma^2} = \sqrt{0.003\ 9} = 0.062\ 4$

方差系数 $\sigma = 0.062\ 4/0.010\ 9 = 5.724\ 7$

说明:$FMRR_i$ 为第 i 期持有期回报;$FMRR$ 为全期平均持有期回报。

从表9-11中可以看出,投资者拥有含EREITs的组合时,从1986年到1990年可获平均为1.09%的季度回报,当回报的标准差除以平均回报率时,就得到方差系数5.724 7,这可以解释为每获一单位的回报就要承担5.724 7单位的风险。

表9-12列出1978年第一季度到1990年第四季度美国几种类别投资组合的有关统计数字。

表9-12　几类投资组合的风险与回报简明表

	季度回报(1978.1~1990.4)				
	EREITs	Corp Bonds	S&P500	T Bills	CPI
算术平均值	3.51%	2.72%	4.06%	2.14%	1.49%
标准差	6.75%	7.19%	8.07%	0.61%	0.92%
方差系数	1.920 4	2.642 7	1.987 5	0.286 8	0.619 8

* EREITs为美国房地产投资信托证券;
* Corp Bonds为所罗门兄弟高绩债券,下面简称债券;
* S&P500为标准普尔500普通股,下面简称普通股;
* T Bills为美国国库券,并视为无风险资产,下面简称国库券;
* CPI为消费者价格指数,可看做通货膨胀率。

从表9-12中可以看出,在特定时期(1978~1990年),房地产投资回报比债券高,比股票低,但风险却比股票和债券投资都低。然而,仅从考虑个别投资的回报和回报的标准差来组建一个投资组合,并不总是能保证获得一个乐观的投资组合。实际上,投资者必须考虑的另一个问题是如何把握新增的投资对投资组合的风险与回报的影响程度。这个问题很重要,因为投资组合中的单项投资间具有相互作用。因此,对任何增加到一投资组合的新投资的判断应在"效用"的基础上进行。这就是说,投资的效用可以这样判断,是否它在降低组合风险的同时保持预期投资回报不变或能使其增加。

为了说明投资组合中的单项投资的相互作用是如何发生的,新增加的投资是如何影响投资组合平均回报及其风险的,必须先来计算投资组合的回报、投资组合的整体风险和考虑如何测定不同投资回报之间的相关程度。

投资组合的回报可这样来计算,先求得各单项投资的平均回报率 $\bar{r}_i$,然后对其进行加权平均，权重为各单项投资价值占总投资组合价值的百分比。设相应权重为 x_i，则投资组合回报率 r 可表示为：

$$r = \sum_{i=1}^{n} x_i \bar{r}_i \qquad \text{其中} \sum_{i=1}^{n} x_i = 1, \text{且} 0 \leq x_i \leq 1$$

显然，r 要比 $\bar{r}_i$ 中最大者小，比 $\bar{r}_i$ 中最小者大。但是，投资组合的回报需要与投资组合的风险联系在一起考虑。

如前所述，投资组合风险可分成为两个部分，第一部分是单项投资的风险，第二部分是不同投资间的相关性影响。组合风险 σ 的计算公式如下：

$$\sigma = \sqrt{\sum_{i=1}^{n} x_i^2 \sigma_i^2 + \sum_{i=1}^{n} \sum_{j=1}^{n} x_i x_j \sigma_{ij}}$$

这里，σ_{ij}为投资间协方差，其计算步骤如下：

第一步，求出全期各单项投资的平均回报率 $\bar{r}_i$ 和投资组合的回报率 r。

第二步，求出 $\sum_{i,j=1}^{n} (r_i - \bar{r}_i)(r_j - \bar{r}_j)/n$，即得出投资 i 和投资 j 之间的协方差 COV_{ij}。

求出了协方差之后，我们可以判定两种投资回报变动是正向相关的（协方差为正）还是负向相关的（协方差为负数），抑或是不变（协方差为0）。但用它来解释两种投资回报的相关性还不够完美，于是我们求出两种投资回报的相关系数 ρ_{ij}。

$$\rho_{ij} = COV_{ij} \div (\sigma_i \sigma_j)$$

因为相关系数 ρ_{ij}在[-1, +1]内变动，这样就比较容易解释回报的相关程度。举例来说，若相关系数接近 1，则两种投资关系极密切或说高度相关，两种投资的回报是正向高度相关的。相反，若相关系数接近 -1，则两种投资是高度负相关的，只要给其中一种资产有一个小的变动，另一种资产将朝反方向变动。若相关系数接近于 0，则意味着两种投资不相关。最后，我们要强调的是，只要投资间的相关系数小于 1，就可以通过投资组合来降低风险，对于相关系数接近 -1 的投资，甚至有可能抵消风险。

基于前面的分析，现在应该很清楚投资组合在减少风险方面肯定是有效的。当然，这时要考虑的关键问题是房地产投资及其他金融投资是如何影响投资组合的平均回报率的，这就有风险与回报的权衡问题。为此，我们先看表 9 - 13。

表 9-13　几种投资季度回报的相关系数(1978~1990 年)

	季度回报(1978~1990)				
	EREITs	Corp Bonds	S&P500	T bills	CPI
EREITs	1.000	0.423 2	0.757 4	-0.035 0	-0.046 2
Corp Bonds		1.000	0.902 4	0.093 9	0.043 8
S&P500			1.000	-0.186 0	-0.108 4
T bills				1.000	0.559 1
CPI					1.000

从表 9-13 中可看出,许多投资可以有效地组合在一起为投资者提供更乐观的风险溢价。表 9-13 表明投资组合潜力的一个关键指标是投资回报的相关性,列出上表的目的是考虑如何将房地产投资工具与其他各种投资组合在一起。因此,我们来考察这个问题——是否含有某些证券的投资组合在加进房地产投资时会更有效率?是否会带来投资组合分散化利润?

这样,我们从现在已有投资组合的假定开始,然后考虑这个投资组合在 1978~1990 年期间,能否从房地产投资中获得分散化利润。因此,下面我们要进行的所有分析都有这样两个假定:①现有投资组合必须有 10% T bills以保证资产的流动性。②标准普尔普通股和所罗门兄弟高绩债券包含在权重为 90% 的组合中,然后我们考虑组合回报与风险怎样随房地产投资 EREITs 证券的增加而变化。

回到表 9-13,我们注意到 EREITs 的回报与债券、普通股的相关系数分别为0.423 2和0.757 4,与 T bills 的相关系数是 -0.035 0,而且债券与普通股的相关系数为 0.902 4。这些数据表明,EREITs 与普通股和债券的相关性不如普通股和债券的相关性强,而且 EREITs 证券与 T bills 是负相关的。这就是说,若把房地产投资与含有普通股、债券和国库券(T bills)的投资组合在一起,将会很有机会获得风险溢价。要判定事实是否如此,我们先构建普通股、债券、国库券为一投资组合。要注意,投资组合受保持有 10% 的国库券的限制,余下的投资将由普通股和债券来组成。我们计算含 10% 的国库券及各种按 10% 比例增减的普通股和债券共同组成的投资组合的平均回报率和其标准差,并将平均回报率和标准差在图 9-4 中表示出来。

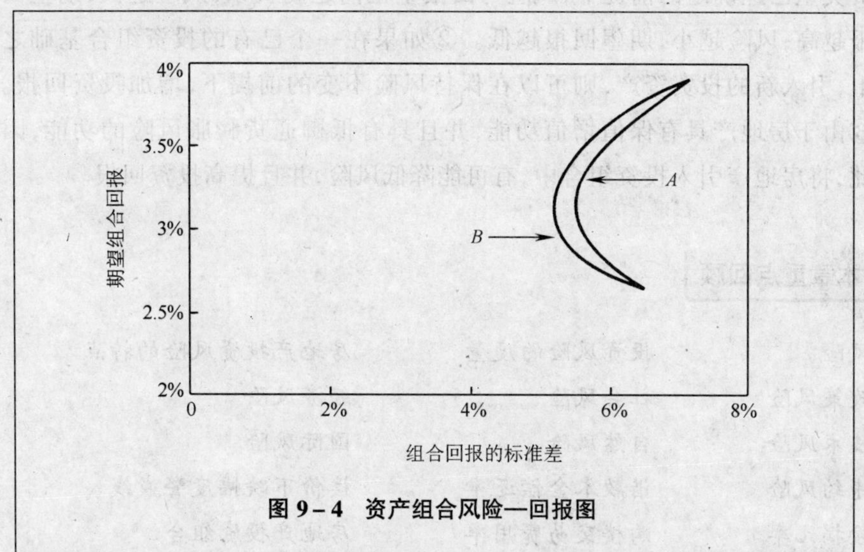

图 9-4 资产组合风险—回报图

图 9-4 表明，在 1978 至 1990 年间，10% 的国库券、35% 的普通股、55% 的债券的资产组合将有近 3.13% 的总组合平均季度回报和 5.64% 的回报标准差。请注意，组合 A 曲线从这点开始向后弯，即投资者在更高风险水平上能获得更高的组合回报。实际上，若投资者愿意承担超过 5.64% 的标准差（风险），则他们总会相应地选择曲线向上倾斜的部分，即有效率的部分。他们也会看到同一风险水平上曲线向上倾斜部分（有效率部分）有比向下倾斜的那部分（非效率部分）更高的平均回报率。举例来说，组合 A 在标准差为 6% 上，不同组合有不同的回报率 2.83% 或 3.49%，人们总会选择 3.49% 的回报。

现在来考虑组合 A 增加 EREITs 投资时会怎样？考虑 EREITs 和普通股、债券、10% 的国库券的各种比例的组合，同样可以在图 9-4 上画出组合 B 的不同比例的平均回报率——标准差曲线 B。从曲线 B 与曲线 A 的对比中可看出，在同一平均回报率水平上，组合 B 的风险更小，或者说在同一风险水平上，组合 B 的平均回报率更高。组合 B 曲线有效率的部分为从含 5% 股票、40% 债券、45% EREITs 及 10% 的国库券的点开始向上倾斜的部分。若投资者希望获得更高的回报，他们可增加更多的 EREITs 来代替债券，风险同时也在增加。

通过以上分析，我们可以得到以下三个重要结论：①在投资组合中投资类型已经确定的前提下，风险与回报呈正向运动关系，风险越大，期望回报越高；风险越小，期望回报越低。②如果在一个已有的投资组合基础之上，引入新的投资资产，则可以在保持风险不变的前提下，增加投资回报。③由于房地产具有保值增值功能，并且具有抵御通货膨胀风险的功能，因此，将房地产引入投资组合中，有可能降低风险，并且提高投资回报。

本章重点回顾

风险	投资风险的度量	房地产投资风险的特点
政策风险	社会风险	经济风险
技术风险	自然风险	国际风险
违约风险	借款本金偿还率	楼价下跌幅度警戒线
按揭比率	购楼交易费用率	房地产投资组合
风险分散	风险溢价	完全正相关组合投资
完全负相关组合投资		

第十章 房地产投资税费

第一节 房地产税收概述

税收是国家强制地、无偿地取得财政收入的一种工具。税收的产生是同国家的产生、存在紧密结合在一起的。税收具有"三性",即强制性、无偿性和固定性。到了现代社会,税收已成为国家对经济进行宏观调控的主要手段,国家凭借公权力参与国民收入分配和再分配。

一、房地产税收的特征

所谓房地产税收,是指国家无偿地、强制地对纳税主体所拥有的房地产或者凭借房地产从事经营活动而得到的收益所征收的相关税负。简单地说,房地产税收是指国家在房地产领域内征收的相关税收种类,既包括与房地产直接相关的税种,如土地增值税、房产税等;也包括与房地产间接相关的税种,如营业税、印花税等。它是国家参与房地产收益分配、再分配活动的主要方式,也是国家借以调控房地产市场、促进土地资源优化配置和有效利用的重要经济手段。

由于房地产市场、房地产商品的特殊性,房地产税收除了具有一般税收的特点以外,还具有其自身的特征。这主要表现在:

第一,征税对象特定。房地产税收是以房地产投资行为、房地产价值或收益为特定征税对象的,其征税对象从物质角度看是土地和房屋,从产权角度看是附着在房地产上的各项权益。

第二,税收体系复杂。房地产税收体系是由许多税种构成的复杂体系，涉及10多个税种，且税类多，包括流转税、收益税、财产税、资源税和行为税等。

第三，税源分布零散。涉及房地产的税种大多是一些小税种，征收对象不集中，从农村到城镇、从生产经营企业到行政事业单位、再到居民个人，而且税基较小，税率较低，征管难度大。

第四，税收基础稳定。房地产具有长期性、耐久性等特点，随着我国经济的发展和城市化进程的不断推进，房地产的数量也在不断增加。同时，房地产的价格也由于人口的不断增加和人们对房地产的需求日趋增加而上涨，这就保证了房地产税收税基的持续增长。

第五，税收主要归属地方。房地产税收收入大部分归属于地方财政收入，是地方税收的重要组成部分。

二、房地产税收的职能

与其他的税收种类一样，房地产税收也具有满足国家财政需求，发挥经济调节作用，反映并监督市场活动的基本职能。

第一，保障财政收入，筹集公共建设资金。房地产税收是国家财政收入的重要保障，这是房地产税收最基本的功能。房地产既是生产资料，又是生活资料，它涉及各行各业及每个公民，以房地产为课税对象的税收能保证税源充足稳定。在发达国家和地区，房地产业带来的税收占年度财政收入的1/3或1/4。如美国政府财政收入的70%以上来源于房地产业，并且逐年递增；香港政府每年的财政收入中有80%来自于房地产的直接或间接收益。这些税收的一部分用于公共建设。

第二，发挥经济杠杆的调节作用，促进经济健康发展。税收作为经济杠杆是国家实行宏观调控的重要工具，国家通过税收政策的调整来调节纳税人的经济利益，影响房地产业的发展和房地产市场的运行。通过发挥税收杠杆调节作用，调整经济发展速度和发展方向，促进经济健康发展。

第三，抑制房地产投机行为，维护市场交易秩序。由于房地产的有限性，尤其是土地资源的稀缺性，使得房地产市场经常呈现为卖方市场，这就为投机行为创造了条件。通过房地产税收，可以在一定程度上抑制这种投机行为，创造公平竞争的市场环境。

第四，调节收入水平，缩小贫富差距。房地产价值的大小是房地产税收的主要依据，房地产价值较大的占有者承担的税负也较多。所以，房地产税也反映了纳税人的纳税能力，它可以调节纳税人的收入水平，体现平等负担的原则，从而缩小贫富差距，推进社会协调发展。

三、我国房地产税收体系

改革开放以来，随着国民经济和房地产业的发展，我国的房地产税收体系不断适应市场经济发展的需要，逐步走向完善。到目前，基本形成了较为健全的房地产税收体系。

按照税种的类别进行划分，我国的房地产税可以分为四大类：

第一类，货物和劳务税类，如营业税等；

第二类，所得税类，如企业所得税、个人所得税、土地增值税等；

第三类，财产税类，如房产税、城镇土地使用税、耕地占用税、契税等；

第四类，其他税收，如印花税、城市维护建设税等。

另外，我国的税收体系还可以按照中央税、地方税和中央地方共享税来进行划分。在该体系中涉及房地产税的地方税有房产税、城镇土地使用税、土地增值税、耕地占用税、契税等，中央地方共享税有营业税、印花税、企业所得税和个人所得税等。

第二节　耕地占用税

一、基本情况

耕地占用税，是指国家对占用耕地建房或者从事其他非农业建设的单位和个人，依其占用耕地的面积征收的税。

1987 年 4 月 1 日，国务院发布《中华人民共和国耕地占用税暂行条例》，并从发布之日起施行。2007 年 12 月 1 日，国务院发布 511 号国务院令，对《中华人民共和国耕地占用税暂行条例》进行修改并公布，于 2008 年 1 月 1 日起施行。2009 年，耕地占用税收入为 633.1 亿元，占当年全国税收总额的 1.0%。2010 年，耕地占用税收入为 888.64 亿元，占当年全国税收总额的 1.2%。

耕地占用税具有如下基本特点:①强调对耕地的保护;②对土地用途转换进行平衡;③实行一次性征收;④耕地占用税以县为单位,以人均耕地面积为标准,分别规定单位税额;⑤耕地占用税征收标准在不同地区不一样。

凡占用耕地建房或者从事其他非农业建设的企业、单位和个人,都是耕地占用税的纳税人,包括各类企业、单位、个体经营者和其他个人(一般不包括外商投资企业、外国企业和外国人)。农民家庭占用耕地建房的,家庭成员中除未成年人和没有行为能力的人外,都可为耕地占用税的纳税人。

纳税人必须在经土地管理部门批准占用耕地之日起 30 日内缴纳耕地占用税。

二、征税范围和计税依据

耕地占用税的课税对象是占用耕地从事其他非农业建设的行为。耕地占用税的征税范围包括国家所有和集体所有的耕地,包括用于种植农作物的土地,也包括新开荒地、休闲地、轮歇地、草田轮作地等。

耕地占用税以纳税人实际占用的耕地面积为计税依据,按照规定税额标准一次性征收。

应纳税额 = 纳税人实际占用的耕地面积 × 适用税额标准

三、税额标准

耕地占用税根据不同地区人均占有耕地的数量和当地经济发展状况实行有地区差别的幅度定额税额标准,每平方米应纳税土地的税额标准见表 10 -1。

表 10 -1 耕地占用税税额标准表

地区(以县级行政区域为单位)	税额标准
人均耕地不超过 1 亩的地区	每平方米为 10 元至 50 元
人均耕地超过 1 亩但不超过 2 亩的地区	每平方米为 8 元至 40 元
人均耕地超过 2 亩但不超过 3 亩的地区	每平方米为 6 元至 30 元
人均耕地超过 3 亩的地区	每平方米为 5 元至 25 元

财政部、国家税务总局根据人均耕地面积和经济发展情况确定各省、

自治区、直辖市的每平方米平均税额如下：上海市45元；北京市40元；天津市35元；江苏、浙江、福建、广东等4省30元；辽宁、湖北、湖南等3省25元；河北、安徽、江西、山东、河南、重庆、四川等7省、市为22.5元；广西、海南、陕西、贵州、云南等5省、自治区20元；山西、黑龙江、吉林等3省为17.5元；甘肃、宁夏、内蒙古、青海、新疆、西藏等6省、自治区为12.5元。各省、自治区、直辖市应有差别地规定各县(市)和市郊区的适用税额标准，但全省(自治区或直辖市)平均数不得低于上述核定的平均税额标准。

各地适用税额，由省、自治区、直辖市人民政府在表10－1规定的税额幅度内，根据本地区情况核定。各省、自治区、直辖市人民政府核定的适用税额的平均水平，不得低于以上规定的平均税额。

经济特区、经济技术开发区和经济发达且人均耕地特别少的地区，适用税额可以适当提高，但是提高的部分最高不得超过所在省、自治区、直辖市人民政府规定的当地适用税额的50%。

占用基本农田的，适用税额应当在上述各省、自治区、直辖市人民政府规定的当地适用税额的基础上提高50%。

四、减免条件

下列经批准占用耕地，可以享受减免税的纳税人，须向当地征收机关申报免征或减征：

其一，军事设施、学校、幼儿园、养老院、医院占用耕地，免征耕地占用税。

其二，铁路线路、公路线路、飞机场跑道、停机坪、港口、航道占用耕地，减按每平方米2元的税额征收耕地占用税。根据实际需要，国务院财政、税务主管部门商国务院有关部门并报国务院批准后，可以对上述情形免征或者减征耕地占用税。

依照上述两项规定免征或者减征耕地占用税后，纳税人改变原占地用途，不再属于免征或者减征耕地占用税情形的，应当按照当地适用税额补缴耕地占用税。

其三，农村居民占用耕地新建住宅，按照当地适用税额减半征收耕地占用税。

其四，农村烈士家属、残疾军人、鳏寡孤独以及革命老根据地、少数民族聚居区和边远贫困山区生活困难的农村居民，在规定用地标准以内新建住宅缴纳耕地占用税确有困难的，经所在地乡（镇）人民政府审核，报经县级人民政府批准后，可以免征或者减征耕地占用税。

第三节　城镇土地使用税

一、基本情况

城镇土地使用税是以实际占用的城镇土地面积为计税依据，按规定税额标准对拥有土地使用权的单位和个人征收的税。

国务院于 1988 年 9 月 27 日发布了第 17 号国务院令《中华人民共和国城镇土地使用税暂行条例》，并于当年 11 月 1 日施行。2006 年 12 月 31 日，国务院对该条例进行了修改并公布。修订后的城镇土地使用税暂行条例较大幅度提高了城镇土地使用税的税额幅度，将税额标准在原有基础上提高了两倍。另外，根据修订后的条例，外商投资企业和外国企业也要为生产经营所使用的土地缴纳土地使用税，结束了以往内外有别的税收体制，从而促进内、外资企业在公平竞争的环境中开展生产活动。2009 年，城镇土地使用税收入为 921.0 亿元，占当年全国税收总额的 1.5%。2010 年，全国城镇土地使用税累计收入 1 004.01 亿元，占当年全国税收总额的 1.37%。

城镇土地使用税具有如下基本特点：①对占用或使用土地的行为征税；②征税对象是城镇土地；③实行等级幅度税额；④大、中、小城市税额标准不一样。

有偿取得土地使用权城镇土地使用税纳税义务发生时间为：以出让或转让方式有偿取得土地使用权的，应由受让方从合同约定交付土地时间的次月起缴纳城镇土地使用税；合同未约定交付土地时间的，由受让方从合同签订的次月起缴纳城镇土地使用税。

城镇土地使用税的纳税人包括在城市、县城、建制镇、工矿区范围内使用土地的各类企业、单位、个体经营者和其他个人，包括外商投资企业、外国企业和外国人。

二、征税范围和计税依据

城镇土地使用税的征税范围是城市、县城、建制镇、工矿区。

城镇土地使用税的应纳税额以纳税人实际占用的土地面积为计税面积，按照规定的适用税额标准计算。应纳税额计算公式为：

应纳税额 = 计税土地面积 × 适用税额标准

三、税额标准

城镇土地使用税根据不同地区和各地经济发展状况实行等级幅度税额标准，每平方米应税土地的税额标准如下：大城市每年1.5～30元；中等城市每年1.2～24元；小城市每年0.9～18元；县城、建制镇、工矿区每年0.6～12元。经过省级人民政府批准，经济落后地区的税额标准可以适当降低，经济发达地区的税额标准可以适当提高。

四、减免情况

下列土地免缴城镇土地使用税：

其一，国家机关、人民团体、军队自用的土地；

其二，由国家财政部门拨付事业经费的单位自用的土地；

其三，宗教寺庙、公园、名胜古迹自用的土地；

其四，市政街道、广场、绿化地带等公共用地；

其五，直接用于农业、林业、牧业和渔业的生产用地，水利设施及其护管用地；

其六，经批准开山填海整治的土地和改造的废弃土地，从使用的月份起，可以免征城镇土地使用税5年至10年；

其七，国家规定可以免征城镇土地使用税的能源、交通用地和其他用地；

其八，其他可以免征城镇土地使用税的情形。

1988年10月24日国家税务局发布《关于土地使用税若干具体问题的解释和暂行规定》（国税地字〔1988〕第015号），个人所有的住房和院落用地，由省、自治区、直辖市税务局根据当地的实际情况决定是否征收城镇土地使用税。

2006年12月25日，财政部和国家税务总局联合发文《关于房产税城镇土地使用税有关政策的通知》(财税〔2006〕186号),对经营采摘、观光农业的单位和个人征免城镇土地使用税问题作出如下规定:“在城镇土地使用税征收范围内经营采摘、观光农业的单位和个人,其直接用于采摘、观光的种植、养殖、饲养的土地,免征城镇土地使用税。”

第四节 房产税

一、基本情况

房产税是以房屋为征税对象,按房屋的计税余值或租金收入为计税依据,向产权所有人征收的一种财产税。2009年,房产税收入为803.6亿元,占当年全国税收总额的1.3%。2010年,房产税收入为894.07亿元,占当年全国税收总额的1.2%。

1986年9月15日,国务院发布了《中华人民共和国房产税暂行条例》,从当年10月1日开始施行。

房产税具有如下基本特点:①房产税属于财产税,其征税对象是房屋;②区别房屋的经营使用方式规定征税办法,对于经营自用的房屋,按房产计税余值征收,对于出租、出典的房屋按租金收入征税;③按年征收,分期缴纳。

房产税由产权所有人缴纳。产权属于全民所有的,由经营管理的单位纳税。产权出典的,由承典人纳税。房屋产权的所有人、承典人不在房产所在地的,或者产权未确定及租典纠纷未解决的,由房产代管人或者使用人纳税。

房屋的产权所有人、经营管理单位、承典人、代管人或者使用人都是纳税人。

二、征税范围和计税依据

房产税在城市、县城、建制镇和工矿区征收。

房产税采用从价计税。计税依据分为按计税余值计税和按租金收入计税两种。计算方法为:

对于非出租的房产,以房产原值一次减除10%~30%后的余值为计税依据。具体减除幅度由省、自治区、直辖市人民政府确定。对于出租的房产,以房产租金收入为计税依据。

依照房产余值计算缴纳的应纳税额=房产计税余值×1.2%

依照房产租金收入计算缴纳的应纳税额=年租金收入×12%

三、税率

依照房产余值计算应纳税额的,税率为1.2%;依照房产租金收入计算应纳税额的,税率为12%。从2001年1月1日起,对个人按市场价格出租的居民住房用于居住的,房产税暂减按4%的税率征收。

四、减免条件

下列房产免纳房产税:

其一,国家机关、人民团体、军队自用的房产;

其二,由国家财政部门拨付事业经费的单位自用的房产;

其三,宗教寺庙、公园、名胜古迹自用的房产;

其四,个人所有非营业用的房产;

其五,经财政部批准免税的其他房产

五、其他规定

其一,申报。纳税人应根据税法的规定,将现有房屋的坐落地点、结构、面积、原值、出租收入等情况,据实向当地税务机关办理纳税申报。

其二,纳税期限和纳税地点。房产税实行按年征收,分期缴纳。纳税期限一般规定按季或按半年征收一次。房产税在房产所在地缴纳。房产不在同一地方的纳税人,应按房产的坐落地点分别向房产所在地的税务机关缴纳。

第五节　城市房地产税

城市房地产税是对城市房地产征收的一种税。1951年8月8日,中央人民政府政务院公布《城市房地产税暂行条例》,即日起实行。此税仅适用于外商投资企业,外国企业,香港、澳门、台湾同胞和华侨投资兴办的企业,外国人，香港、澳门、台湾同胞和华侨等。此税仅对中国境内的房产征税。省、自治区、直辖市人民政府可以根据当地的实际情况制定具体的征收办法。

城市房地产税由房屋产权人缴纳。房屋产权出典的，由承典人纳税；房屋产权的所有人、承典人不在当地或者房屋产权没有确定及租典纠纷没有解决的，由房产的代管人或者使用人代为纳税。

城市房地产税的计税依据分为两种：一种以房产价值为计税依据，适用税率为1.2%；另一种以出租房屋的租金收入为计税依据，适用税率为18%。应纳税额的计算公式为：

应纳税额=计税依据×适用税率

外国人，香港、澳门、台湾同胞和华侨购置的非营业用房产，免征收城市房地产税。

2008年12月31日，国务院第546号令宣布《城市房地产税暂行条例》自2009年1月1日起废止。自2009年1月1日起，外商投资企业、外国企业和组织以及外籍个人依照《房产税暂行条例》缴纳房产税。

第六节　土地增值税

一、基本情况

土地增值税是对有偿转让国有土地使用权及地上建筑物和其他附着物并取得收入的企业、单位和个人征收的税。

国务院于1993年12月13日发布了《中华人民共和国土地增值税暂行条例》，自1994年1月1日起施行。财政部于1995年1月27日颁布了《中华人民共和国土地增值税暂行条例实施细则》。2009年，土地增值税收入为719.6亿元，占当年全国税收总额的1.2%。2010年，土地增值税收入为1 278.29亿元，占当年全国税收总额的1.7%。

土地增值税具有如下基本特点：①以转让房地产取得的增值额为征税对象；②实行超额累进税率；③实行按次征收；④属于所得税；⑤税率全国统一。

土地增值税的纳税人包括以出售或者其他方式有偿转让国有土地使用权、地上建筑物及其附着物并取得收入的各类企业、单位、个体经营者和其他个人。

外商投资企业、外国企业、外籍个人、华侨、港澳台同胞等,只要有转让房地产行为并取得增值收入的,都是土地增值税的纳税人。

纳税人应自转让房地产合同签订之日起 7 日内,向房地产所在地的税务机关办理纳税申报。

以一次交割、付清价款方式转让房地产的,应在办理过户、登记手续前一次性缴纳全部税款。以分期收款方式转让房地产的,可根据收款日期来确定具体的纳税期限。项目全部竣工结算前转让房地产的,可以预征土地增值税。

不论纳税人的机构所在地、经营所在地、居住所在地设在何处,均应在房地产的所在地申报纳税。

二、征税范围和计税依据

土地增值税的课税对象是有偿转让国有土地使用权及地上建筑物和其他附着物所取得的增值额。土地增值税的征税范围包括国有土地、地上建筑物及其他附着物,不包括通过继承、赠与等方式无偿转让的房地产。

土地增值税以纳税人转让国有土地使用权及地上建筑物和其他附着物所取得的增值额为计税依据。增值额为纳税人转让国有土地使用权及地上建筑物和其他附着物所取得的收入减除规定扣除项目金额以后的余额。转让国有土地使用权及地上建筑物和其他附着物所取得的收入包括货币收入、实物收入和其他与转让房地产有关的经济收益。

上述扣除项目包括以下几项:

第一,取得土地使用权所支付的金额。这包括纳税人为取得土地使用权所支付的地价款和按照国家统一规定交纳的有关费用。具体为:以出让方式取得土地使用权的,为支付的土地出让金;以行政划拨方式取得土地使用权的,为转让土地使用权时按规定补交的出让金;以转让方式取得土地使用权的,为支付的地价款。

第二,开发土地和新建房及配套设施的成本。这包括土地征收及拆迁补偿费、前期工程费、建筑安装工程费、基础设施费、公共配套设施费及开发间接费用。这些成本允许按发生额扣除。

第三,开发土地和新建房及配套设施的费用。这是指与房地产开发项目有关的销售费用、管理费用和财务费用。根据新会计制度的规定,与房地产开发有关的费用直接计入当年损益,不按房地产项目进行归集或分摊。财务费用中的利息支出,凡能够按转让房地产项目计算分摊并提供金融机构证明的,可将不高于商业银行同类同期贷款利率所支付的利息据实扣除外,其他房地产开发费用应按房地产成本之和的5%的比例计算扣除金额。凡不能按转让房地产项目计算分摊利息支出并提供金融机构证明的,房地产开发费用按房地产成本之和的10%的比例计算扣除金额。

第四,旧房及建筑物的评估价格。这是指转让已使用一年以上的房屋及建筑物时,由政府批准的房地产评估机构评定的重置成本价乘以成新度折扣率,并经地方税务机关确认的价格。

第五,与转让房地产有关的税金。这是指在转让房地产时缴纳的营业税、城市维护建设税和印花税。因转让房地产交纳的教育费附加,也可视同税金予以扣除。

第六,加计扣除额。对从事房地产开发的纳税人,可以按照上述第一项、第二项金额之和加计20%的扣除额。其扣除方法采取项目年终结算和竣工清算税款时一并扣除的方法。

纳税人有下列情形之一的,按照房地产评估价格计算征收:

其一,隐瞒、虚报房地产成交价格的;

其二,提供扣除项目金额不实的;

其三,转让房地产的成交价格低于房地产评估价格,又无正当理由的。

在计算土地增值税的应纳税额时,先用纳税人取得的房地产转让收入减除有关各项扣除项目金额,计算得出增值额。再按照增值额超过扣除项目金额的比例,分别确定增值额中各个部分的适用税率,依此计算各部分增值额的应纳土地增值税税额。各部分增值额应纳土地增值税税额之和,即为纳税人应纳的全部土地增值税税额。应纳税额计算公式为:

$$应纳税额 = \sum(增值额 \times 适用税率)$$

三、税率

土地增值税实行四级超率累进税率,它是以增值额与扣除项目金额的比率大小从低到高划分为四个级次,见表10-2。

表 10－2　土地增值税的四级超率累进税率

级数	计 税 依 据	税 率
1	增值额未超过扣除项目金额 50% 的部分	30%
2	增值额超过扣除项目金额 50%、未超过 100% 的部分	40%
3	增值额超过扣除项目金额 100%、未超过 200% 的部分	50%
4	增值额超过扣除项目金额 200% 的部分	60%

为简化计算，应纳税额可按增值额乘以适用税率减去扣除项目金额乘以速算扣除系数的简便方法计算，速算公式如下：

土地增值额未超过扣除项目金额 50% 的，

应纳税额＝土地增值额×30%

土地增值额超过扣除项目金额 50%，未超过 100% 的，

应纳税额＝土地增值额×40%－扣除项目金额×5%

土地增值额超过扣除项目金额 100%，未超过 200% 的，

应纳税额＝土地增值额×50%－扣除项目金额×15%

土地增值额超过扣除项目金额 200% 的，

应纳税额＝土地增值额×60%－扣除项目金额×35%

四、减免条件

建造普通标准住宅出售，增值额未超过各项规定扣除项目金额 20% 的；因城市实施规划、国家建设需要依法征收、收回的房地产，以及其他法律法规规定的情况可以免税。

案例解析

某房地产开发公司出售一幢住宅楼，收入总额为 15 000 万元。开发该写字楼的有关费用支出如下：支付地价款及各种费用 1 500 万元；房地产开发成本 4 500 万元；财务费用中的利息支出为 750 万元（可按转让项目计算并可提供金融机构证明），但其中有 75 万元属加罚的利息；转让环节缴纳的有关税费为 832.5 万元；该单位所在地政府规定的其他房地产开发费用计算扣作比例为 5%。试计算该公司应缴纳的土地增值税。

解析：

1. 取得土地使用权支付的地价款及有关费用为 15 000 万元

2. 房地产开发成本为 4 500 万元

3. 房地产开发费用 = 750 万元 - 75 万元 + (1 500 + 4 500) 万元 × 5% = 975 万元

4. 允许扣除税费 832.5 万元

5. 从事房地产开发的纳税人加计扣除 20%

加计扣除额 = (1 500 + 4 500) 万元 × 20% = 1 200 万元

6. 允许扣除的项目金额合计 = 1 500 万元 + 4 500 万元 + 975 万元 + 832.5 万元 + 1 200 万元 = 9 007.5 万元

7. 增值额 = 15 000 万元 - 9 007.5 万元 = 5 992.5 万元

8. 增值率 = 5 992.5 万元 ÷ 9 007.5 万元 = 66.53%

9. 应纳税额 = 4 503.75 万元 × 30% + (5 992.5 - 4 503.75) 万元 × 40% = 1 946.63 万元

第七节　契税

一、基本情况

契税是以权属发生转移变动的不动产为征税对象,向不动产承受人征收的一种税。1997 年 7 月 7 日国务院重新发布《中华人民共和国契税暂行条例》,于 1997 年 10 月 1 日起施行。2009 年,契税收入为 1 735.1 亿元,占当年全国税收总额的 2.9%。2010 年,契税收入为 2 464.85 亿元,占当年全国税收总额的 3.4%。

契税的基本特点:①契税属于财产税;②契税由不动产承受人缴纳;③各地税率可能不同;④实行一次性征收。

在中国境内转移土地、房屋,承受实行一次性征收的各类企业、单位、个体经营者和其他个人为契税的纳税人。

房屋使用权的转移行为不属于契税征收范围,不应征收契税。

二、征税范围和计税依据

以下行为属于转移土地、房屋权属的行为,列入契税的征税对象:①国有土地使用权出让;②土地使用权转让,包括出售、赠与和交换,不包括农村集体土地承包经营权的转移;③房屋买卖;④房屋赠与;⑤房屋交换。

契税的计税依据分为三种情况：

第一，国有土地使用权出让、土地使用权出售、房屋买卖，为成交价格；

第二，土地使用权赠与、房屋赠与，由征收机关参照土地使用权出售、房屋买卖的市场价格核定；

第三，土地使用权交换、房屋交换，为所交换的土地使用权、房屋的价格的差额。

三、税率

契税税率为3% ~5%。

契税的适用税率，由省、自治区、直辖市人民政府在前款规定的幅度内按照本地区的实际情况确定，并报财政部和国家税务总局备案。

根据北京市财政局2002年9月23日发布的《转发北京市人民政府关于修改北京市契税管理规定的决定的通知》，北京市个人购买普通住宅，在3%税率基础上减半征收契税。别墅、度假村以及每建筑平方米价格超过上年度商品住房平均价格一倍以上的为高档住宅，不享受减半征收契税的优惠政策；其他住宅为普通住宅。

四、减免条件

下列情况对契税予以减免：

第一，国家机关、事业单位、社会团体、军事单位承受土地、房屋用于办公、教学、医疗、科研和军事设施的，可以免征契税；

第二，城镇职工按规定第一次购买公有住房的，可以免征契税；

第三，因不可抗力灭失住房而重新购买住房的，可以酌情减征或者免征契税；

第四，财政部规定的其他减征、免征契税的项目。

五、其他规定

契税的纳税义务发生时间为纳税人签订土地、房屋权属转移合同的当天，或者纳税人取得其他具有土地、房屋权属转移合同性质凭证的当天。

纳税人应当自纳税义务发生之日起10日内，向土地、房屋所在地的契税征收机关办理纳税申报，并在契税征收机关核定的期限内缴纳税款。

契税征收机关为土地、房屋所在地的财政机关或者地方税务机关。具体征收机关由省、自治区、直辖市人民政府确定。

第八节　其他税收

一、固定资产投资方向调节税

固定资产投资方向调节税是指对在我国境内进行固定资产投资的单位和个人,就其固定资产投资的各种资金征收的一种税。1991 年 4 月 16 日,国务院发布《中华人民共和国固定资产投资方向调节税暂行条例》,从 1991 年 1 月 1 日起施行。

固定资产投资方向调节税的纳税人包括在中华人民共和国境内进行固定资产投资的单位和个人。应纳税的固定资产投资是指运用各种资金进行的全社会的固定资产投资,包括基本建设投资、更新改造投资、商品房投资和其他固定资产投资。

固定资产投资方向调节税的计税依据是,固定资产投资项目实际完成的投资额。其中,更新改造投资项目为建筑工程实际完成的投资额。

固定资产投资方向调节税根据国家产业政策和项目经济规模实行差别税率。固定资产投资项目按其单位工程分别确定适用的税率。见表 10 - 3所示。

表 10 - 3　固定资产投资项目税率

税　目	税率
一、基本建设项目系列	
1. 国家急需发展的项目	0
2. 国家鼓励发展,但是受能源、交通等条件制约的项目	5%
3. 楼堂馆所和国家严格限制发展的项目	30%
4. 民用住宅(包括商品房住宅)	0%、5%
5. 一般的其他项目	15%
二、更新改造项目系列	
1. 国家急需发展的项目投资(与基本建设项目投资相同)	0
2. 其他的更新改造项目投资(注)	10%

按照国家规定不纳入计划管理、投资额不满 5 万元的固定资产投资，投资方向调节税的征收和减免由省、自治区、直辖市人民政府决定。

从 2000 年起，固定资产投资方向调节税暂停征收。

二、印花税

印花税是对经济活动和经济交往中书立、领受的应税经济凭证所征收的一种税。1988 年 8 月，国务院公布了《中华人民共和国印花税暂行条例》，于同年 10 月 1 日起恢复征收。2009 年，印花税收入为 901.5 亿元，占当年全国税收总额的 1.5%。

印花税具有如下基本特点：①兼有凭证税和行为税性质；②征收范围广泛；③由纳税人自行完成纳税义务；④税负数量小。

印花税的纳税人是中华人民共和国境内书立、领受本条例所列举凭证的单位和个人，具体包括：①立合同人；②立账簿人；③立据人；④领受人。

现行印花税只对印花税条例列举的凭证征税，具体有五类：经济合同，产权转移书据，营业账簿，权利、许可证照和经财政部确定征税的其他凭证。

土地租赁合同不属于印花税应税凭证，不缴纳印花税。

印花税根据不同征税项目，分别实行从价计征和从量计征两种征收方式。

第一，从价计税情况下的计税依据：①各类经济合同，以合同上记载的金额、收入或费用为计税依据；②产权转移书据以书据中所载的金额为计税依据；③记载资金的营业账簿，以实收资本和资本公积两项合计的金额为计税依据。

第二，从量计税情况下的计税依据。实行从量计税的其他营业账簿和权利、许可证照，以计税数量为计税依据。

采用比例税率和定额税率两种税率。比例税率有五档，即千分之一、千分之四、万分之五、万分之三和万分之零点五。房地产开发采用万分之三的税率。

印花税实行由纳税人根据规定自行计算应纳税额，购买并一次贴足印花税票的缴纳办法。印花税票是缴纳印花税的完税凭证，由国家税务总局负责监制。

已经缴纳印花税凭证的副本或者抄本；财产所有人将财产赠给政府、

社会福利单位、学校所立的书据；无息贷款、贴息贷款合同；外国政府、国际金融组织向中国政府和国家金融机构提供优惠贷款书立的合同；农林作物、牧业畜类保险合同，可以免税。

自2008年11月1日起，对个人销售或购买住房暂免征印花税。

三、两税一费

（一）营业税

营业税是对有偿提供应税劳务、转让无形资产和销售不动产的单位和个人，就其营业收入额征收的一种税。1993年12月13日国务院发布《中华人民共和国营业税暂行条例》，1993年12月25日财政部颁布《中华人民共和国营业税暂行条例实施细则》，并从1994年1月1日起实行。

营业税的基本特点是：①征收范围广；②计算简单；③同一行业税率固定。

营业税的纳税人是在中华人民共和国境内提供应税劳务、转让无形资产或者销售不动产的单位和个人。

营业税的计税依据是提供应税劳务的营业额，转让无形资产的转让额或者销售不动产的销售额，统称为营业额。它是纳税人向对方收取的全部价款和在价款之外取得的一切费用，如手续费、服务费、基金等。不同行业开征的营业税税率不同，销售不动产的营业税税率为5%。见表10－4。

表10－4　营业税税目税率表

税　目	税　率
一、交通运输业	3%
二、建筑业	3%
三、金融保险业	8%
四、邮电通信业	3%
五、文化体育业	3%
六、娱乐业	5%～20%
七、服务业	5%
八、转让无形资产	5%
九、销售不动产	5%

纳税人提供应税劳务、转让无形资产,或者销售不动产,按照营业额和规定的税率计算应纳税额。应纳税额的计算公式为:

应纳税额 = 营业额 × 税率

(二)城市维护建设税

城市维护建设税是对缴纳增值税、消费税、营业税的单位和个人征收的一种税。城市维护建设税的纳税人不包括外商投资企业、外国企业和外国人。1985 年 2 月 8 日,国务院颁布《中华人民共和国城市维护建设税暂行条例》。2009 年,城市维护建设税收入为 1 544.1 亿元,占当年全国税收总额的 2.6%。

城市维护建设税的基本特点是:①税款专款专用;②属于附加税;③税率有区别。

凡缴纳增值税、消费税、营业税的单位和个人,都是城市维护建设税的纳税人。城市维护建设税的征收范围包括:城市、县城、建制镇、工矿区。应根据行政区划作为划分标准。

其税率为:纳税人所在地在市区的,税率为 7%;纳税人所在地在县城、镇的,税率为 5%;纳税人所在地不在市区、县城或镇的,税率为 1%。

城市维护建设税,以纳税人实际缴纳的增值税、消费税、营业税税额为计税依据,分别与增值税、消费税、营业税同时缴纳。按以下公式计算应缴税额:

应纳税额 = 实际缴纳的增值税、消费税、营业税税额 × 适用税率

(三)教育费附加

教育费附加是随增值税、消费税和营业税附征并专门用于教育的一种专项资金。教育费附加的附加率一般为纳税人实际缴纳的增值税、消费税、营业税税额的 3%。2009 年,全国税务机关共征收教育费附加 756.6 亿元。

四、个人所得税

《中华人民共和国个人所得税法》及其实施条例规定,个人转让住房,以其转让收入额减除财产原值和合理费用后的余额为应纳税所得额,按照“财产转让所得”项目缴纳个人所得税。之后,根据我国经济形势的发展需要,《财政部 国家税务总局 建设部关于个人出售住房所得征收个人所得税有关问题的通知》(财税字〔1999〕278 号)对个人转让住房的个

人所得税应纳税所得额计算和换购住房的个人所得税有关问题做了具体规定。2006 年 7 月 18 日，国家税务总局发布《关于个人住房转让所得征收个人所得税有关问题的通知》(国税发〔2006〕108 号)，进一步明确了有关征收问题。2010 年 9 月 29 日，财政部、国家税务总局、住房和城乡建设部联合发文规定，自 2010 年 10 月 1 日起，对出售自有住房并在1 年内重新购房的纳税人不再减免个人所得税。

应纳税额 = 应纳税所得额 × 20%

应纳税所得额 = 转让收入 - 房屋原值 - 合理费用

对住房转让所得征收个人所得税时，以实际成交价格为转让收入。纳税人申报的住房成交价格明显低于市场价格且无正当理由的，征收机关依法有权根据有关信息核定其转让收入，但必须保证各税种计税价格一致。对转让住房收入计算个人所得税应纳税所得额时，纳税人可凭原购房合同、发票等有效凭证，经税务机关审核后，允许从其转让收入中减除房屋原值、转让住房过程中缴纳的税金及有关合理费用。

房屋原值具体为：

第一，商品房。购置该房屋时实际支付的房价款及交纳的相关税费。

第二，自建住房。实际发生的建造费用及建造和取得产权时实际交纳的相关税费。

第三，经济适用房(含集资合作建房、安居工程住房)。原购房人实际支付的房价款及相关税费，以及按规定交纳的土地出让金。

第四，已购公有住房。原购公有住房标准面积按当地经济适用房价格计算的房价款，加上原购公有住房超标准面积实际支付的房价款以及按规定向财政部门(或原产权单位)交纳的所得收益及相关税费。

第五，城镇拆迁安置住房。根据《城市房屋拆迁管理条例》(国务院令第 305 号)和《建设部关于印发〈城市房屋拆迁估价指导意见〉的通知》(建住房〔2003〕234 号)等有关规定，其原值分别为：

其一，房屋拆迁取得货币补偿后购置房屋的，为购置该房屋实际支付的房价款及交纳的相关税费；

其二，房屋拆迁采取产权调换方式的，所调换房屋原值为《房屋拆迁补偿安置协议》注明的价款及交纳的相关税费；

其三，房屋拆迁采取产权调换方式，被拆迁人除取得所调换房屋，又取得部分货币补偿的，所调换房屋原值为《房屋拆迁补偿安置协议》注明的价

款和交纳的相关税费,减去货币补偿后的余额;

其四,房屋拆迁采取产权调换方式,被拆迁人取得所调换房屋,又支付部分货币的,所调换房屋原值为《房屋拆迁补偿安置协议》注明的价款,加上所支付的货币及交纳的相关税费。

转让住房过程中缴纳的税金是指纳税人在转让住房时实际缴纳的营业税、城市维护建设税、教育费附加、土地增值税、印花税等税金。

合理费用是指纳税人按照规定实际支付的住房装修费用、住房贷款利息、手续费、公证费等费用。

纳税人未提供完整、准确的房屋原值凭证,不能正确计算房屋原值和应纳税额的,税务机关可根据《中华人民共和国税收征收管理法》第三十五条的规定,对其实行核定征税,即按纳税人住房转让收入的一定比例核定应纳个人所得税额。具体比例由省级地方税务局或者省级地方税务局授权的地市级地方税务局根据纳税人出售住房的所处区域、地理位置、建造时间、房屋类型、住房平均价格水平等因素,在住房转让收入1% ~3%的幅度内确定。

对个人转让自用5年以上、并且是家庭唯一生活用房取得的所得,免征个人所得税。

五、企业所得税

为了适应对外开放的新形势,统一内资、外资企业所得税,创造企业公平竞争的市场环境,2007年3月16日,第十届全国人民代表大会第五次会议通过并公布《中华人民共和国企业所得税法》,自2008年1月1日起施行,1993年12月13日国务院发布的《中华人民共和国企业所得税暂行条例》同时废止。2007年12月6日,国务院公布《中华人民共和国企业所得税法实施条例》。

在中华人民共和国境内,企业和其他取得收入的组织为企业所得税的纳税人,应缴纳企业所得税,但不包括个人独资企业、合伙企业。

企业所得税的税率为25%(符合规定条件的企业,可以减按20%或者15%的税率缴纳企业所得税)。

企业每一纳税年度的收入总额,减除不征税收入、免税收入、各项扣除以及允许弥补的以前年度亏损后的余额,为应纳税所得额。

企业以货币形式和非货币形式从各种来源取得的收入,为收入总额。

这包括:①销售货物收入;②提供劳务收入;③转让财产收入;④股息、红利等权益性投资收益;⑤利息收入;⑥租金收入;⑦特许权使用费收入;⑧接受捐赠收入;⑨其他收入。

收入总额中的下列收入为不征税收入:①财政拨款;②依法收取并纳入财政管理的行政事业性收费、政府性基金;③国务院规定的其他不征税收入。

企业实际发生的与取得收入有关的、合理的支出,包括成本、费用、税金、损失和其他支出,准予在计算应纳税所得额时扣除。在计算应纳税所得额时,下列支出不得扣除:①向投资者支付的股息、红利等权益性投资收益款项;②企业所得税税款;③税收滞纳金;④罚金、罚款和被没收财物的损失;⑤本法第九条规定以外的捐赠支出;⑥赞助支出;⑦未经核定的准备金支出;⑧与取得收入无关的其他支出。企业发生的公益性捐赠支出,在年度利润总额 12% 以内的部分,准予在计算应纳税所得额时扣除。

在计算应纳税所得额时,企业按照规定计算的固定资产折旧,准予扣除。下列固定资产不得计算折旧扣除:①房屋、建筑物以外未投入使用的固定资产;②以经营租赁方式租入的固定资产;③以融资租赁方式租出的固定资产;④已足额提取折旧仍继续使用的固定资产;⑤与经营活动无关的固定资产;⑥单独估价作为固定资产入账的土地;⑦其他不得计算折旧扣除的固定资产。

企业所得税实行按纳税年度计算,分月或者分季预缴,月份或者季度终了后 15 日内预缴,年度终了之日起 5 个月内汇算清缴,结清应缴应退税款。

第九节 房地产开发成本费用

一、土地取得费

土地取得费包括土地征用及拆迁补偿费,是指房地产开发企业按照城市建设总体规划进行土地开发而发生的各项费用,包括土地补修费、耕地占用税、劳动力安置费及有关地上、地下附着物拆迁补偿的净支出。

土地取得费是为取得土地而向原土地使用者支付的费用，分为两种情况：

其一，国家征收集体土地而支付给农村集体经济组织的费用，包括土地补偿费、安置补助费及地上附着物和青苗补偿费等。

一般认为，土地补偿费中包含一定的级差地租。地上附着物和青苗补偿费是对被征地单位已投入土地而未收回的资金的补偿，类似地租中所包含的投资补偿部分。安置补助费是为保证被征地农业人口在失去其生产资料后的生活水平不致降低而设立的，因而也可以看成具有从被征土地未来产生的增值收益中提取部分作为补偿的含义。

关于征地费用各项标准，《中华人民共和国土地管理法》有明确规定：

征收耕地的补偿费用包括土地补偿费、安置补助费以及地上附着物和青苗的补偿费。征收耕地的土地补偿费，为该耕地被征收前3年平均产值的6~10倍；征收耕地的安置补助费，按照需要安置的农业人口数计算。需要安置的农业人口数，按照被征收的耕地数量除以征地前被征收单位平均每人占有耕地的数量计算。每一个需要安置的农业人口的安置补偿费标准，为该耕地被征收前3年平均年产值的4~6倍。但是，每公顷被征收耕地的安置补助费，最高不得超过被征收前3年平均年产值的15倍。

征收其他土地的土地补偿费和安置补助费标准，由各省、自治区、直辖市参照征收耕地的土地的土地补偿费和安置补助费的标准规定。

被征收土地上的附着物和青苗的补偿标准，由省、自治区、直辖市规定。

征收城市郊区的菜地，用地单位应当按照国家有关规定缴纳新菜地开发建设基金。

按照以上规定支付土地补偿费和安置补助费，尚不能使需要安置的农民保持原有生活水平的，经省、自治区、直辖市人民政府批准，可以增加安置补助费。但是，土地补偿费和安置补助费标准的综合不得超过土地被征收前3年平均年产值的30倍。

在特殊情况下，国务院根据社会经济发展水平，可以提高被征收耕地的土地补偿费和安置补助费标准。

土地征收是国家依法为公益事业而采取的强制性行政手段，不是土地买卖活动，征地费用自然也不是土地购买价格。征地费用可能远高于农地价格,这是与农地转为建设用地而使价格上涨有关。

其二,为取得已利用城市土地而向原土地使用者支付的拆迁费用。这是对原城市土地使用者在土地上投资未收回部分的补偿,补偿标准各地均有具体规定。

由于成本的增加并不一定提高效用,尤其是对单宗地而言,征地、拆迁等土地取得费用是对原土地使用者失去原土地收益的补偿,而不是依据新土地用途和未来土地收益的高低确定的,因此,征地、拆迁等土地取得费用高并不表明该宗地的效用和价格高。尤其是拆迁带来的效益,并不仅仅是所拆迁的范围,其影响范围要大得多,因此拆迁费应分摊到其所影响的整个区域。

二、开发成本

房地产的开发成本主要包括:

其一,前期工程费。前期工程费是指开发项目前期工程所发生的各项费用,包括规划、设计、项目可行性研究、水文、地质、勘察、测绘、"三通一平"等支出。

其二,基础设施费。基础设施费是指房地产开发项目在开发过程中发生的各项基础设施支出,包括开发小区内道路、供水、供电、供气、排污、排洪、通信、照明、环卫、绿化等工程支出。

其三,建筑安装工程费。建筑安装工程费是指房地产开发项目在开发过程中发生的各种建筑安装工程费用,包括房地产开发企业以出包方式支付给承包单位的建筑安装工程费,以自营方式发生的列入开发项目工程施工图预算的各项费用。

其四,公共配套设施费。公共配套设施费是指房地产开发项目内发生的独立的非营业性的公共配套设施支出,包括居委会、派出所、幼儿园、消防、锅炉房、水塔、自行车棚、公共厕所等设施支出。

其五,开发间接费用。开发间接费用是指房地产开发企业内部为开发房地产而发生的各项间接费用,包括工资、福利费、折旧费、修理费、办公费、水电费、劳动保护费、周转房摊销等,不包括企业行政管理部门(总部)为组织和管理生产经营活动而发生的管理费用。

三、期间费用

期间费用是指房地产开发企业在生产经营过程中发生的,不属开发成本，直接列入当期损益的费用，包括管理费用、财务费用和销售费用。由于这三项费用均属房地产开发中不可缺少而必然发生的，故在新开发房地产价格中将其列入。

四、投资利息

投资利息依据投入资金所占用的时间计算，投资利息的利息率以银行贷款利率为准。

五、税金

税金包括耕地占用税、房产税、车船使用费、土地使用税、营业税、城市维护建设税、所得税、固定资产投资方向调节税、产品税等。

六、正常利润

房地产开发企业的利润在此是指企业在新开发房地产项目中所获得的纯收益。投资利润率应以当时当地房地产开发企业的平均利润率预测计算。

附录 北京市房地产开发费用一览表

（仅供参考，具体数据和内容以相关文件和规定为准）

序号	费用名称	收费标准或支出情况
1	征地及拆迁费	
A	土地征用费	
1.1	农村土地征用费	
1.1.1	土地补偿费	征用耕地、菜地、鱼塘、藕塘、果园、苗圃地，按该用地被征用前三年平均年产值的6倍计算；征用苇塘、林地、砂石等有收益的土地，按该土地征用前三年平均年产值的5倍计算；征用宅基地、积肥地、场院，按相连有收益土地前三年平均年产值的5倍计算
1.1.2	青苗及树木补偿费	据青苗生长阶段按规定幅度计算；树木按国家牌价折算材值补偿；果树按前三年平均年产值的5～8倍补偿，有材值的加材值费

续表

序号	费用名称	收费标准或支出情况
1.1.3	地上物补偿费	据实评估予以补偿
1.1.4	劳动力安置费	朝阳、海淀、丰台、石景山 2.5 ~3 万元/人,远郊区县 1.5 ~2 万元/人
1.1.5	超转人员安置费	男 60 岁以上、女 50 岁以上,62 元/人月,最高不超过 72 元,补助至 80 岁,补助不足 100 个月的,按 100 个月计算
1.1.6	新菜地开发建设基金(菜地基金)	征用近郊(朝海丰石)和大兴县南郊农场菜地的,每亩缴纳 3 万元;征用门头沟区和其他远郊区县菜地的,每亩缴纳 1 万元
1.1.7	动迁补偿费	
1.1.8	征地不可预见费	按上述 7 项费用之和的 5% 计算
1.1.9	征地管理费	按上述 8 项费用之和的 3% 计算
1.1.10	耕地占用税	朝阳、海淀、丰台、石景山,每平方米 45 元;门头沟、房山、昌平、怀柔、平谷,每平方米 42 元;大兴、通州、顺义、密云,每平方米 40 元;延庆,每平方米 35 元
1.2	国有土地出让费用	
1.2.1	地价款	
1.2.1.1	土地出让金	按各类地区,考虑容积率和出让年期修正
1.2.1.2	基础设施配套费	
1.2.1.3	土地开发及其他费用	
1.2.2	资金占用费	用地单位有正当理由,在两个月内不能交清地价款的,可申请缓交,付款期可延长至 6 个月。在缓缴期内,按欠缴金额的 1% ~2% 交纳。但从签合同第 61 天起,对未付款项按月息 2% 加收
1.2.3	滞纳金	从 6 个月后,除缴纳资金占用费外,按日息 0.1% 对未付款项征收
1.2.4	土地使用费	
1.2.5	土地闲置费	用地单位超过出让合同约定的动工开发日期满 1 年未动工开发的,按出让金的 20% 征收

续表

序号	费用名称	收费标准或支出情况
1.2.6	土地登记发证费	
1.2.6.1	土地权属调查、地籍测绘费	占地面积在1 000平方米以下(含1 000平方米)每亩收100元,每超过500平方米以内加收40元,最高不超过4万元
1.2.6.2	土地注册登记、发证费	内资企业每证10元,三资企业每证20元
1.3	国有土地划拨费用	
1.3.1	预定金	城近郊区的危改地区根据不同地段和面积,交付每平方米10~50元;新征土地进行开发的,按基准地价(含四源和大市政费)的5%~15%征收,在今后办理正式出让(商品房部分)可冲减部分地价款
1.4	其他有关费用	
1.4.1	防洪工程建设维护管理费(防洪费)	按每平方米土地20元征收;对使用土地从事非农业的单位和个人实际占地面积,按每平方米每年2元征收(具体办法待定)
1.4.2	土地使用税	分为六级,每平方米征收30,24,18,12,3和1.5元
1.4.3	地价评估费	
B	拆迁费用	
1.5	拆迁安置补偿费用	
1.5.1	拆迁补偿费(房屋作价)	按重置价依成新折扣计算
1.5.2	拆迁安置费	
1.5.3	搬家补助费	50~100元/间
1.5.4	提前搬家奖励费	每户每提前一天奖励20元,按天累计,但最多不超过200元
1.5.5	临时安置补助费(周转费)	自行周转每人每月30~50元(一般为30元),逾期每人每月5~60元(一般为20元)
1.5.6	取暖补助费	属木板房、无木“四防”房、简易工棚的,取暖季节每人补助15元取暖费
1.5.7	停业、停产损失补助费(单位拆迁费)	单位按拆迁前一年工资总额、劳保福利、搬迁设备之和计算;个体户按报税营业额核定,以营业用房安置,据停产停业时间计算,以非营业用房或按规定不予安置的,给予6~12个月租金

续表

序号	费用名称	收费标准或支出情况
1.5.8	区位调整补助费	被拆迁人从二环路以内地区迁往远郊区县安置的，每户可增加一个自然间或补助2~2.5万元；从二环至三环之间地区迁往远郊区县的，每户可增加一个自然间或补助1.5~2万元
1.5.9	一次性异地安置补助费	安置地点距迁出地点超过4公里（含4公里），每一安置人口一次性补助500元，但安置在四城区内的不予补助
1.5.10	临时安置交通补助费	临时安置地点距工作地点超过公共电汽车4站地或2公里，补助购买月票费；不足公共电汽车4站地或2公里的，不予补助
1.5.11	拆迁管理费	按房屋拆迁安置补偿费（包括拆除房屋及其附属物的补偿费、补助费；安置房屋的建筑安装工程造价；被拆迁人搬家补助费、提前搬家奖励费、临时安置补助费以及被拆迁单位在停产停业期间的损失补助）的0.3%计算
1.5.12	拆迁服务费	按房屋拆迁安置补偿费（包括拆除房屋及其附属物的补偿费、补助费；安置房屋的建筑安装工程造价；被拆迁人搬家补助费、提前搬家奖励费、临时安置补助费以及被拆迁单位在停产停业期间的损失补助）的1.5%计算
1.5.13	清理费	按实际发生工程量计算
1.5.14	周转房费	按实际占用资金计算（推荐两种算法：①周转户数、周转月数和房屋月租金的乘积；②按周转房的实际摊销计算）
1.5.15	单位搬迁补助费	按实际资金占用量计算
1.5.16	文物挖掘费	按实际计算
1.5.17	拆除水电表费用	按实际计算
1.5.18	地下管线迁移费	按实际计算
1.5.19	电话迁移费	按实际计算
2	前期费用（前期工程费）	
2.1	临时水电路及场地平整费	按实际计算

续表

序号	费用名称	收费标准或支出情况
2.2	规划、测量、勘察、设计费	按本市现行勘察设计取费定额计算,涉及:①规划设计方案;②红线内外的测量费;③红线内外的勘察费;④单项工程的施工图设计费
2.3	规划条件、可行性研究费	
2.3.1	建设工程规划许可证执照费	按设计概算额征收,20万元以下(含20万元)征收0.3%,20万~200万元(含)计征0.2%;200万~1 000万元(含)计征0.15%,1 000万元以上计征0.1%;外商投资的建设工程,以1 000万元为界,以下和以上各按0.15%和0.1%计征
2.3.2	可行性研究编制费	
2.4	其他费用	
2.4.1	临时用地费	城近郊区每日每平方米0.02元,远郊区县每平方米0.01元;使用期限和延长使用期限不超过2年,超过年按规定标准的5倍征收
2.4.2	临时建设工程费	城近郊区每日每平方米0.02元,远郊区县每平方米0.01元;使用期限和延长使用期限不超过2年,超过年按规定标准的5倍征收
2.4.3	城市建设工程竣工档案保证金	按工程概算总投资的1% ~3%征收,最多不超过10万元
2.4.4	固定资产投资方向调节税	暂停
2.4.5	投资许可证工本费	按栋号办理,每证收工本费2元
2.4.6	企业开业登记费	按企业注册资本征收,1 000万元以下部分征收0.1%,1 000万元~1亿元征收0.05%,超过1亿元不再征收
2.4.7	城市建设综合开发管理费	按当年完成投资额的0.1%征收
2.4.8	市政设施供应方案咨询费	按实际资金投入计算
3	基础设施费	
3.3.1	绿化建设费	住宅每平方米建筑面积8元

续表

序号	费用名称	收费标准或支出情况
3.3.2	公园建设费	对规划上已确定的居住区公园和小区公园,按每平方米绿地40元缴纳(不含绿化建设费)
3.3.3	绿化补偿费	按新建和原区域相差的绿化面积计征,近郊每平方米240元,远郊每平方米145元
3.3.4	新建区域内砍伐、移植树费	按实际发生的工程量计算
3.3.5	人防费(报废人防赔偿费)	
4	房屋建安工程费	
4.1	建安工程基本造价	
4.2	招投标费	按中标额的0.1%计征,招标单位和中标单位按6:4比例缴纳
4.3	合同预算审查费	按预算造价的0.05%计征
4.4	建设工程质量管理监督费	建安工程为预算造价的0.25%,市政工程为预算造价的0.2%,构件为其价格的0.15%,商品混凝土为其产品销售额的0.1%
4.5	竣工图费	第一套图纸为项目设计费的7%,其余每套按第一套的10%计算
4.6	三材差价	(当年市场价-最近年期材料预算价格)×审定的三材用量
4.7	定额调整系数	按市建委工程造价管理处颁发的建安定额调整系数计取
4.8	建材发展补充基金	按建安工程造价的2%计算
4.9	工程建设监理费	按参与工程概算的百分比或参与监理工作的年度平均人数3.5万~5万元/人·年征收
5	公共配套设施费	
5.1	可计入成本的项目	电贴费每千伏安600元
5.2	其他配套项目	
6	管理费	前五项之和的2.5%
7	城市基础设施建设费(含四源费)	住宅每平方米160元,非住宅每平方米200元

续表

序号	费用名称	收费标准或支出情况
8	大市政(综合开发市政费)	按销售收入的15%征收
9	两税一费	
9.1	营业税	销售收入(营业额)的5%
9.2	城市建设维护费	按营业税征收,不同地区不同档次,分别为7%、5%、1%
9.3	教育费附加	按营业税的3%征收
10	用电权费	住宅每平方米40元,公建每平方米4 000元
11	居住小区物业管理启动性经费	按建安费的2%比例缴纳
12	销售费用	
12.1	买卖手续费	
12.2	印花税	
13	财务费用	贷款利息与预售房款的存款利息相抵后的净值
14	其他税费	土地增值税、契税、房屋所有权登记费、房产税

本章重点回顾

房地产税收的特征　房地产税收的职能　我国房地产税收体系
耕地占用税　城镇土地使用税　土地增值税
房产税　城市房地产税　固定资产投资方向调节税
营业税　城市维护建设税　教育费附加
印花税　企业所得税　个人所得税
契税　房地产开发成本费用

DI SHIYIZHANG 第十一章 房地产投资可行性研究

房地产投资项目可行性研究是指房地产项目在建设前期所进行的调查研究，是依靠定性与定量相结合的分析方法，对房地产投资在建设投资决策前进行科学论证的一种综合性研究。早在20世纪30年代，美国开发田纳西流域的时候就成功地使用了可行性研究的方法。此后，经过几十年的研究发展，可行性研究方法已经渗透到了西方发达国家的许多经济生活领域，在项目投资决策中占有举足轻重的地位。房地产投资可行性研究在我国尚处于起步阶段，20世纪80年代以后才引入到基本投资管理活动中，对这种方法在房地产投资领域的分析研究仍待完善与改进。

第一节　房地产投资可行性研究内容

一、可行性研究的含义和目的

项目可行性研究是项目前期工作的基本内容，直接影响到投资项目最终目标实现的可能性。所谓项目可行性研究，是指具体实施某一投资建设方案前，对投资项目从不同的角度和方面进行综合、全面地调查研究和分析论证，为项目决策提供科学依据，以保证投资项目经济上的合理性、财务上的盈利性、技术上的先进性以及社会上的协调性等等。

项目可行性研究广泛适用于新建、扩建和改建的大型工业项目、民用建筑工程、科学技术试验项目等项目的分析论证。要做出一项令人满意的项目可行性研究，必须对该投资项目实施过程中可能出现的各种因素进行全面细致地研究分析，对影响项目决策的关键因素更是要重点对待；对拟定的各种可能的建设方案从各个方面进行仔细地比较论证；对项目的经济效益、社会效益以及环境效益作出科学的预测和评价。在此基础上，充分考虑投资项目在技术上的可行性、可靠性以及具体建设的可能性、风险性，为项目的开展奠定坚实的基础。可行性研究的根本目的是实现投资项目决策的科学化、民主化，减少和避免投资决策的失误，提高投资项目的经济、社会和环境效益。

房地产投资开发是一项综合性的经济活动，具有占用资金额大、投资周期长、涉及面广等特点，在社会经济活动中具有举足轻重的地位。引入项目可行性研究，可以更合理充分地利用资源，减少甚至避免投资决策失误，降低项目成本，实现项目社会、经济、环境综合效益的最大化。

二、可行性研究的作用

房地产投资项目可行性研究在我国仍处于起步阶段，是随着经济体制改革的不断深化逐步得到重视和应用的。1980 年以后，针对我国基本建设投资管理中存在的问题，国家决定正式把可行性研究纳入"项目决议书—可行性研究—设计任务书—初步设计—施工图设计"的基本建设程序中来。1981 年 3 月，国务院在《关于加强基本建设体制管理，控制基本建设的若干规定》中强调指出："所有新建、扩建大中型项目以及所有利用外资进行基本建设的项目，都必须有可行性研究报告。"1983 年 2 月，国家计委正式颁布了《关于建设项目进行可行性研究的试行管理办法》。1987 年，国家又颁布了项目经济评价方法与参数的试行规定。自此，项目可行性研究便作为我国投资项目开发建设中不可或缺的重要一环，列入基本建设程序。

项目投资的目的就是最大限度地获得经济效益和社会效益。盲目的主观决策极有可能导致重大的损失，甚至会给整个国民经济带来不利影响。前期的可行性研究工作已经成为整个投资项目最关键的一环，必须对其加以重视。投资项目可行性研究的作用主要表现在以下几个方面：

（一）可行性研究是项目投资决策的科学依据

既然是投资项目，就存在风险，可行性研究的目的就是将这种风险展现出来并降到最低程度。任何一个投资项目，尤其是大中型项目，建设过程中不确定因素很多，涉及面也很广，单凭决策者的主观经验和感觉进行决策是远远不够的。前期的可行性研究可以从经济、社会、技术等多个方面对项目进行分析、评价，从而判断出这项工程应不应该建设或采取哪种方案建设能取得最佳效果，作为开发建设项目投资决策的科学依据。没有经过可行性研究分析的房地产投资项目是缺乏科学论证环节的项目，一般不应给予批准立项。

(二)可行性研究是项目评估的依据

可行性研究具体分析了项目建设的必要性与可行性，选择出最优方案并做出了明确的结论。项目评估是建立在可行性研究基础上的，是对可行性研究报告的分析、论证、评价，提出项目是否可行，所选方案是否最优化，从而为最后的投资决策提供参考意见。

(三)可行性研究是项目筹措建设资金的依据

房地产开发以及其他大型开发项目需要投入的资金数额很大，项目资金的筹集显得格外重要，银行贷款在资金构成中一般会占到项目总投资的70%左右。可行性研究报告中涵盖了项目财务、经济效益、贷款清偿能力等详细数量指标以及筹资方案和投资风险等，可以作为银行对投资项目申请贷款时，贷款或拒贷的参考依据。

(四)可行性研究是开发商与各有关部门签订合同的依据

投资项目的开发建设是一项相当复杂的系统工程，是由社会上多个部门合理分工、共同协作而完成的，单凭开发商单方面的能力是远远不够的。可行性研究是开发商与其他各有关部门签订合同的依据。在可行性研究报告经过评审通过之后，开发商会与原材料供应商、承包商等有关部门共同洽商项目建设开展的具体事宜。

(五)可行性研究是项目设计等基本建设前期工作的依据

在整个项目的建设过程中，可行性研究只是其中一个重要的组成部分，此后的工作安排、工程设计以及设备的采购、安装、投入使用等都将依次进行。虽然在实际操作中，项目设计和可行性研究是在两个不同的阶段进行的，但项目设计中的项目规模、设计标准、建设方案、项目选址、配套设施等要求与可行性研究报告的内容具有密切关系。

(六)可行性研究是环保部门审核项目环境效益的依据

环境效益分析是可行性研究中不可缺少的一部分，在进行项目可行性研究时，必须对项目的环境影响作出评价。另外，主管部门在审批可行性研究报告时，要同时审查项目的环境保护方案。

三、可行性研究的依据

任何一个项目的可行性研究都需要搜集、调查大量的相关数据，并用科学的方法对它们进行整理、排列、分析,进而得出研究的结果,这是可行性研究的重要特点。所以,在进行项目可行性研究之前,搜集各种有关的信息资料是相当必要的。就目前的情况来看,可行性研究工作的依据主要有:

(一)国家和地区经济建设的方针、政策以及长远规划

国家和地区经济建设的方针、政策以及长远规划是国家为了实施经济宏观调控,对整个国民经济和发展方向进行的总体性规划与部署,对国家的长远发展有着战略性的指导意义。因此,在对具体项目进行可行性研究时,必须以这些宏观的政策方针为指导,否则可行性研究很难对项目的实际价值作出正确的判断。在房地产项目投资过程中,国家和地区经济建设方针政策具有重要的影响,可行性研究应对它们特别重视。

(二)批准的项目建议书或同等效力文件

在进行具体的项目可行性研究之前,应获取批准的项目建议书。项目建议书主要是从项目建设的必要性方面考虑,对拟建项目的大致轮廓进行设想和描述,同时也作出项目建设的初步可行性分析。项目建议书是项目开展前各项准备工作的主要依据,只有经有关管理部门批准后,才能依次开展接下来的工作。具有同等效力的其他文件也能作为可行性研究的依据。

(三)国家批准的城市总体规划、详细规划、交通等市政基础设施规划

城市总体规划以及详细规划对投资项目的影响是不容忽视的,其影响直接而又具体。项目可行性研究不但要以国家和地区的经济建设方针政策为指导,同时也要充分考虑项目所在城市的总体规划、详细规划以及交通等市政基础设施因素。

(四)可靠的自然、地理、气象、地质、经济、社会、人文等资料

在对项目建设进行地段选择、建筑设计以及经济技术评价的过程中,自然、地理、气象、地质、经济、社会、人文等基础资料是必不可少的,它们从不同侧面对投资决策造成间接或是直接的影响。

(五)有关工程技术方面的标准、操作规范、指标、要求等资料

政府有关管理部门和行业协会针对建设工程技术问题颁发了一系列

的技术法规,规定了不同类型工程的标准和要求。在对技术方案进行可行性研究时,应对此给予充分考虑。

(六)国家公布的有关经济参数和指标

国家每年都定期公布一些经济参数和指标,如基准收益率、贴现率、利率、外汇比率、GDP增长率等。在对项目进行财务效益评价时,这些参数和指标是很好的参考体系。

四、可行性研究的内容

不同的开发项目,由于性质、规模、复杂程度以及环境不同,其可行性研究的内容也不尽相同。一般来讲,项目可行性研究应回答以下几个方面的问题:

- 为什么要投资这个项目?
- 项目投资的地点在哪里最佳?
- 项目的投资环境怎样?
- 项目的市场前景如何?
- 项目的投资规模多大最合适?
- 项目应采用什么样的工程技术?
- 项目的建设期及作业安排是怎样的?
- 资金筹措方案是否最优?
- 项目的经济效益、社会效益、环境效益怎样?
- 项目是否可行并最优?

第二节 房地产投资可行性研究步骤

可行性研究是在投资项目前期所做的工作,按照由浅到深、由先到后的顺序,可以分为四个工作阶段。

一、投资机会研究

投资机会研究也称投资机会鉴定,是房地产投资可行性研究的第一阶段,其主要任务是寻找投资机会,为项目投资方向提出建议,即在一定的地区和部门内,以自然资源和对市场的未来研究预测为出发点,寻找最有利的投资机会。

投资机会研究可以分为一般投资机会研究和特定项目的投资机会研究两种类型。前者是针对一个地区、一种行业或一种资源为对象进行研究的，以识别投资机会，对投资方向（地点、行业）进行研究。后者是在前者的基础上，对已选定投资地点和行业的投资项目所进行的机会研究。

投资机会研究主要涉及的内容包括：地区情况、经济政策、资源条件、劳动力状况、社会条件、地理环境、国内外市场情况、工程项目建成后对社会的影响等。

相对于其他几个阶段而言，投资机会研究是一个相当粗略笼统的过程，它更多地依靠主观估计，而不是靠详细的研究分析。在分析项目所需投入资金以及项目建设成本的时候，一般是按照市场上大致的投资项目实际投入额和成本估算出来，税费的多少也只是用大致的比例估算出来。该阶段对项目投资的开发成本、预期收益、净利润的估算精度较低，误差可高达±30%左右。但该阶段投入的费用较少，约占项目总投资额的0.2%～0.8%；所需时间较短，大约1～2个月左右。

二、初步可行性研究

如果投资机会研究证明是可行的，就可进入初步可行性研究阶段。许多大型的投资项目消耗的人力和资金是相当多的，为了避免时间、金钱和人力资源方面的浪费，投资者往往需要在对项目进行正式的可行性研究之前，在机会研究的基础上提前对项目的可行性作出初步的研究分析。因此，初步可行性研究是介于投资机会研究和详细可行性研究之间的一种过渡性研究，它是对投资机会研究得出的结论作进一步的研究，从而为详细可行性研究作好充分的准备。初步可行性研究与详细可行性研究的区别主要体现在获得资料的详细程度不同、研究的深入程度不同、精度高低不同三个方面。对于一些小型开发项目的可行性研究，可以跨越该阶段，直接进入详细可行性研究阶段。

这一阶段需要解决的问题有：①分析投资机会研究的结论，在较详细资料的基础上作出是否投资的决定；②是否有进行详细可行性研究的必要；③有哪些关键问题需要进行专门的特殊研究。

在初步可行性研究阶段需对以下内容进行粗略的审查：市场供需、建筑原材料的供应、项目所在地的社会经济状况、项目选址及周围环境、规划设计方案、进度安排、投资收益、成本估算、财务分析等。

初步可行性研究阶段估算的精度比投资机会研究要高一些，误差大致在 ±20% 范围内；所需的费用约占总投资额的 0.25% ~1.5%；占用时间大约在 2~4 个月。

三、详细可行性研究

详细可行性研究是项目可行性研究过程中的最重要的组成部分，是开发建设项目投资决策的基础，是在分析项目技术、经济可行性后作出投资与否决策的关键步骤。在该阶段，投资者将拥有更多更详细的原始资料与数据，借此对拟投资项目进行全面的经济技术分析和论证。这一阶段的研究范围更广、程度更深、精度更高，分析方法已经不再是那种主观行为占主导地位的估算，而主要通过运用更为客观、科学的各种理论模型以及各种复杂的指标比较等对拟建项目进行评价。

这一阶段进行投资估算的精度在 ±10% 左右，大型项目所需费用约为投资总额的 0.2% ~1%，小型项目约为 1.0% ~3.0%；占用时间较长，一般项目需几个月时间，大型项目有可能需要一年左右或更长时间。

四、可行性研究的评价

详细可行性研究报告完成后，可行性研究工作并没有结束，可行性研究的评价(又称项目评估阶段)是整个研究过程的最后一个阶段，是由决策部门组织或授权于建设银行、咨询公司或有关专家，代表国家对上报的建设项目可行性研究报告进行全面审核和再评估的阶段。

按照国家有关规定，对于大中型和限额以上的项目及重要的小型项目，必须经有权审批单位委托有资格的咨询评估单位就项目可行性研究报告进行评估论证。未经评估的建设项目，任何单位不准审批，更不准组织建设。

房地产投资项目可行性研究的决策过程见图 11 -1。

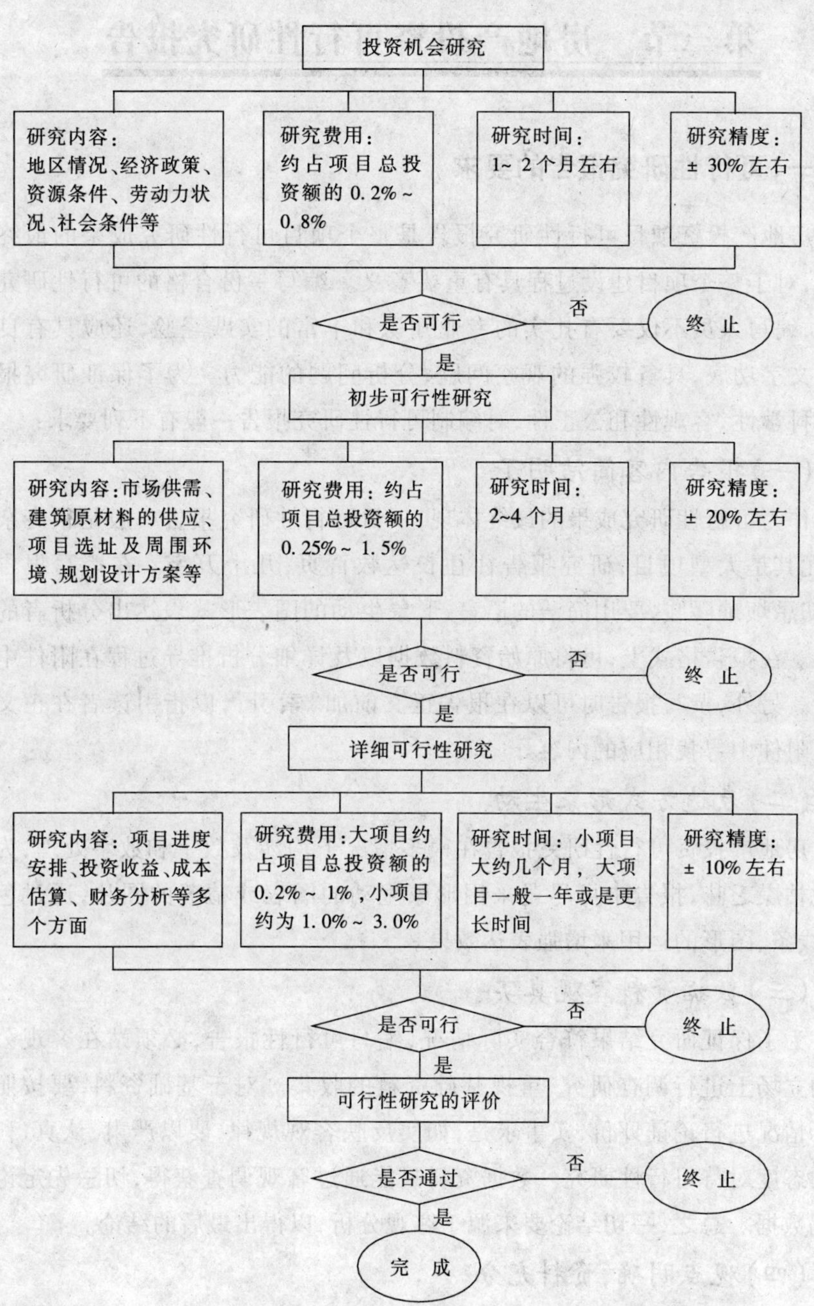

图 11-1　房地产投资项目可行性研究的决策过程

第三节　房地产投资可行性研究报告

一、可行性研究报告的要求

房地产投资项目可行性研究报告是整个项目可行性研究成果的最终体现，对于整个项目建设过程具有重要意义。编写一份合格的可行性研究报告，编写人员不仅要有扎实的专业知识和丰富的实践经验，还应具有良好的文字功底，具备较强的观察问题、分析问题的能力。为了保证研究报告的科学性、客观性和公正性，对编制可行性研究报告一般有下列要求：

（一）报告内容简洁明了

作为可行性研究成果的最终体现，项目可行性研究报告一般是很庞杂的，尤其是大型项目，研究报告往往长达数百页，几十万字。在撰写报告时，切忌烦琐啰嗦，要用简洁的语言、形象生动的图表形式表达出分析者的意图。在报告格式上，可将原始资料数据以及详细分析推导过程在附件中给出。另外，撰写报告时可以在报告正文前加“索引”，以指引读者在正文或是附件中寻找相应的内容。

（二）表达方式形象生动

房地产投资可行性研究报告在很多情况下均涉及数字和数字处理，为避免枯燥乏味，报告中可尽量采用形象生动的图表或精美的图片，通过色彩、线条、图形的运用来增强表达效果。

（三）数据资料客观真实

为了保证研究结果符合实际情况，编写可行性报告，必须站在客观公正的立场上进行调查研究，重视基础资料的收集。对于基础资料，要按照实际情况进行论证评价，实事求是，如实反映客观规律，要以严肃、认真、科学的态度对待可行性研究。数据资料只能通过客观调查获得，切忌先定论后编数据。总之，一切结论要来源于客观分析，以得出最后的结论。

（四）观点明确，资料充分

观点是在经过对资料的反复研究后形成的，资料是观点的前提，观点是资料的归宿。在进行可行性分析时，一定要理顺二者之间的辩证关系，避免只有资料而没有观点的数据罗列现象，也要避免只有空洞的观点而没有任何数据支撑的概念化现象。

(五)可行性研究报告的内容还要有深度

除了内容应该符合逻辑、结构层次分明、针对性强以外,可行性研究报告的内容还要有一定深度,不能流于形式,只做表面文章,而应该从不同角度、不同层面对项目的可行性作深层次的研究。那种内容简单、材料匮乏、缺乏科学逻辑分析和论证的"报告",不能称之为可行性研究。应确保可行性研究的质量,发挥其应有的作用。

以上要求是为了确保可行性研究报告能客观、公正、准确地反映投资项目的真正价值,为投资决策提供可靠依据,为项目施工的顺利进行和投资效益的正常实现营造一个良好的前期氛围。

二、可行性研究报告的格式

由于房地产投资开发项目的类型、规模和复杂程度不同,可行性研究的内容也不尽相同,研究报告的撰写也没有统一固定的规范格式。一般来说,房地产开发项目可行性研究报告的格式大体如下:

(一)总论

总论作为可行性研究的摘要部分,要综合叙述研究报告中各个部分的主要问题和研究结论,并对项目可行与否提出最终建议,为可行性研究的审批提供方便。其内容主要包括:

1. 项目背景;
2. 可行性研究结论;
3. 主要技术经济指标;
4. 存在的问题及解决建议。

(二)项目背景和发展概况

这主要包括以下内容:

1. 项目名称以及开发建设单位;
2. 该项目提出的背景;
3. 开发项目所在地周边环境,如区位条件、交通、人口、社会经济条件以及水文、地质、植被等自然条件;
4. 开发对象的社会经济发展前景,它在城市总体规划中的地位及作用等,项目性质及主要特点;

5. 该项目投资的经济意义和社会意义及必要性。

（三）市场现状调查与未来需求预测

这主要包括以下内容：

1. 相关市场的调查，如建材市场、劳动力市场等；

2. 房地产市场价格以及市场需求分析；

3. 类似房地产的市场供给状况分析。

（四）规划设计方案的对比与选择

这主要包括以下内容：

1. 规划设计，包括建筑物主要参数（占地面积、基地面积、建筑层数、建筑面积、建筑密度、容积率等）、建筑物布局、市政设施及其他公用设施配套等的确定和选择；

2. 对多种方案进行技术经济比较和评价，进行方案的比较筛选，并对最终确定的方案进行综合性表述；

3. 详细描述投资方案的情况，包括建筑物布局、功能划分、道路交通、市政设施及公用设施分布、建筑物主要技术参数、项目主要技术经济指标等。

（五）项目进度安排

按开发前期工程、主体工程、附属工程、竣工验收阶段，安排好开发进度。对于大型成片开发项目，因建设工期长、投资量大、一般应分阶段开发，每一阶段的开发内容、完成期限，也应统筹安排。

（六）投资及成本估算

这主要包括以下内容：

1. 成本估算，包括征地补偿费、地价、前期开发费、建筑安装工程费、市政工程费、配套工程费、管理费、贷款利息以及各种税费；

2. 总投资估算，总投资包括开发建设投资和经营资金两部分；

3. 各种费用计算依据及计算过程。

（七）经济效果预测

这主要包括以下内容：

1. 销售收入估算，由预期的销售单价和数量估算得到；

2. 租赁收入估算，由预期的租赁单价和数量估算得到；

3. 经济效果指标计算，包括净收入、投资收益率、投资回收期等主要技术经济指标。

（八）资金筹措方案及现金流量分析

这主要包括以下内容：

1. 资金筹措方案，包括筹资数额、筹资方式、筹资时机、还款方式、筹资成本等内容；

2. 现金流量表分析，包括对资产负债表、利润表、现金流量表的分析，以及对项目的还贷能力、支付能力的分析等。

（九）经济效益分析与评价、风险分析与评价

这主要包括以下内容：

1. 净现值分析与评价；
2. 内部收益率分析与评价；
3. 动态投资回收期分析与评价；
4. 成本效用分析与评价；
5. 盈亏平衡分析、敏感性分析、概率分析等不确定性分析与评价。

（十）社会效益与环境效益评价

社会效益是从外部价值来讲的，是指投资项目给社会作出的贡献。它主要包括：对社会经济发展、对提高城市居民居住水平、对城市经济水平的提高、对劳动就业压力的缓解、对国家财政税收的贡献等。环境效益指项目建设给周边环境带来的效益，主要包括：对改善居住环境、投资环境、消除"三废"作出的贡献等。

（十一）结论

这是房地产投资可行性研究成果的集中体现。运用各种数据，从经济、技术、财务等方面论证项目的可行性，推荐一个或多个可行方案，指出项目存在的问题以及相应的改进意见，如有可能，应推荐最优方案，以方便投资决策。

本章重点回顾

可行性研究	投资机会研究	一般投资机会研究
特定项目的投资机会研究	初步可行性研究	详细可行性研究
可行性研究的评价	可行性研究报告	

DI SHIER ZHANG 第十二章 房地产投资决策

房 地 产 投 资 分 析

房地产投资的确定性分析、不确定性分析和风险分析为投资决策提供了重要的参考依据，但是，这些分析都不能替代房地产投资决策的综合判断。房地产投资决策是定量分析和定性分析相结合的过程。房地产投资决策者应该按照科学的程序和方法，正确分析房地产市场的变化情况和投资项目的经济指标，选择合理的实施方案，使得投资决策能够满足房地产投资预期的要求。

第一节 房地产投资决策概述

一、房地产投资决策的含义

一般地说，决策就是对需要处理的事件作出策略上的决定。投资决策就是围绕事先确定的经营目标，在占有大量信息的基础上，借助各种分析手段和方法，通过定性的推理判断和定量的分析计算，对各种投资方案进行比较优化和选择的过程。在房地产投资活动中，一般都会有不同的投资方案可供选择，如何利用有效的分析方法实现合理的选择，在众多投资方案中选出最佳方案，就是房地产投资决策。对于独立方案，判断投资方案是否科学、合理、可行，也属于房地产投资决策。正确的决策不仅取决于决策者个人的素质、知识、能力和经验，同时还依赖于投资决策者所掌握的决策的基本理论和科学决策的基本方法。

在进行房地产投资决策时，一般需具备以下几个基本条件：

第一，具有明确的投资决策目标。所有的投资决策都是为了解决特定的问题，因而，确定目标是决策的第一步，也是决策的基础。决策的目标应是十分明确的，一般来说应当是可以定量描述的。房地产投资决策的目标是要求房地产投资能以较小的资金投入，取得较大的经济效益，并尽量减少房地产投资风险，寻找经济效益、社会效益和环境效益的最佳结合点。

第二，具有具体的投资决策方案。决策的过程实际上是方案的评价或比较的过程。不论是单个投资方案或多个投资方案，投资决策时都需要对其进行评价，以决定是否投资或筛选出最优的投资方案。

第三，具有科学的评价标准。决策方案的优劣必须有客观的评价标准，并且这些标准应尽可能采用量化方式。合理的评价标准是指对同一决策问题要采取相同标准进行评价。在同样的约束条件下，对每个方案在技术上的先进性、经济上的合理性和实现上的可能性，以及代价的高低、风险的强弱、副作用的大小等问题进行综合分析评价，都离不开科学、合理、可操作的评价标准，只有这样，才能作出合理的投资决策。

第四，具有翔实、客观的数据。客观准确的原始数据资料与科学正确的决策方法都是必不可少的。正确的投资决策不仅有赖于科学的方法，更有赖于原始资料的准确程度。决策者对房地产投资过程中可能出现的不确定因素认识越深，了解越多，采用的决策信息越完备、越可靠，作出的决策就越合理。房地产投资分析的过程，实际上是一个要求房地产投资者具有科学的态度，深入进行调查研究，更多更准确地掌握信息资料，加深对房地产投资认识和了解的过程。房地产投资过程中，要认真分析存在的各种问题，将决策建立在可靠数据的基础上，克服决策的盲目性和主观臆断的缺点，努力实现投资决策目标。

房地产投资决策的一般内容有：①房地产投资方向和战略决策；②房地产投资目标与计划决策；③房地产项目决策；④土地购买决策；⑤价格与成本决策；⑥财务决策；⑦经营组织决策；⑧房地产销售决策；⑨工程招投标和房地产投资方案优化决策。

二、房地产投资决策的类型

房地产投资决策可以按照不同的标准进行分类。

（一）按决策信息的不同性质划分

按决策信息的不同性质划分，可将其分为确定型决策、风险型决策和不确定型决策。

确定型决策是指影响决策的因素是明确肯定的，且每一种方案只有一种确定可以预期达到的结果。确定型决策中每种方案的运行结果是明确的,因而应该能够预先准确地计算出确定的投资效果,这个投资效果不以一定的概率条件为前提。

风险型决策又称随机型决策,是指每一种方案的运行都会出现若干种不同的结果,并且各种结果的出现都具有一定的概率,即每种选择都存在风险。进行风险型投资决策应具备以下几个条件:①具有明确的期望目标;②每个投资方案存在两种或两种以上的自然状态,这种自然状态是不以投资决策者主观意志为转移的,而且受外界客观环境的影响;③每个方案存在的各种不以决策者主观意志为转移的自然状态是概率事件,这一概率可以估计得到;④每种自然状态下的投资方案损益值可以计算得出。风险型决策由于决策者对待风险的态度不同,进行方案比较的标准即决策准则也不相同。

不确定型投资决策是指投资决策方案在未来的运营过程中会出现多种不以投资决策者主观意志为转移的自然状态,但这些自然状态无法估计发生的概率,而是依赖投资决策者的投资经验和决策偏好对投资结果进行判断。

不确定型投资决策与风险型投资决策的主要区别是投资决策方案未来的各种自然状态是否是概率事件以及投资决策是否主要依赖投资者的决策偏好。

(二)按决策问题的性质划分

根据决策问题的性质,可将其分为战略型决策和战术型决策。

战略型决策是根据企业内部条件和外部环境的具体情况,确定有关企业发展方向、远景规划等重大问题的决策。这种决策旨在全面提高企业的素质和经营效能,使其经营活动与外部环境变化能够经常保持动态的协调。房地产投资方向、投资目标决策属于这一类决策。

战术型决策是为实现企业战略决策而合理地选择和使用人、财、物的决策,包括管理和业务两个方面的决策。其重点是如何有效地组织和利用企业内部的各种资源。房地产投资成本决策属于这一类决策。

战略型决策和战术型决策的划分同企业的管理层次有关,一般来说,越是高层的决策,越具有战略性质;越是低层的决策,越具有战术性质。

(三)按决策问题出现的状态划分

按决策问题出现的状态,可将其划分为程序化决策和非程序化决策。

程序化决策解决企业生产经营过程中经常性、重复出现的问题,是指决策过程的每个步骤都有规范化的固定程序，这些程序可以重复使用以解决同类的问题，如企业的奖惩制度等。一般基层机构管理者通常使用程序性决策。

非程序化决策主要解决突发性或不经常出现的问题，是指问题涉及面广，偶发或首次出现，没有固定程序可遵循，只能在问题提出时进行特殊处理的决策。如新产品的开发、开拓新的市场的决策等。在经营决策中重要而又困难的是非程序化决策，它要求决策者具有丰富的知识和经验。高层管理者一般主要处理非程序化决策，包括进行组织设计与选择投资策略等。

（四）其他

按决策目标多少划分，可分为单目标决策和多目标决策；按决策制定的方式划分，可分为单层决策和多层决策；按决策使用的分析方法划分，可分为定性分析决策和定量分析决策；按决策期限划分，可分为长期决策与短期决策等。

三、房地产投资决策的要求

房地产投资决策有其自身的规律，要保证决策能够达到预期收益，就必须遵循符合这些规律的决策原则。这些决策要求包括：遵循客观规律、依据科学的程序、明确投资目标、广泛进行决策咨询、落实决策责任等。

（一）遵循客观规律

这一原则要求决策者以科学的资料为依据，减少主观因素带来的决策风险。尤其是项目规模大、技术高、情况复杂的大型房地产项目，仅凭借个人的经验和智慧决策是不够的，必须依照科学方法进行分析，以保证决策的客观性，降低决策风险。

（二）依据科学的程序

房地产投资必须依据科学的程序，决策者应按合理的方式进行，使定量和定性方面的分析尽可能精确。依据程序，反复检验，发现问题，再进行决策方法改进，这应该是贯穿决策过程始终的做法。当然，还应具体分析有关实践经验的作用，使之为决策可行性服务。

（三）明确投资目标

房地产投资项目建设实施的目的在于创造经济效益和社会效益，其中经济效益是投资的核心问题。提高经济效益是房地产投资决策的基本出发点。

(四)广泛进行决策咨询

房地产投资决策的制定,应充分发挥多方面的积极性,广泛听取各方面专家、学者的意见,集思广益。对不同的意见要认真研究,积极采纳合理化建议,规避决策风险。

(五)落实决策责任

房地产投资决策直接关系着房地产开发与经营的效果,因此,必须建立明确的决策责任制。项目决策与开发的机构和当事人应明确承担与自己职权相称的风险和责任,这样,他们对于决策会更加慎重,减少盲目、轻率投资决策的出现。

四、房地产投资决策的程序

房地产投资决策程序的科学程度是决策成功的重要基础,目前的相关研究认为,科学的决策过程有以下四个基本阶段:决策目标的确定、决策方案的拟订、决策方案的优选和决策方案的执行。

(一)决策目标的确定

房地产投资决策的目标就是要达到投资所预定的目标,这应该是投资决策的前提和依据。投资者在投资决策时,一般而言,经济收益最大化这一目标是核心,当然还应兼顾投资项目的社会效益、环境效益等其他因素。分析到这个层次还是不够的,因为投资目标应该是明确、具体的,而不是抽象或含糊不清的。确定目标的关键在于,进行全面的市场调研和预测,通过周密的分析研究,发现问题并认清问题的性质,从而确定问题解决后所预期达到的结果,使投资的目标具体明确。

(二)决策方案的拟订

一般来说,根据已确定的目标需拟订多个可行的备选方案。可行方案或备选方案是指具备实施条件,能够实现决策目标的各种途径或方式。对于某一决策目标存在多种实现方式,而这些方案的具体实施往往存在不同程度的差异,决策者需要进行选择。方案的可行性应该有这样一些评价标准:技术上是否先进、生产上是否可行、经济上是否合算、财务上是否盈利。拟订可行方案的过程应该是一个充满创新精神的过程,方案制订者需要尽可能多地收集相关数据资料,严格论证、反复计算、细致推敲,使各可行方案具体化。为了利于方案全面比较和选择，避免遗漏最优方案，制定可行方案时要注意各方案整体上的详尽性以及相互间的差异性。

（三）决策方案的优选

可行方案拟订后，下一步就是对这些方案进行比较和分析，以便从中选出符合要求的方案加以实施，这就是可行方案的择优过程。这一过程需要对有关技术经济和社会环境等各方面条件、因素以及潜在问题进行可行性分析，并与预先制定的目标进行比较并作出评价，最终作出择优选择。

优选决策方案的过程中有两个关键因素。一个是判断标准，即衡量方案的标准。传统的标准是“最优”，比如“最大利润”、“最高效用”、“最低成本”等，但“最优”判断标准在实践中也存在一定的操作难度，主要是因为受到信息情报、回报与风险的关系、决策和执行时机等因素的影响。现代决策理论以“满意”标准来判断可行方案的优劣，即所选择的方案基本上能实现决策目标，能够取得比较令人满意的结果，则该方案就算是一个理想的实施方案了。另一个关键因素是选择方法。决策过程中，最终选定的实施方案是否科学合理，在很大程度上取决于择优方法。选择方案的具体方法很多，大致可分为定性分析方法和定量分析方法两大类。

（四）决策方案的执行

通过优选得到的方案需要付诸实施。在执行过程中，执行者的作用十分关键，他能否充分理解方案，遇到风险时如何应对是决策执行是否顺利的两个决定性因素。优选方案是否科学合理也只有通过实践才能得到最终检验。完善的检查制度和程序、进行信息反馈等对于规避风险是十分重要的。一旦发现原方案有缺陷，或因客观条件变化而出现新问题，要及时对方案加以纠正和修订。

五、房地产投资决策的方法

房地产投资决策过程中，由于投资决策对象和内容不一样，所用的决策方法也不尽相同，这些方法按照其研究方式的不同可分为定性方法与定量方法两种。

（一）定性分析方法

在房地产投资决策中，定性分析方法的运用相当广泛，因为许多因素难以定量描述，而且影响因素相当复杂，所以从目前情况来看，采用定性分析的方法更为普遍。定性分析方法通常有以下两种类型。

1. 经验判断法。这是依据既有的相关领域的决策经验进行判断。目前,这种方法被普遍应用于一般决策中。例如,在一些房地产刊物中,广告商向投资者推荐的各种房地产投资技巧,如“店面投资盈利高”,“别墅住宅高回报、低投资”等,这些判断都是从房地产投资的经验积累中得来的。这种方法直观易用,缺点是分析不深入,缺乏充分的论证。

2. 创造工程法。创造工程法,顾名思义是运用人们的创造性思维进行投资决策的方法,表面上看它是人的灵感和相关经验以及创新能力的综合,但实质上这种方法有其科学基础。其主要技术方法包括:畅谈会法、综摄法、形态方案法和主观概率法等。

(二)定量分析方法

定量分析方法是主要采用数量指标和数学模型来进行房地产投资决策的方法,通过对决策问题进行定量分析、计算,以期取得最优方案。在决策分析中常用的定量分析方法有确定型决策法、风险型决策法和不确定型决策法。

在模型范围内,定量分析方法要进行较精确的计算和分析,从而可以将决策推向科学化。当然,定量方法也有缺陷,如果决策涉及较多的社会因素、心理因素和人的因素时,由于许多因素很难量化处理或难以精确化,这时定量方法就无能为力了。

房地产投资决策涉及的因素总是多方面的,一项房地产投资决策的制定往往是这两类方法综合运用的结果。

第二节　确定型房地产投资决策

一、确定型房地产投资决策分析的主要方法

房地产投资分析中常用的确定型决策法主要有数值比较法和比例比较法,另外还有模型法,这里我们主要介绍数值比较法和比值比较法。

(一)数值比较法

数值比较法是根据房地产投资的效益或费用的绝对数值大小来评价投资决策方案的优劣或是否可取,主要包括净收益法、净现值法、净年值法、现值成本法、年成本法、动态投资偿还期法和静态投资偿还期法等。

1. 净现值法与净年值法。净现值法是根据房地产业或不同房地产投资类型的基准收益率或假定的折现率，将计算期内各年的投资收益折算成基准时点的价值之和，它是反映房地产投资项目在计算期内获利能力的动态评价指标。若净现值大于或等于零，则说明决策可以接受，且净现值越大，方案越优；净现值小于零，则方案不可取。

净年值在数值上等于净现值除以相应的年金现值系数，它是将所有现金流换算成与其等值的年金。净年值大于零，说明该项房地产投资决策在经济上可行，若有两个以上方案可供选择，则最大者为优。

2. 净收益法。净收益是指房地产投资全过程中总收入扣除总成本的余额。若净收益大于零，则方案可取；若净收益等于或者小于零，则方案不可取。在净收益大于零的方案中，净收益最大的为首选方案。由于净收益未涉及资金的时间价值，故一般适用于短期房地产投资决策。

3. 成本现值法与年成本法。当房地产收益无法估计或两个以上决策方案效益相似时，可以将项目所耗费的一切费用都换算为与其等值的现值，并以现值成本作为取舍方案的依据，该种分析方法称为房地产投资决策的现值成本法。现值成本最小者为最优。

在若干个房地产投资决策方案收益相同或近似的情况下，难以判断孰优孰劣，便以等值的平均年成本来评价，年成本最小者为最优，这种分析方法称为年成本法。

4. 动态投资偿还期法和静态投资偿还期法。若以房地产投资项目的净现值偿还全部投资现值所需的时间（一般以年为单位）来分析评价项目是否可取或方案的优劣，称之为动态投资偿还期法；若不考虑货币的时间价值，则是静态投资偿还期法。该方法通过比较偿还期长短来选择投资项目。若项目偿还期小于标准偿还期，则项目可行，且偿还期越短，方案越优。

（二）比率比较法

比率比较法是指以效益和费用的比率来评价、比较房地产投资决策方案的优劣或是否可取的投资决策分析方法，它又包括内部收益率法、净现值率法、效益费用比法等。

1. 内部收益率法。内部收益率即内部回报率，是指净现值等于零时的折现率。若内部收益率大于或等于零，则方案可行，但还应与该行业或部门的基准收益率相比较；若内部收益率大于等于基准收益率，则该项目有行业竞争力，且越大越优；若小于基准收益率，则未达到行业平均利润率，可以考虑放弃该投资项目。内部收益率一般用插入法和试差法求取。

2.净现值率法。它是指项目净现值与全部投资现值之比，即单位投资现值所获得的净现值。这一动态评价指标优于投资收益率法。投资收益率是指正常年的净收益与总投资之比，这一指标较为简便、直观，但未考虑资金的时间年限，因而应用范围较窄。

3.效用费用比法。它是指投资过程中所有收益流的现值与所有成本流的现值的比率。若效益费用比小于1，则说明入不敷出，不宜投资；若效益费用比大于或等于1，则可以投资，且越大越好。

另外，还有模型法，是指运用数学模型来解决在一定的约束条件下，如何实现效益最大或花费最小的技术经济问题。常见的有线性规划、多元回归、灰色系统决策等方法。

二、独立方案的比较与选择

独立方案是指一组相互独立、互不排斥的方案。在独立方案中，选择某一方案并不排斥选择另一个方案。独立方案的特点是诸方案之间没有排他性，只要条件允许，就可以几个方案共存。一般来说，独立方案的比较和选择指的是在资金约束条件下，如何选择一组方案组合，以期获得最大的总体效益，即 $\sum NPV$ 最大。

独立方案的选择有以下两种情况：

一种是投资者可利用的资金足够多，没有资金限制。这时，可采用前面所介绍的各种方法进行比选。常用的有净现值（NPV）法和内部收益率（IRR）法，只要分别计算各方案的 NPV 或 IRR，选择所有 $NPV \geqslant 0$ 或 $IRR \geqslant i_0$ 的项目即可。

另一种是投资者可利用的资金是有限制的。若资金不足以分配到全部 $NPV \geqslant 0$ 的项目时，独立关系就转化为一定程度的互斥关系，我们需要重点考虑的就是资金约束条件下的优化组合问题。一般来说，有四种基本选择方法：一是现值法，二是净现值率排序法，三是收益率分配法，四是互斥组合法。前三种方法是在一定的资金限制条件下，把能满足基准收益率的方案，根据各方案的净现值、净现值率和内部收益率的大小来确定各方案的优先次序并分配资金，直到资金限额分配完为止；第四种方法是把独立方案都组合成相互排斥的方案，选择最优的组合方案。

下面举例来说明。

[例 12－1] 某房地产公司面临 3 个相互独立的投资方案，各方案投资额与每期期末的净收益见表 12－1，寿命均为 10 年。若基准收益率为 10%，可利用的资金总额只有 500 万元时，应怎样选取方案？

表 12－1 独立方案 A，B，C 的投资额与年净收益 单位：万元

方 案	投资额	年净收益
A	－200	38
B	－250	45
C	－300	52

从表 12－1 中我们看到，A，B，C 三个方案的净现值均大于 0，从单方案检验的角度看，三个方案均可行。但已知资金限额为 500 万元，三个方案同时实施将使总投资为 750 万元，超过了投资限额，因此这里我们将采用独立方案的互斥组合法进行决策。

首先，我们计算出各个投资方案的净现值，以 A 为例，

$$NPV(A)=38\times(P/A,10\%,10)-200=38\times6.145-200=33.51$$

因此，我们可以得出表 12－2。

表 12－2 独立方案 A，B，C 的净现值 单位：万元

方 案	投资额	年净收益	净现值
A	－200	38	33.51
B	－250	45	76.53
C	－300	52	19.54

首先建立所有方案组合（本例共 8 组），然后计算各组合的投资总额、年净收益及净现值（见表 12－3），最后从满足资金约束条件的方案组合中选择净现值最大的组合方案。

根据表 12－3，方案组合 7，8 的投资总额超出投资限额，所以不予考虑。对满足资金约束条件的前 6 个方案组合，由于第 5 个组合 AB 的净现值最大，故此组合为最优组合，即投资决策为投资方案 A 和 B。

对于寿命期不同的独立方案，也可用内部收益率标准对所有方案由大到小排列，并在资金约束条件下选择方案组合，使其达到整体内部收益率

最大。所谓整体内部收益率，是指方案组合内各项投资的内部收益率的加权平均值，对其未使用的剩余资金则按基准收益率计算。

表 12-3　独立方案 A，B，C 组合的投资额、年净收益与净现值　单位：万元

组合号	方案组合	投资总额	年净收益	净现值
1	0	0	0	0
2	A	-200	38	33.51
3	B	-250	45	76.53
4	C	-300	52	19.54
5	AB	-450	83	110.04
6	AC	-500	90	53.05
7	BC	-550	97	96.07
8	ABC	-750	135	129.58

三、互斥方案的比较与选择

互斥方案是在若干个方案中，选择其中任何一个方案，则其他方案就必须被排斥的一组方案。投资者经常必须从众多令人满意的投资项目中进行选择。

1. 对于项目计算期相同的互斥方案，可直接用净现值、差额投资内部收益率或净年值指标进行比选。这里举例说明净现值法的使用。

[例 12-2]　某房地产公司现有甲、乙、丙三个互斥方案，各方案的初期投资、每年年末的经营收益及经营费用见表 12-4。各投资方案的计算期为 8 年，8 年后无残值。基准收益率 $i_0 = 10\%$。请进行方案的比较与选择。

表 12-4　互斥投资方案的现金流量表　单位：万元

投资方案	初始投资	年经营收益	年经营费用	年净经营收益
甲	-800	350	-150	200
乙	-1 000	550	-250	300
丙	-1 400	550	-200	350

采用净现值法求解。

根据公式：$NPV = \sum_{t=1}^{n} \frac{F_t}{(1+i)^t} - C$

公式中：NPV——净现值；

F_t——第 t 年的净现金流量；

i——收益率；

n——项目预计使用年限；

C——初始投资成本。

因为各个方案的年净经营收益是一个等额的、系列的收益，所以也可以利用年金现值公式来计算。

计算各方案的净现值如下：

$$NPV_{甲} = F_{甲} \times (P/A, 10\%, 8) - C_{甲}$$
$$= 200 \times 5.335 - 800 = 267(万元)$$
$$NPV_{乙} = F_{乙} \times (P/A, 10\%, 8) - C_{乙}$$
$$= 300 \times 5.335 - 1\,000 = 601(万元)$$
$$NPV_{丙} = F_{丙} \times (P/A, 10\%, 8) - C_{丙}$$
$$= 350 \times 5.335 - 1\,400 = 467(万元)$$

由于乙方案的净现值最大，所以乙方案是最优方案。

2. 对于项目计算期不同的互斥方案项目，一般采用净年值法进行比选。

[例 12－3] 某房地产投资项目有两个计算期不同的互斥方案，各方案的投资额、年净收益及计算期见表 12－5。若投资者要求的最低回报率为 12%，选择何方案为最优？

表 12－5 两个方案的投资、收益、计算期情况 单位：万元

方案	初期投资	年净收益	计算期(年)
A	－2 000	500	8
B	－3 000	650	10

(1)用净年值法进行比选。

①由于净年值公式 $NAV = NPV \Big/ \sum_{t=1}^{n} \frac{1}{(1+i)^t}$，则首先须计算净现值。

根据公式：$NPV = \sum_{t=1}^{n} \frac{F_t}{(1+i)^t} - C$，得：

$$NPV_A = F_A \times (P/A, 12\%, 8) - C_A$$
$$= 500 \times 4.968 - 2\,000 = 484(万元)$$
$$NPV_B = F_B \times (P/A, 12\%, 10) - C_B$$
$$= 650 \times 5.650 - 3\,000 = 673(万元)$$

②计算净年值。根据净年值公式得：

$$NAV_A = NPV_A/(P/A,12\%,8)$$
$$= 484/4.968 = 97.42(万元)$$
$$NAV_B = NPV_B/(P/A,12\%,10)$$
$$= 673/5.650 = 119.12(万元)$$

因为 $NAV_A < NAV_B$，所以，B 方案为最优方案。

(2)用净现值法。由于计算期不相同，在用该方法之前，需对各方案的计算期和计算方法进行统一处理。

在现实中，许多方案的计算期往往是不同的。这时采用净现值进行比较，由于各方案的比较基础不一样，无法直接进行比较。为了使方案之间在时间上具有可比性，可采用两种处理方法。一种是最小公倍数法，是将各方案计算期的最小公倍数作为比较方案的计算期，并假定各个方案均在这样一个共同的期限内重复实施，对各个方案计算期内各年的净现金流量进行重复计算，直到计算期结束。二是净年值法，这也是经常采用的一种方法。

第三节　风险型房地产投资决策

由于房地产投资决策涉及的时间较长，受多种因素和情况的影响，当这些因素或情况呈概率变化时，就涉及风险型房地产投资决策。

风险型房地产投资决策的方法很多，本节讨论几种常用的方法。

一、期望值法

数学期望值反映了随机变量取值的“平均数”。因此，把每个方案的期望值加以比较，如果决策的目标是效益最大，则采取期望值最大的行动方案。下面通过一个例子来说明。

[例 12 -4]　某房地产公司计划开发建设住宅小区，提出两个方案，两方案的经营期均为 4 年。方案 A 是进行大规模开发，需投资 1 亿元；方案 B 是进行小规模开发，需投资4 000万元。根据对房地产市场的预测和调查，该时期住宅的需求量概率和两个方案的年损益值见表 12 -6。

表 12-6 年损益值表 单位:万元

投资方案	年损益值		期望值(E)
	需求量大 $P_1 = 0.75$	需求量小 $P_2 = 0.25$	
A:大规模开发	4 000	-800	1 200
B:小规模开发	1 500	500	1 000

为了评价两个方案经济效益的好坏,分别计算两方案4年内的净收益期望值,并通过比较,选择期望值较大的方案作为较优方案。

$$E(x) = \sum_{i=1}^{n} x_i \times P_i$$

$$E(A) = [4\,000 \times 0.75 + (-800 \times 0.25)] \times 4 - 10\,000 = 1\,200(\text{万元})$$

$$E(B) = [1\,500 \times 0.75 + (500 \times 0.25)] \times 4 - 4\,000 = 1\,000(\text{万元})$$

经比较,得出:$E(A) > E(B)$。所以,选择大规模开发建设方案比选择小规模开发建设方案获利要多。

以上分析采用的是静态分析法,如果采用动态分析法则更贴近实际。

二、决策树法

决策树法也是利用期望值选择决策方案的一种方法,只不过是用树状图来表示对某个含风险投资方案的未来发展状况的可能性和可能结果所作的估计和预测。决策树由决策结点、状态结点和结果结点等组成,决策结点是需要决策的问题,状态结点是各种备选方案,结果结点表示各种备选方案在相应的状态上可能发生的盈利或亏损。

[**例 12-5**] 在例 12-4 的基础上,将建设经营期分为前1年和后3年两期考虑。根据对该地区住宅市场的调查,前1年住宅需求量较大的概率为0.75。如果前1年市场需求量较大,则后3年住宅需求较大的概率为0.9;如果前1年市场需求较小,则后3年需求量较小的概率为0.9。试问在此情况下,哪种投资方案为最优方案?

选用决策树法求解。步骤如下:

(1)先画出决策图(见图 12-1),并定出决策结点及其可采用的投资方案;再定出状态结点,并在各状态结点画出各种可能情况的概率;最后估计有关数据,如在不同情况下的损益值。

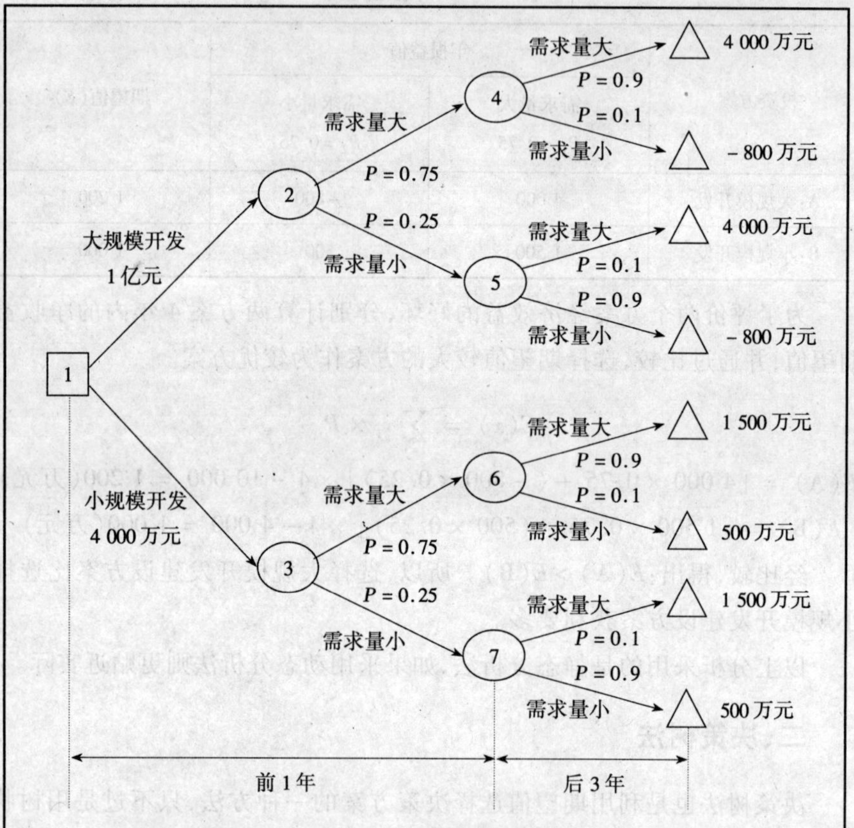

图 12-1　决策树示意图

图例说明:"□"表示决策结点,所引出的分枝叫做方案分枝;"○"表示状态结点,其中的数字表示方案的期望值,所引出的分枝叫做状态枝,分枝上的数字表示自然状态所发生的概率;"△"表示结果结点,边上的数字是每个方案在相应自然状态下的损益值;"——"表示分枝,根据所处的位置,可以代表方案枝或状态枝。

(2)按决策树分析和计算要求,其过程是从右至左,逐步推进。

根据图 12-1 中右端的收益值和概率,计算各期望值如下:

点④:$E(4) = [4\,000 \times 0.9 + (-800 \times 0.1)] \times 3 = 10\,560$(万元)

点⑤:$E(5) = [4\,000 \times 0.1 + (-800 \times 0.9)] \times 3 = -960$(万元)

点②:$E(2) = [4\,000 \times 0.75 + (-800 \times 0.25)] + [10\,560 \times 0.75 + (-960 \times 0.25)] - 10\,000 = 480$(万元)

点⑥：$E(6)=[1\,500\times0.9+500\times0.1]\times3=4\,200$（万元）

点⑦：$E(7)=[1\,500\times0.1+500\times0.9]\times3=1\,800$（万元）

点③：$E(3)=[1\,500\times0.75+500\times0.25]+[4\,200\times0.75+1\,800\times0.25]-4\,000=850$（万元）

由此可见，在这种市场状态下，$E(3)>E(2)$，因此选择小规模投资开发要比大规模投资开发收益大，市场风险小。

三、正态分布图像法决策

在概率基本原理的基础上，根据标准正态分布的分布函数可制成正态分布表，利用正态分布表可查出正态分布的随机变量，取某一范围值的概率大小。这一理论有助于我们分析房地产投资中的风险问题。

正态分布图像法就是通过查找正态分布表中的数据，来计算投资项目某一指标值在正态分布曲线中小于零或大于零时的图像面积，如图 12－2 所示，从而求出这一指标值取某一范围值时的概率大小，以测定该项目所能承受的风险大小。但在应用正态分布图像法时，必须满足这样一个条件，即所要计算的指标值一定是呈正态分布或近似正态分布。

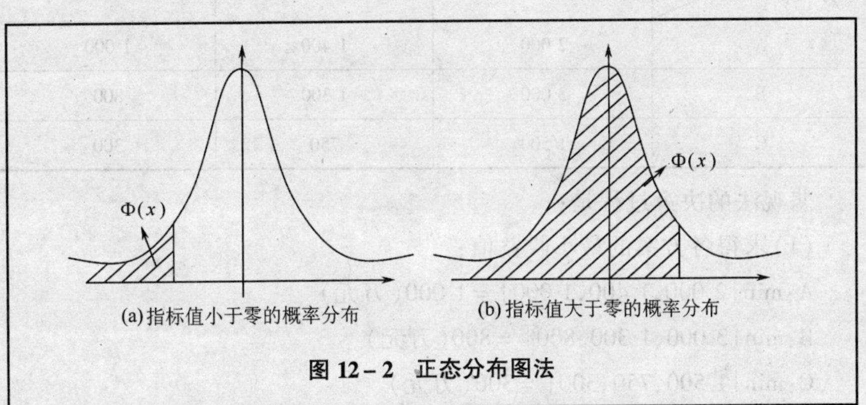

图 12－2 正态分布图法

第四节 不确定型房地产投资决策

进行风险决策必须掌握两个方面的资料数据，一方面是风险发生的概率，另一方面是风险事件所引起的后果。但在实际中，一般很难估计出事件发生的概率,只能对风险后果有所估计。这时,决策者在一种无法肯定的情况下进行决策,这就是不确定型决策。

不确定型房地产投资决策常用的方法有:悲观法、乐观法、折中法和后悔值法等。

一、悲观法决策

悲观法决策的原则是坚持"小中取大",决策者在进行决策方案选择时着眼点在于方案的损失最小。具体做法是:先从各方案中找出收益最小的,然后从中选取最小收益值最大的方案为最优方案。以下举例说明。

[例 12-6] 某房地产公司对某一项目设计了 A,B,C 三种投资方案,这三种方案的损益情况与当前该区域房地产市场的需求情况数据见表 12-7。据调查,未来市场需求将面临高、中、低三种状态,此时应如何决策?

表 12-7 损益值表 单位:万元

需求状态 / 方案	高	中	低
A	2 000	1 400	1 000
B	3 000	1 300	800
C	1 500	750	300

悲观法的决策过程是:

(1)求得各方案的最小收益值:

A:min{2 000,1 400,1 000} =1 000(万元)

B:min{3 000,1 300,800} =800(万元)

C:min{1 500,750,300} =300(万元)

(2)从各方案最小收益值中寻找最大值:

max[1 000,800,300] =1 000(万元)

(3)选择方案。最大值 1 000 万元所对应的方案 A 便是最优方案。

悲观法通常运用于投资者对于投资结果要求稳当、慎重的情况下,其基本思想是不求大功但求无过,以保险和避免发生较大的损失作为效用标准。其缺点是,所选的方案虽然可以避免出现较大的实际损失风险,但也可能是盈利机会损失最大的。

二、乐观法决策

乐观法决策的原则是坚持“大中取大”，这一方法正好与悲观法决策相反，它主张选择方案时应采取乐观的态度，即所选择的方案是一个能够提供最大盈利机会的方案。具体做法是：先从各方案中找出收益最大的，然后从中选取最大收益值的方案为最优方案。以下举例说明。

［例 12－7］　以表 12－7 数据为例，试用乐观法进行投资决策分析。

乐观法的决策过程是：

(1)求得各方案最大收益值：

A：max｛2 000，1 400，1 000｝＝2 000(万元)

B：max｛3 000，1 300，800｝＝3 000(万元)

C：max｛1 500，750，300｝＝1 500(万元)

(2)从各方案最大收益值中寻找最大值：

max｛2 000，3 000，1 500｝＝3 000(万元)

(3)选择方案。最大值 3 000 万元所对应的方案 B 便是最优方案。

乐观法的缺点是，一旦未来出现不利情况，企业往往难以获得预期的投资收益，甚至还会发生亏损。

三、折中法决策

悲观法和乐观法是以两种极端的态度对待投资决策，显然与现实不相符合。一般来说，从事房地产投资，决策者一般不会在所有项目上都冒风险，也不会一点风险不冒，大多数决策者是介于二者之间的。于是，赫威茨(Hurwicz，1951)曾提出一个折中的准则，故折中准则又称为赫威茨准则。具体做法是：决策者对每一决策方案取其最大和最小损益值的加权平均值，然后选出最大加权平均值者为最优方案。若每一决策方案最大值的发生概率为 α，则最小的发生概率为 $(1-\alpha)$。这里的 α 表示的是决策者对项目未来状态的乐观程度，也叫乐观系数(α 介于 0 和 1 之间)。

［例 12－8］　设例 12－6 中所示投资项目，乐观系数 $\alpha=0.6$，试用折中法进行投资决策分析。

折中法的决策过程是：

(1)因为 $\alpha=0.6$，$1-\alpha=0.4$，故折中损益值为：

A：$0.6\times2\ 000+0.4\times1\ 000=1\ 600$(万元)

B:0.6×3 000+0.4×800=2 120(万元)

C:0.6×1 500+0.4×300=1 020(万元)

(2)选择方案。由于 *B* 方案的损益值最大,故决策者选择 *B* 方案为最优方案。

四、后悔值法决策

当某种自然状态出现以后,那时哪个方案最优就一目了然了,但如果决策者当初并未采用这一方案而选择了其他方案,这时就会感到后悔,人们总是希望这种"后悔"的程度及错误决策所带来的损失越小越好。塞维奇把这种原则称为"后悔值准则"。最大收益值与所采取的方案的收益值之差叫做后悔值。具体做法是:首先选出各个备选方案的最大后悔值,然后从中选出后悔值最小的方案作为最优方案。

[例 12-9] 以表 12-7 数据为例,试用后悔值法进行投资决策分析。

后悔值法的决策过程是:

(1)求每种状态下的最大损益值:

高:max{2 000,3 000,1 500}=3 000(万元)

中:max{1 400,1 300,750}=1 400(万元)

低:max{1 000,800,300}=1 000(万元)

(2)求后悔值:用每种状态下最大损益值分别减去该自然状态下各投资方案的损益值,得到各个方案的最大后悔值,见表 12-8。

表 12-8 备选方案的后悔值 单位:万元

状态 / 方案	高	中	低	最大后悔值
A	1 000	0	0	1 000
B	0	100	200	200
C	1 500	650	700	1 500

(3)选择方案:最小后悔值 200 万元所对应的方案 *B* 是最优方案。

五、机会均等法决策

机会均等法遵循机会均等原则(又称拉普拉斯准则),即决策者在决策过程中,不能肯定各种自然状态出现的概率,便认为其是等概率的,即如有 n 个自然状态,则每个自然状态出现的概率为 $1/n$。事实上,这就将不确定型决策问题转化为风险型决策问题，可用期望值法等方法来解决这一问题。

本章重点回顾

房地产投资决策	确定型决策	风险型决策
不确定型决策	战略型决策	战术型决策
程序化决策	非程序化决策	房地产投资决策的原则
房地产投资决策的程序	经验判断法	创造工程法
数值比较法	净收益法	净现值法
净年值法	现值成本法	年成本法
动态投资偿还期法	静态投资偿还期法	独立方案的比较与选择
互斥方案的比较与选择	期望值法	决策树法
正态分布图像法决策	悲观法	乐观法
折中法	后悔值法	机会均等法

DI SHISAN ZHANG 第十三章 房地产投资可行性分析案例

第一节　项目概况

一、项目背景

拟投资建设项目位于中关村国家自主创新示范区内的核心区域海淀园。中关村国家自主创新示范区是国务院于 2009 年 3 月 13 日批复建设，其目的是把中关村建设成为全球具有影响力的科技创新中心。中关村国家自主创新示范区拥有高等院校 39 所，拥有在校大学生 40 多万人，每年大学毕业生超过 10 万；以方正、联想为代表的高新基础企业 2 万家，拥有高素质创新创业人才超过百万，留学归国人员数量占全国的近四分之一；以及中国科学院和国家部委在京研究所、民营研究所 140 多家，拥有国家级重点实验室 57 个，国家工程研究中心 26 个，国家工程技术研究中心 29 个。中关村国家自主创新示范区的空间布局包括：海淀园、丰台园、昌平园、电子城、亦庄园、德胜园、雍和园、石景山园、通州园、大兴生物医药基地。其中，海淀园是中关村国家自主创新示范核心区。

2010 年，中关村国家自主创新示范区内上市公司总数达到 182 家，其中境内 109 家，境外 103 家，初步形成了创业板中的“中关村板块”，中关村企业的总收入 1.59 亿元，同比增长 22.9%。

中关村国家自主创新示范区已经成为新的经济增长“发动机”，同时，其强大的辐射作用，会带动北京市的产业结构优化和经济持续发展，成为推动高新技术产业发展和现代化建设的强大动力。

二、项目建设的必要性

中关村西区是“中关村国家自主创新示范区”规划中的重要部分，位于海淀区核心地带，是中关村的核心区域，其东临中关村大街，西接苏州街，北起北四环路，南至海淀南路，规划占地面积为94.6公顷，总建筑面积为340万平方米。2009年起，中关村西区正式面临业态大调整，西区改造面积达到140多万平方米，其中地上建筑面积达到110万平方米，地下面积达到30万平方米。规划建筑高度由西向东从50米到80米逐渐升高，局部修建高度90米到120米的标志性建筑群，形成高低错落、变化有致的城市轮廓线。

中关村西区作为科技园区的核心区域，是规划确定的高科技产业管理决策、研究开发、产品和技术的展示中心区，是整个中关村科技园区的商贸中心区，是开展高科技产业活动的“窗口”和与国际经济接轨的基地。中关村西区的建设已经成为近期中关村核心区规划建设的重点。

Z建设项目规划工程总建筑面积约200 000平方米。项目将建成酒店、5A级办公楼及购物中心。本项目的建成将填补中关村地区此类项目的空白，推动中关村西区乃至整个中关村地区的规划落实。

项目选址原为北京市某汽车运输公司（YS公司），运输车辆所产生的噪声和异味，直接影响周围市民的生活环境和城市景观。将其迁走，利用原厂区用地建设写字楼，将大大改善本地区的环境状况，对于美化首都环境，减少城区环境污染是非常有益的，并且有利于中关村科技园区周边环境的整治和土地资源的优化配置。

中关村科技园区近几年来发挥人才优势，高科技产业迅速崛起，吸引外资的力度不断增强，各类公司企业发展很快。本写字楼的建设可以进一步满足各行各业对办公用房的需求，符合北京市城市规划和调整产业结构布局的要求，有利于中关村科技园区第三产业的发展，进一步满足了中关村西部地区高科技企业对写字楼项目的需求。

项目的出现调整了北京市中关村地区商务发展的框架，弥补了该区域大型商业消费区等设施极度匮乏及商务氛围不足的弱点，提升了地区整体商务环境，必将成为北京西北区具有标志意义的城市景观建筑。

三、项目基本情况

（一）项目名称

RTANK大厦

(二)项目建设单位

BJD 公司承担 RTANK 大厦的开发建设工作。BJD 公司成立于 1993 年,在北京地产行业处于领先地位,目前在北京拥有 20 多个处于不同开发阶段的项目,品牌在北京市场有很高的知名度和美誉度,深受客户青睐,是北京较大的建设单位之一。公司的业务范围涉及中高端住宅、高级写字楼、酒店式公寓的开发,基础设施建设,零售物业、房地产销售及相关业务,物业管理,工程及园林建设,酒店及会所经营等。

(三)项目选址及建设条件

1. 项目地块位置。项目地块位于北京市海淀区中关村西区规划建设区用地的东南部,基地近似直角梯形,基地面积约为 4.2 公顷。具体的四至范围是:东临 WQH 西辅路,西至 WL 东路,南至 CCHQ 路,北至 XSH 路。

2. 周边现状。目前,项目用地范围内,北侧有居民楼三座,写字楼两座,其中,居民楼共计 166 户,建筑面积约 9 000 平方米,写字楼面积约 13 000平方米,南侧临街有若干小饭馆,建筑面积约 3 200 平方米,东侧为某汽车租赁公司,建筑面积约 3 000 平方米,西侧为 YS 公司的旧厂房,建筑面积约 1 600 平方米。

3. 建设条件

(1)地势地貌。海淀区地处华北平原的北部边缘地带,系古代永定河冲积区的一部分。地势西高东低,西部为海拔 100 米以上的山地;东部和南部为海拔 50 米左右的平原。

(2)水文地质。北京市平原区地下水主要贮存在第四系砂砾卵石层中。平原区地下水为第四系松散层孔隙水,水文地质条件主要受永定河、潮白河等冲积层所控制,含水层具有明显的水平分带性。大部分平原区地下水主要开采层的水质,符合国家生活用水卫生标准和工农业生产用水要求。

(3)气候。海淀区气候属温带湿润季风气候区,冬季寒冷干燥,盛行西北风,夏季高温多雨,盛行东南风。年均气温 12.3℃,1 月份平均气温 -3.7℃,极端最低气温为 -18.5℃,7 月份平均气温为 26.1℃,最高气温为 40.3℃。年日照数 2 662 小时,无霜期 211 天。年平均降水量 628.9 毫米,集中于夏季的 6~8 月,降水量为 465.1 毫米,占全年降水的 70%;冬季的 12~2 月份降水量最少。

(4)市政条件。主要包括以下几项:①雨污水。RTANK 大厦污水向东排入 BX 街污水管线，雨水向东排入 BX 街雨水管线。②上水。沿 WQHX 路铺设 DN400 上水管线，与南北现状上水管线连接，沿 RTANK 大厦北侧区间路向东修建 DN200 管线，与 SZJ 路现状管线沟通。③电力。新建开闭站一座，开闭站外电源分为两路，一路从 LLZ 变电站引入，另一路从 ZZY 变电站引入，本项目用电可从 XXDJY 住宅小区引入。④燃气。目前，RTANK 大厦北红线外设有 DN200 的中压燃气管线，项目北侧区间路向东建有 DN300 的中压燃气管线，本项目可从 XQDJY 小区引入。⑤电信。沿 WQZ 西路铺设 24 孔电信管道与北侧现有管道沟通，长度约为 400 米，沿北侧区间路修建 12 孔电信管道，本项目电信管道可与 SZJ 原电信管道连通。

(5)交通条件。项目临近 CCQL 公交车站、WQZ 公交车站、SYM 公交车站及 RUC 公交车站，有 26 条公共汽车线路经过项目所在地，多条交通线为写字楼的用户提供了便利的交通条件，有利于公务、经济活动的开展。

(四)项目拟建设规模和内容

该地块规划建设用地面积为 4.2 公顷，规划建筑面积为 200 000 平方米，其中地上建筑面积为 120 000 平方米，地下建筑面积为 80 000 平方米，绿化率为 39%。

项目建设的主要内容为地上两座塔楼和一座板楼，其中两座塔楼分别为酒店式公寓和写字楼，板楼为商场。酒店式公寓 24 层，高 90 米，建筑面积 52 000 平方米，写字楼共 19 层，高 81 米，建筑面积 26 000 平方米，商业六层，高 33 米，建筑面积 42 000 平方米。地下一共四层，主要为地下车库和设备机房，建筑面积 80 000 平方米。具体内容见表 13－1。

表 13－1　项目拟建设内容

位　置	建设工程名	层　数	每层内容	总建筑面积
地　上	公寓楼	24	酒店式公寓	52 000 平方米
	写字楼	19	商务办公楼	26 000 平方米
	商业楼	4	3～6 层为购物中心	42 000 平方米
		2	1～2 层为大型超市	
地　下	地下室	4	地下车库、设备间以及人防工程	80 000 平方米

(五)项目主要经济技术指标

本投资项目的主要技术经济参数见表 13－2。

表 13-2 项目主要经济技术指标

序 号	项 目	单 位	技术指标
1	项目总占地面积	平方米	42 000
	总建设用地面积	平方米	30 000
2	总建筑面积	平方米	200 000
3	地上建筑面积	平方米	120 000
4	地下建筑面积	平方米	80 000
5	容积率		4.00
6	建筑密度		28%
7	绿化率		39%
8	总建筑高度	米	90
9	地上停车位	辆	100
10	地下停车位	辆	900

第二节 市场研究

一、宏观环境分析

“十一五”期间，北京的经济总量跃上了一个新的台阶。2008 年，地区生产总值突破一万亿元，2009 年达到 12 153 亿元，是 2005 年的 1.7 倍，人均地区生产总值由 2005 年的 5 000 美元到 2009 年突破一万美元，达到 10 314美元。

“十一五”的前四年，地区生产总值按可比价格计算，年均增速达到 11.7%，延续了“八五”以来保持两位数增长的势头，同时受经济自身增长周期、奥运会举办之年相关限制措施和国际金融危机等多重因素的影响，增势与“十五”期间相比略有放缓，低于“十五”年均增速 0.4 个百分点。2010 年经济继续处于危机后的恢复、回升之中，在上年基数和宏观调控双重作用下，呈现出“高开、减速、趋稳”的运行态势，前三季度实现地区生产总值9 754.4亿元，同比增长 10.1%，分别比上半年和一季度回落 1.9 和4.8 个百分点，同比提高 0.6 个百分点。

如图 13-1 所示，在国内外环境复杂多变的情况下，北京市经济保持了

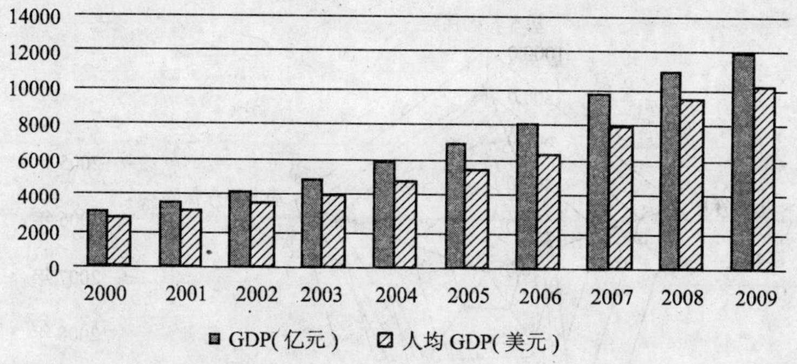

图 13-1 北京市 GDP 总量及人均 GDP

年均 11% 以上的较快增速，总量超过 1.3 万亿元，成为全国第 13 个加入“万亿俱乐部”的省市，人均地区生产总值每年上一个新的台阶，实现了从 3 000美元到 10 000 美元的跨越，达到国际中上等国家和地区的收入水平。

城镇居民人均可支配收入从 2005 年的 17 653 元增加到 2009 年的 26 738元，年均增长 10.9%，扣除价格因素后，年均增长 9.1%，低于“十五”时期 1.3 个百分点。2010 年 1～11 月，城镇居民人均可支配收入 26 719 元，同比增长 8.8%，扣除价格因素后，实际增长 6.5%。

城镇居民人均消费支出从 2005 年的 13 244 元增加到 2009 年的 17 893 元，年均增长 7.8%，扣除价格因素，实际增长 7.4%，低于“十五”时期1 个百分点。

“十一五”时期，在经济稳固增长的同时，公共财政也向社会公共服务领域倾斜，社会公共服务体系进一步完善。就业保持稳定，城镇登记失业率始终控制在 2% 以内，从业人员平均受教育年限超过 12 年。社会保障实现制度全覆盖，待遇标准大幅度提高，在全国率先建立“一老一小”大病医疗保障制度。教育体系日趋完善，扩大了政策范围，城乡基础教育优质均衡发展，教育公平理念得到进一步体现。城市人均住房面积由 2005 年的 20.13 平方米增加到 2009 年的 21.61 平方米，市民居住环境得到了一定的改善。北京居民储蓄迅猛增长，2009 年居民储蓄余额突破 1.5 万亿元，是 2005 年的近两倍。城乡居民得到更多实惠，幼有所教、老有所养、病有所医、生活水平明显改善。参见图 13-2 和图 13-3。

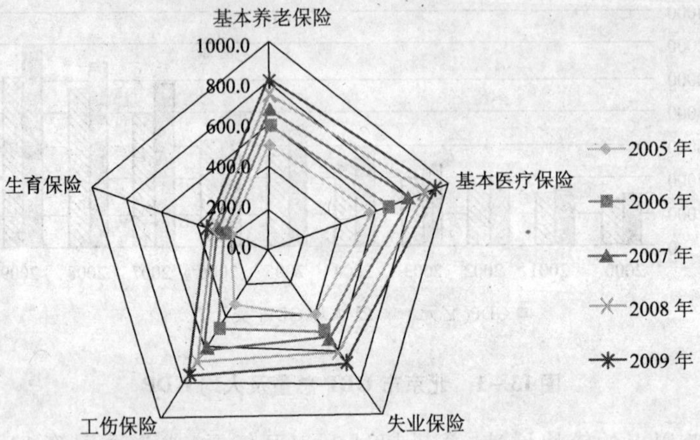

图 13－2　北京市城镇居民主要保险参保情况（单位:万人）

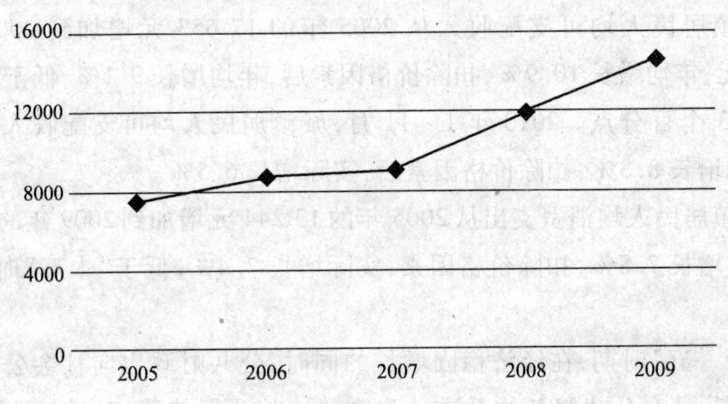

图 13－3　北京市城镇居民存款余额（单位:亿元）

二、全国房地产行业发展分析

房地产业是国民经济的重要物质生产部门，随着国民经济的发展而发展。我国国民经济持续稳定的发展，将为房地产业健康发展提供坚实基础和广阔空间。2010 年 11 月，国家公布了两年投资 4 万亿元的经济刺激方案，进一步加快铁路、公路、机场、电网、水利等基础设施建设。各级政府也纷纷以重大建设项目为突破，拉动地方经济增长，完善基础设施建设。

随着经济体制改革的深入和推进，各行业的宏观效益和企业微观效益普遍向好，房地产企业效益不断提升，主要表现在创利创税能力增强、生产能力提高和资产负债率降低等方面。受财税体制改革等影响,房地产企业创利、创税能力不断增强,利税总额和人均利税额都大幅提高。1998～2007年,全国房地产业创造利润和税收为15.9亿元和0.7亿元。

1980～2007年,房屋房地产施工面积和竣工面积分别从2.4亿平方米和1.1亿平方米左右增加到48.2平方米和20.4平方米,增长均在20倍左右;人均施工和竣工面积增长超过3倍,这反映了近年来我国城市化进程加快,房地产业在房屋和基础设施建设等领域发挥日益重要的作用;也说明房地产企业技术水平不断提高,生产能力在不断增强。

1993～2007年,我国房地产业的资产负债率从73.5%下降到65.5%,特别是1994年以后持续走低,表明房地产企业经营中债务比例在下降,经营状况不断好转。

受国际金融危机的影响,2010年以来全球经济明显放缓,实体经济与虚拟经济相互拖累,加速了世界经济向下的调整过程。在来自国内外的双重压力下,未来房地产业将会维持在一个相对稳定的增长水平。

2009年,钢铁、水泥和玻璃的价格相对较低,一定程度上减轻了房地产企业的成本,上游产业的变化风险较小。长期来看,由于我国房地产业仍处于发展初期,在城市化进程不断推进、消费升级等诸多发展因素的推动下,我国房地产行业将保持长期平稳发展趋势。

三、北京市房地产行业发展分析

近年来,随着国家住房制度改革的深化、城市建设的加快和市场的巨大需求,北京市房地产市场繁荣活跃,呈现出房地产开发投资稳步增长、市场需求逐年攀升、销售价格稳中有升的发展态势。

(一)房地产开发企业数量总体增加

北京市房地产业经历了从小到大、从慢到快的发展过程。从2000年到2005年,房地产开发企业的数目逐年增加,2006年和2007年数目有所减少,但到了2008年,房地产开发企业的数目到达了历史最高点,2009年有所回落。房地产开发企业数目变化如图13－4所示。

(二)房地产开发投资稳步增长

北京市房地产开发投资在社会经济较快发展的推动下,保持高速增长态势,见图13－5。2000～2009年,累计完成投资额14 458.2亿元,2009年房屋施工面积达到14 380.6万平方米,比2000年增长了将近两倍,2000年

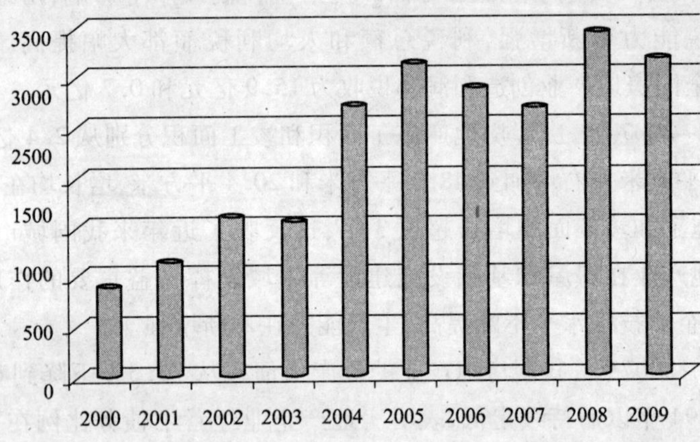

图 13-4　2000～2009 年北京市房地产开发企业个数(单位:个)

至 2009 年的房屋竣工面积累计达到 36 390.5 万平方米,6 年间平均每年竣工房屋面积达到 3 639.05 万平方米。

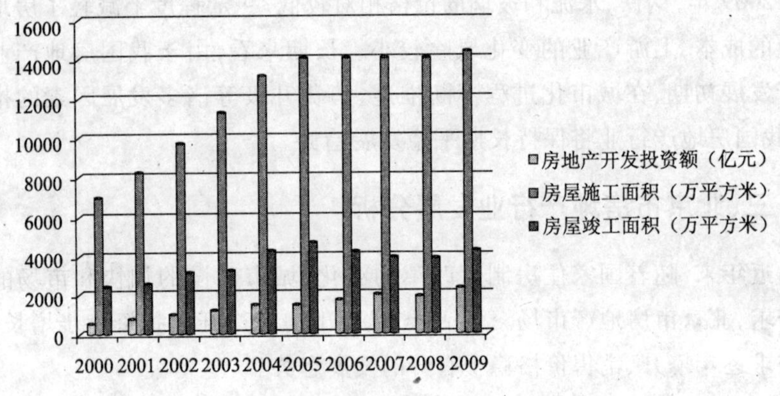

图 13-5　2000～2009 年北京房地产开发投资规模

(三)房地产市场需求逐年攀升

从 2000 年至 2009 年的北京市商品房销售情况可以看出,1991 年一直到 2005 年,北京市房地产市场需求很旺盛并且逐年攀升。2005 年的商品房销售面积达到 2 803.2 万平方米,实现销售额 1 758.8 亿元,分别为 2001 年的 2.3 倍和 2.9 倍。从 2001 年到 2005 年五年间,全市实际销售各类商品房 10 084.3 万平方米,年均增长 23.5%;实现销售额 5 329.6 亿元,年均增长 30.3%,其中商品住宅销售 9 354.8 万平方米,年均增长 22.8%。但从2006年到2008年，随着中央对房地产业调控力度的加大，房地产需求呈下降趋势，其跌幅将近2006年需求量的一半。但到2009年，房地产需求开始复苏，仅2009年一年，需求量由2008年年底的1 335.4亿元增加到2009年末的2 362.3亿元。参见图13－6。

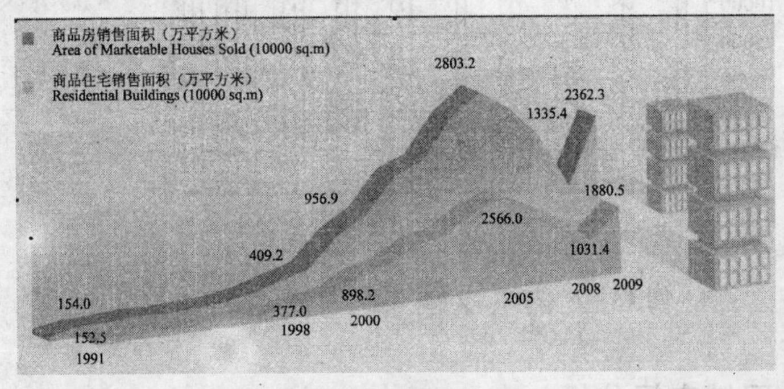

图13－6　北京市1991～2009年房地产销售状况

（四）房地产销售价格稳中有升

受到近年来住房需求不断加大的影响，北京市房屋销售价格总体水平呈现稳中有升的运行态势，见图13－7。虽在短期内有波动，但总体水平上涨。2000年至2003年，北京市商品房市场保持稳定的发展态势，房屋销售价格稳中有降。受市场需求拉动、成本推动以及城市环境、市政路网等配套设施的不断完善和商品房综合品质的提升等因素的影响，2004年至2006年北京房屋销售价格进入了加速上涨时期。商业地产仅在2004年价格有所回落，但2005年的涨幅成为2000～2009年之间所有年份中涨幅最大的；住宅价格在2005年之前相对稳定，涨幅不大，但从2006年开始，住宅价格高速上涨；相对住宅和商业地产而言，办公楼的价格变动不是很稳定，但从图13－7可以看出，虽然办公楼价格的波动较大，其价格总体而言在平稳的上涨，2009年办公楼的价格相比2000年来说上涨幅度不大。

随着北京市房地产开发投资持续高速增长，开发规模不断扩大，房地产业增加值占地区生产总值的比值明显提高，房地产开发投资额占固定资产投资总额的比重攀升，成为拉动消费、推动国民经济稳步发展的重要产业，同时，房地产业的发展也为城市发展、居民生活质量的提高作出了巨大贡献。

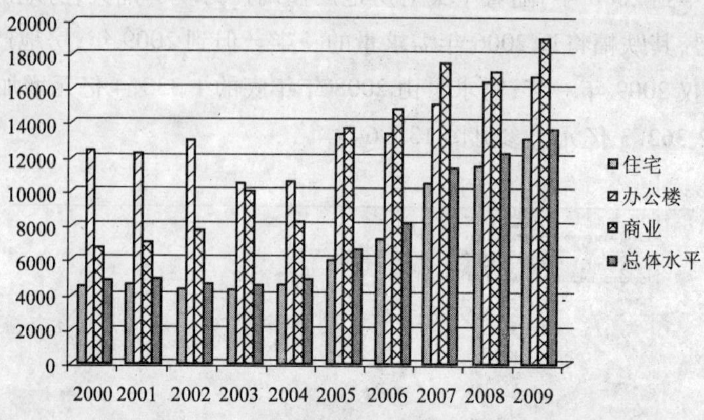

图 13－7　2000～2009 年按用途分房屋销售均价

四、区域市场分析

（一）区域商业地产分析

中关村商业模式的真正转型契机出现在 2004 年。家乐福旗舰店落户中关村核心区内的黄庄，此后家乐福内人流如织，业内人士逐渐认识到，“经历了长时间发展的中关村商业地产，不仅需要电子商品卖场，同样需要能够满足人们日常生活消费、休闲需要的商业设施”。被单一的商业模式统治长达十余年的中关村地区，终于迎来了商业地产项目多样化发展的局面。

比起西单、王府井等商业街区，在中关村做商业最大的优势是丰富而充足的客流量：这其中的支撑点是超过 150 万平方米的写字楼、高级会展中心和五星级酒店，以人民大学、北京大学为代表的各级、各类共 68 所高等院校以及 30 多万的在校学生；在微软、IBM 等近 60 家落户于中关村的世界 500 强企业和在国内的众多大型 IT 企业工作的白领以及邻近区域内 300 万常住人口。

2009 年 1 月，中关村正式拉开西区业态调整的序幕。当时海淀区政府颁布的《关于加快推进中关村西区业态调整的通告》中明确表示：“不鼓励电子卖场、商场商店、购物中心、餐饮等业态在本区域内发展”，研发中心类、创新类、科技金融类等业态成为鼓励的对象。而目前中关村商圈内的购物中心只有欧美汇购物中心、新中关购物中心以及中关村广场购物中心三家，由此可见，在未来几年的中关村商圈内，随着消费群体的不断增大，商业的竞争将会越来越小。

1. 中关村商圈内商业的优势分析。随着中关村西区产业升级的深入，更容易引入高端的消费人群，而随着这一群体的引入，中关村区域内的零售业也会面临着前所未有的发展机遇。

北京西部对于商业设施建设显然比不上东边，而位于中关村的上班族以年轻白领居多，传统的百货商场业态已经满足不了这些追求时尚、一站式消费的年轻人，而购物中心无论是品牌还是业态都具有满足这类人独特个性的条件。

2. 中关村商圈内商业的劣势分析。购物中心周边环境差，受 DH、HL 等电子卖场影响，一个不争的事实仍摆在面前，就是地段环境所造就的杂、乱、差以及导购拉客等现象。

客流竞争激烈，从新中关向西北走几步就能看到中关村购物广场，新建项目欧美汇就在新中关的对面。这三个购物场所各有千秋，新中关年轻时尚；中关村购物广场适合生活采购，价位相对更平民化；欧美汇主打欧美潮流品牌，有些品牌还是北京西区的独有品牌。参见表 13－3。

表 13－3　中关村商圈现有商业地产比较

	新中关	中关村购物广场	欧美汇
开业时间	2006 年 10 月 1 日	2006 年 5 月 18 日	2010 年 9 月 3 日
商业面积	47 000 平方米	200 000 平方米	52 471 平方米
楼层	地上 4 层地下 2 层	地上 1 层地下 2 层	地上 6 层地下 1 层
开发商	北京 HW 京城房地产开发公司	北京 KJY 置地有限公司	欧洲 ECM 置业（天津）有限公司
地铁交通	10 号线、4 号线直通购物中心地下	地铁 4 号线中关村站与购物中心直接连通	4 号线及 10 号线海淀黄庄站 A2 出口步行可达
商业特色	时尚品牌精品店	生活采购，物美价廉	汇集京西独有欧美品牌
品牌数量	268 个品牌	180 个品牌	175 个品牌
点评	品牌偏年轻个性化，加上重金打造的地铁商业和所处位置，顾客大都是时尚领军人士	拥有家乐福和屈臣氏做主力店铺，是白领们购买日常生活用品的第一去处	聚集了欧美的潮流品牌，是京西独有的

(二)区域写字楼市场分析

1. 中关村写字楼的分布。写字楼分布在以下区域:以理想国际大厦、中关村金融中心等为代表的中关村广场及其周边项目,这个区域供应量大、项目类型丰富,加之传统的电子市场的中心作用,一直都是中关村的核心区;以威新国际大厦、创业园、清华科技大厦为代表的清华科技园区,集中了大量的以清华大学为依托的高新技术企业、创业公司;以融科资讯为代表的中关村东区,清华南,西区东面,入住这里的客户多为与中科院、联想集团有着业务关联的国际国内知名研发公司;以银网中心、锦秋国际、学院国际大厦、希格玛为代表的海淀知春路金融走廊;以数码大厦、腾达大厦为代表的中关村南大街沿线;以银科中心为代表的苏州街,这个区域集中了很多乙级写字楼及商住公寓,配置相对较低;以上地为中心的软件研发基地;山后永丰产业基地和生命科学园,是以研发为主的生态型的办公区。

从2003年开始,随着中关村西区规划的逐步落实及IT企业的崛起,区域内写字楼建设开始加速,投资热情高涨。受长期IT企业稳定性较差、写字楼供过于求的压力以及"非典"的影响,2004年区域写字楼项目竞争惨烈,空置率高,租金水平降至历史低位,开发商资金压力增大,市场恐慌情绪蔓延。随着中关村西区基础设施、交通条件的逐步完善,IT企业资金实力的增强,区域内优质写字楼的市场需求稳步提高,空置率逐年下降,租金水平较为平稳。此外,与中央商务区(CBD)、金融街大体量写字楼项目占主导地位不同,中关村西区优质写字楼的建筑面积多为3万~5万平方米,楼宇品质也以中档为主,需求企业类型多为科技、教育、电子器材类企业,受市场环境影响较大,稳定性较差。2010年一季度,中关村西区优质写字楼累计供应面积为86.9万平方米,累计需求面积为80万平方米,空置率为7.9%,处于历史较低水平。

中关村西区自规划建设以来,土地资源日益稀缺,受未来可扩展空间有限以及企业追寻总部办公楼的影响,区域写字楼整购市场较为火爆。2005~2008年间,中关村西区累计整售写字楼面积为36.2万平方米,占中关村西区优质写字楼总体量的41.7%。从整购客户来看,国企占绝对主力位置,外资及民营机构也占有一定的市场份额。总体来讲,部分业主的持有经营有效保证了项目品质及写字楼市场租金水平的稳定,一定程度上提升了区域写字楼的竞争力。

2. 租金水平及空置率。2004年以前,受中关村西区写字楼供应量急剧增大的影响，区域内项目竞争激烈，租金水平跌至历史最低水平，当年甚至有楼盘开出1.5元/平方米/月的租金报价，市场惨淡。随着IT行业进入快速发展期，企业经营状况逐步企稳，中关村西区优质写字楼平均租金为154.3元/平方米/月，远低于CBD、金融街等传统商务区。此外，中关村西区写字楼租户多为中小型高科技企业，受其行业成长性及市场波动性的影响，区域写字楼租金水平承受力偏低，稳定性较差。

从2003年开始，中关村西区优质写字楼进入快速发展时期，受"非典"及写字楼集中入市的影响，2004年区域优质写字楼竞争惨烈，空置率达到历史高位，开发商资金压力增大，租售市场表现惨淡。随着经济平稳运行和IT行业的崛起，该区域优质写字楼需求增长强劲，空置率逐年稳步下降。2010年一季度，中关村西区优质写字楼总体空置率为7.9%，参见图13－8。此外，受中关村西区优质写字楼市场未来供应不足的影响，空置率有望进一步降低，但区域内写字楼品质不高，市场经营业态更为复杂，租金水平大幅度提升的空间有限。

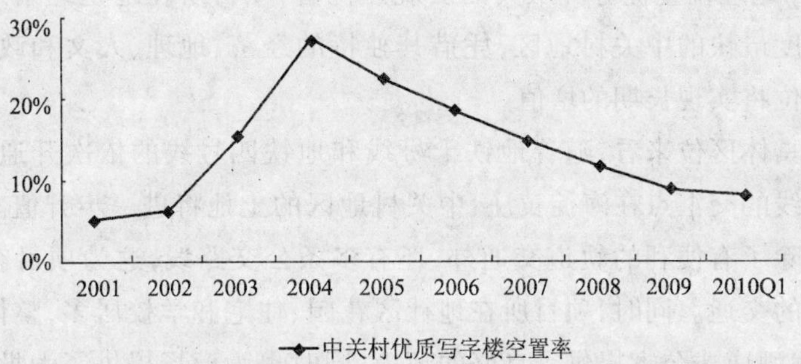

图13－8　2001～2009年北京中关村西区优质写字楼空置率

（资料来源：中国房地产指数系统）

（三）区域酒店式公寓市场分析

两年前，北京市宣布中关村区域不再批住宅用地，而在北京市住宅建设规划（2006～2010）中明确表示，将不在CBD、中关村等核心区域建设酒店、高档公寓等项目，目前市场上的酒店式公寓因此成为稀缺产品。

在中关村居住的人群主要以高科技工作人员为主，而该类工作对时间的要求比较严格，一些在该区域工作的高层管理人员为了方便自己的工作和交际，除了购买郊外豪宅以外，也在城市中心购置高档公寓作为私人生活和交际场所，从而方便自己的工作和生活，种种需求催生了中关村住宅产品以高档公寓面貌出现。

在中关村小户型公寓的购买者中，中关村日益成熟的城市生活形态是吸引他们的重要原因。因为小户型公寓有一个鲜明的特点，就是对配套设施的依赖性。由于户型小，能容纳的功能少，小户型一般都建立在周边社区环境较好、交通畅通的成熟区域，只有这样才能满足其中的居民对城市配套设施的需要，某知名楼盘甚至打出"以全中关村为配套"的宣言。中关村核心区域交通、医疗等设施早已发展完备，教育机构尤为成熟，人大附中、北大附中等知名中学林立，日益成为一个新的都市生活中心，为北京不可多得的城市宜居之地。

五、项目优劣势分析及定位方案

（一）项目优劣势分析

1. 项目优势分析

(1)地理位置优势。从大的宏观区位看，项目所在地是北京乃至全国发展速度最快的中关村地区，凭借其独特的经济、地理、人文和政治优势，整体区位将实现长期的增值。

从具体区位来看，随着地铁十号线和地铁四号线的依次开通，加之两条地铁线的交汇点在海淀黄庄，中关村地区的土地将进一步升值。本项目所在地除了有便利的轨道交通外，还有多条公交路线，这为项目客户提供了便捷的交通。同时，项目所在地社区花园、住宅和学校居多，整体环境较安静，为酒店式公寓提供了良好的环境，同时也为商场提供了大批的客流。再加上配套设施完善，本项目无疑将吸引众多中关村的高级白领入住。

项目所在地有多处花园和风景名胜，圆明园、颐和园、香山等诸多景观近在咫尺，加之交通便捷，无需太多时间就能到达，闲暇时间逛一逛将十分惬意。同时，项目为了和周围环境相配套，绿化率高达39%，并精心设置了欧式广场和喷泉，从而创造了一个安静舒适的居住和办公环境。

除了秀美的景观之外，项目所在区域高校林立，人民大学、北京大学、清华大学、北京外国语大学等中国知名高校均在项目附近，为项目提供了一个良好的文化氛围。

(2)品牌优势。本项目由BJD公司负责开发和后期经营管理，该公司是一个深受客户、投资者、员工、合作伙伴欢迎，受社会尊重的企业，公司的品牌声誉将凸显出项目的高贵度，从而吸引更多追求名望和尊贵的高级商务人员及企业。

(3)配套设施优势。项目的酒店式公寓部分按照酒店式服务标准经营管理，因此配备了一切酒店所需的硬件和软件设施，如会议室、咖啡厅、健身房、游泳馆、洗衣房、高级会所等。这一切都将吸引那些渴望高档服务的人群入住。本项目配备1 000个停车位，为写字楼用户、酒店式公寓用户以及前来购物的顾客提供了便利的工作、生活和购物环境。

(4)品质卓越。本项目采用高密封闭性铝塑钢门窗，不改变原铝合金门窗型材结构，对门窗实行整套专利技术密封，密封后可达到：不透风、不透雨、不透尘土、保温、隔音、安全。有关指标为，节电：空调用户，月节电20%左右；降噪声：噪声下降20分贝左右；保温：冬天在同样的条件下，封闭前后室内温度相差3~6度；防尘：密封后窗台上再也看不见尘土，免受沙尘暴袭击。智能化将达到的情况：一是互联网的广泛应用，业主可以利用互联网满足生活中对信息、服务、工作、娱乐方面的需求；二是业主通过电话可以在任何地点、任何时间控制室内电器的使用；三是对酒店式公寓的进出、消费实现“一卡通”。

(5)规模效益。本项目集酒店式公寓、写字楼、购物中心为一体，写字楼的业主为酒店式公寓提供了丰富的客源，而购物中心又为写字楼业主提供了便利的生活条件。

2. 项目劣势分析。该项目的劣势主要有：①项目紧邻主干道，存在噪声和空气污染。②项目没有天然稀缺性景观。③竞争对手较多，其中不乏实力雄厚、知名度高的开发商。

(二)项目定位方案

1. 项目业态整合。根据市场分析，本项目将建成以酒店、写字楼、商业设施为主体的双子楼，其各部分配比为：地上部分由酒店式公寓、写字楼及商业楼三栋建筑组成，酒店24层，高90.00米，建筑面积52 000平方米，位于双子楼的A座；写字楼19层，建筑面积26 000平方米，位于双子楼的B座；商业楼六层，建筑面积42 000平方米，位于双子楼的联通部分。

2. 项目客户群分析

(1)写字楼部分客户群分析。中关村企业的构成主要是高新技术企业、IT产品分销商以及教育、会计、律师等服务机构。中关村企业有三个特征：10到15人的中小型企业占80%，私营股份制公司占80%，技术背景的公司占80%。优秀人才走向中小型公司创业是国际化趋势。

①高新技术企业。高新技术企业中基本上以民营企业为主,这类企业普遍呈现小型化,其中30人以下的企业所占比例最大。这些企业对于项目的配套公共设施要求很高,需要一些高品质、高品位的配套服务,如咖啡馆、舒适的休闲环境等。创业型的企业经常需要加班,所以他们有24小时的服务要求。

②贸易公司和IT产品经销商。IT产品分销商对办公环境的选择主要以电子配套市场为主。为降低成本,"下店上商"已逐渐成为规模分销商的办公新趋势。IT产品分销商普遍要求交通顺畅。另外,办公环境要有规模,同时他们对办公物业的态度是"买比租好"。

③中介与服务机构。由于这些企业普遍是"合伙人制",这在中关村地区是绝对的主导,所以大多数中介企业认为购买比租赁好。中介与服务机构对办公环境的要求较高,由于中关村区域内的高档写字楼较少,多数中介与服务机构选择区域外的写字楼,这就造成了其与客户、客户渠道、客户服务资源之间的距离。未来中介与服务机构是中关村比较重要的发展方向。从风险投资的角度看,中关村目前分布的人力资源在转型时,转向教育产业将更为顺利,未来中关村的教育产业将有非常大的发展空间,这必将影响其办公诉求的总量。

④客户定位。本案定位为智慧型、智能化商务写字楼,在产品细节上,不仅以智能高科技来突出产品特性,更注重以人为本的原则,追求人性化,追求健康、生态、环保的办公理念。

基于本案产品的性质,本案所吸引的客户群是知识型企业、先导型企业。他们的决策是理性的、符合科技标准的。这类企业主要有:A.从事电信、生物、电子等的高科技企业;B.高科技外资企业;C.知名国有家电企业;D.从事科技贸易、金融、风险投资等相关领域的中小型公司;E.服务于高科技企业的小型公司,如会计师事务所、律师事务所、广告公司、中介机构等。

(2)酒店式公寓部分客户群分析

①主要以居住和商务为目的。高级商务人士在租用酒店式公寓时的直接目的在于长期居住,获得生活和工作上的方便,最终目的在于商务。

②需要高档、方便的居住、商务环境以及细致入微的专业服务。酒店式公寓的租用者一般都具有"三高、二多、一化"的特征,即学历高、素质高、地位高,事务多、需求多,国际化。他们对居住文化、办公或商业环境有着

独特的理解与需求，对反映酒店档次的装修装饰、外部环境、配套设施、管理服务水平等要求也高。

(3)商业部分客户群分析

①周边住宅小区住户及高校群体。本项目周边有众多住宅小区和高校，可方便小区住户和高校群体的购物中心和娱乐设施配套极为缺乏，周围没有大型的超市，给周边居民的生活带来不便。

②周边写字楼用户。由于平时工作的繁忙和中关村区域交通的拥堵，在中关村工作的一些白领在下班后大多数没时间去较远的地方休闲购物，因此本项目商业建成后无疑会成为在周边工作的白领人士娱乐休闲和购物的首选。

第三节　项目开发方案

一、项目总体规划

(一)建筑规划

根据该地区控制性详细规划，本项目主题用地性质为商业用地。根据北京市规划委员会关于本项目的规划意见书，本项目总占地面积为42 000平方米，其中，总建设用地面积为30 000平方米，代征道路等面积为12 000平方米。建筑物地上控制规模为120 000平方米，高度不超过95米。

(二)建设规模

项目总建筑面积为200 000平方米，其中地上建筑面积为120 000平方米，地下建筑面积为80 000平方米，绿化率39%，建筑密度28%，停车位1 000个。

(三)总体规划要求

本工程由三部分组成：办公楼、酒店式公寓、商业。三部分在地面上总体构成一座双子楼，其中双子楼的A座为写字楼，B座为酒店式公寓，A座和B座的联通部分为商业。

写字楼、酒店式公寓采用框架—剪力墙结构(A级)。大宴会厅顶板采用单向工字形钢梁支撑。商业部分采用钢框架结构。地下部分当上部结构为钢框架时(酒店裙房和商业)，钢框架柱延伸至地下一层。

具体指标为:结构设计使用年限100年;建筑结构安全等级一级;建筑抗震等级,除地下二、三、四层框架剪力墙抗震等级为三级,其余均为一级。

二、产品设计建议

(一) 建筑风格设计

1. 外观风格。拟建建筑物为酒店式公寓、甲级写字楼及购物中心。为达到建筑气派、现代、尊贵的视觉感官,建筑在立面设计上强调水平线条,以显示建筑物舒展的形体。立面主要墙面选用透明及半透明的玻璃幕墙,虚实对比,玻璃采用节能型LOW-E双层绝缘玻璃。从建筑外观的肌理中可以找出立面的韵律,形成自己的特色。其中,酒店式公寓、写字楼的立面统一,整体感强。整个建筑群给人以稳重、舒展、大方的感觉。

2. 装修风格。拟建建筑物为精装修。

3. 配套设施

(1)电气系统:设有高、低压配电系统,动力配电系统,一般照明、应急照明及疏散照明配电系统,电气安全、防雷接电系统。

(2)安全防范系统:进出口、电梯、公共走廊及停车场均设置闭路电视监视系统。

(3)通信系统:预留电话线路,预留电话接口,预留宽带网接口。

(4)消防系统:室外消火栓系统、室内消火栓系统、自动喷水灭火系统、水喷雾灭火系统。除此之外,在消火栓箱下配置若干手提式磷酸铵盐干粉灭火器,在地下停车库加配推车式轻水泡沫灭火器。

(二)外部配套方案

1. 管线建设内容。这主要包括:

上水:由市政自来水管网供给。从用地西侧地下的公用支管廊内市政中心给水管引一路DN200给水管。

中水:建筑物卫生器具冲洗、道路广场浇洒及绿化用地用水由中关村西区市政中水管网供给。从项目用地北侧地下公用支管廊内市政中水供给水管引一路DN80供水管。

雨水:建筑红线内的雨水分三个出口有组织排入周边市政雨水排水管网,本项目采用D300-D500管道,分别排入用地西侧、南侧西段、南侧东段的市政雨水排水管网。

污水:分两个出路排入用地南侧市政污水排水管网。餐饮、娱乐等非卫生间排水不进入化粪池。项目采用 D200 - D300 管道排入用地南侧市政污水排水管网。

消防:本工程消防设计包括消火栓系统、自动喷水灭火系统、水喷雾灭火系统等。消防水量:室外消火栓用水量 30 升/秒,火灾延续时间 3 小时;室内消火栓用水量 40 升/秒,火灾延续时间 3 小时;自动喷水灭火系统(中危险级 U 级)用水量 22 升/秒,火灾延续时间 1 小时;水喷雾灭火系统(发电机组)喷雾强度 20 升/分钟·平方米,持续喷雾时间 1 小时,喷头工作压力不小于 0.35MPa。

全楼设置独立的地下消防贮水池和高位消防水箱,与生活用水隔离。地下消防贮水池按最不利消防用水量计算确定。

室外消火栓由市政管网供给。室内消火栓系统按消火栓栓口静压不超过 0.8MPa 的原则分为高低两区。室内消火栓高区和低区系统均由地下消防贮水池、消防主泵、高位消防水箱组成。高区消火栓系统在屋顶水箱间设稳压装置。

自动喷水灭火系统为一个压力分区。湿式喷淋灭火系统由地下贮水池、消防主泵、高位消防水箱组成。为保证最不利点处喷头的工作压力,高位消防水箱间设稳压装置。

发电机房设有水喷雾灭火系统,系统由地下消防贮水池—水喷雾泵—高位消防水箱组成,采用自动控制、手动控制与应急操作三种方式控制雨淋阀。

热力:分别由三个热交换站提供采暖热水,供热系统为独立的双控调系统,设计供回水温度 50 ~60℃。

燃气:工程天然气入口计量间有三处,由市政天然气中压管道从综合地沟引出,经设置在室外的调压箱减压后,按压力分四路进入室内计量间。

供电:项目由附近 110kV 变电站供两路 10kV 电源至本建筑变电所高压柜上端头。两路电源同时工作,设联络开关,互为备用,每路电源能承担全部负符。10kV 系统的接地形式为小电阻接地系统。

2. 交通组织规划设计

(1)交通组织。交通组织的原则是使各种物流和人流的路线最短、交叉最少且尽量避开迂回。在工程用地区域南侧设有一个出入口,作为车流、货流和人流的出入口;在西侧设人流出入口,作为工程车流和人流的出入口;在东侧面设人流出入口。区域内布置了三个地下汽车库出入口,其中设在酒店式公寓西面的汽车库出入口为货流的出入口,设在写字楼东侧的两个地下车库出入口为车流的出入口。

(2)交通布置。在购物中心的南侧,以及酒店式公寓的西侧和写字楼的东侧设有道路,在酒店式公寓的西南角布置有地面停车场,道路宽度为8m,路边转弯半径为8m。行驶消防车的道路转弯半径为12m。

3.绿化与景观设计。绿化设计主要考虑了与周边绿地绿化风格的连续性和互补性,尽可能使更多的建筑空间享受尽可能多的绿地,构筑都市园林办公环境。本项目的东侧规划一个自由坡地式的下沉园林,双子楼就在这个下沉园林的前方,下沉的绿地空间为地下公共层和车库层提供了充足的采光。

4.结构设计说明。结构设计要服从整体建筑的设计概念,在保证安全的前提下,力求做到经济合理、施工方便。

结构设计基准期为50年,结构设计使用年限为50年,建筑结构安全等级为二级,风荷载和雪荷载按50年一遇。

本工程拟采用宽扁梁以减小结构高度,在不增加总高度的情况下,提高使用高度:楼板采用大板结构综合效果比较好,其具有建筑平面分割变化灵活、机电专业布置方便、施工简单快捷的优点;结构柱断面拟通过对结构的处理进行控制以满足建筑需要。

对于本工程这样一个功能较多的大型建筑物,建筑造型和建筑功能会对结构有一些特殊的要求,结构设计将通过特殊处理尽可能满足建筑要求,使建筑的整体设计更加完美。

三、项目实施进度

本项目的施工采用监理制,采取公开招标的形式选择建筑承包商,以使项目的工期、成本、质量得到有效的控制,工程建设质量应达到优良工程标准。项目的建设周期为两年,从2009年4月到2011年4月,见表13-4和图13-9。

表13-4 项目建设进度表

序号	项目	开始时间	结束时间
1	可行性研究	2009年2月28日	2009年3月28日
2	项目审批	2009年3月29日	2009年4月29日

续表

序　号	项　目	开始时间	结束时间
3	规划设计	2009 年 4 月 30 日	2009 年 5 月 30 日
4	主体工程一期	2009 年 6 月 1 日	2010 年 7 月 1 日
5	主体工程二期	2010 年 3 月 10 日	2011 年 4 月 1 日
6	绿化工程	2010 年 1 月 5 日	2010 年 3 月 10 日
7	第一销售阶段	2010 年 4 月 1 日	2010 年 7 月 1 日
8	第二销售阶段	2010 年 7 月 1 日	2010 年 10 月 1 日
9	第三销售阶段	2010 年 10 月 1 日	2011 年 1 月 1 日
10	第四销售阶段	2011 年 1 月 1 日	2011 年 4 月 1 日

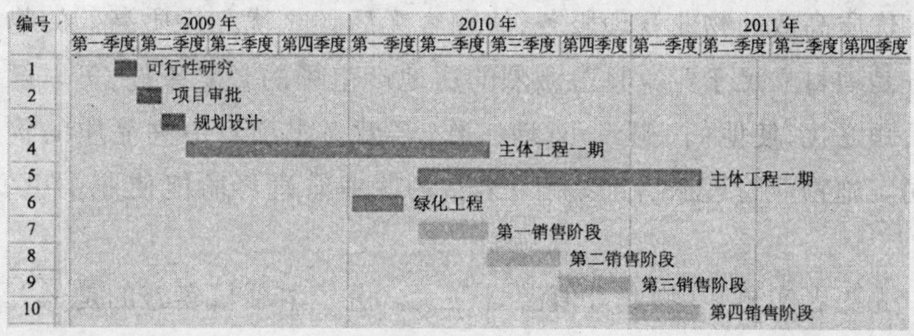

图 13－9　项目进度图

四、营销方案

（一）价格策略

1. 总体价格策略采用高价策略。基于项目具有别的楼盘所没有的明显优点，产品综合性能佳、性价比高，开发商品牌信誉好、美誉度高等原因，项目的总体价格策略定为高价策略。

2. 销售过程中实行低开高走价格策略。低开高走价格策略是随着施工建筑物的形式和不断接近竣工，根据销售进展情况，每到一个调价点，按照预先确定的幅度调高一次售价的策略。价格低开，给消费者以实惠，开盘初期容易聚集人气。先低后高实现了前期购楼者的升值承诺，开发商容易形成口碑。尾盘价格适时降低，全部脱手。整个销售过程中走出价格“低—高—略低”的路线。

每个调价时点上，要掌握好调价幅度和调价频率，调价幅度要小，每次涨幅在2%～3%之间；调价频率要适度，本项目在销售过程中拟调价2～3次。

3. 差别价格策略。本项目的酒店式公寓部分和写字楼部分按照不同的楼层、不同的朝向等特点采取差别价格策略。

4. 折扣价格策略。为刺激客户的购买欲望，满足其消费心理，促使成交，项目销售过程中，须有价格折扣策略。本项目一次性付款优惠5%，按揭付款优惠3%。

（二）卖点策划及卖点储备

1. 各种生活配套设施完善齐全，交通十分便捷，令客户生活自如，便捷的交通网络使得用户出行更加方便。

2. 灵活多样的付款方式使得置业更轻松。本项目的付款方式有一次性付款、建筑期内分期付款、抵押付款等方式，使顾客量力而行，择优选择。

3. 优质高效的物业管理服务，使顾客无后顾之忧。优质高效的物业管理服务是项目立足于竞争日益激烈的房地产市场的必要条件，可以解决业主的后顾之忧，使他们一心一意地工作、经营。本项目由高品质的物业管理公司实施物业管理服务，该公司丰富的物业管理经验能使业主更安心、更放心。

4. 先买者实惠多，物业升值潜力巨大。由于本项目实施的是低开高走的价格策略，先买者有一定的现金折扣，给消费者以实惠。根据北京市房地产市场及本项目临近地段的市场价格走势来看，本项目物业升值潜力大。

策划好的卖点并不一定要一次性地全部广而告之，而是视市场状况、销售进度等陆续推出，卖点要储备一部分以备急需时用，并且要随时进一步挖掘卖点。

（三）营销策略

1. 大力宣传开发商的实力和信誉，扩大品牌形象的影响力。

2. 举行开盘仪式，邀请知名人士、准客户发言、致辞等，并进行一些文娱活动。

3. 做几次事件推广营销。

五、机构设置

合理、科学地制订管理方案，确定项目的组织机构和配置人力资源是保证项目建设和生产经营顺利进行、提高效率的重要条件。在制订管理方案时,我们对项目的组织机构设置及人力资源及员工培训等内容进行了研究,以优化方案。

办公室:负责公司文档管理,对公司内部职员的个人资料进行管理等。

人事部:负责人力的招聘和录用、调配和使用、人事考核、教育和培训工作。

财务部:负责资金的筹集和管理、交纳各种税费等。

保安部:负责巡察报告、物资保护、停车场管理工作。

采购部:负责做好材料、配件、设备等物资的采购工作。

营销部:负责商品房的销售、出租和管理,做好销售计划的编制和销售策划工作。

售后服务部:负责售后回访、保修修缮、工程遗留问题处理等工作。

物业管理部:负责与业主委员会配合,创建优秀物业区域。

本公司采用直线职能制的组织形式,各级领导对下级部门和人员不直接下达命令,只是起到参谋作用。这一组织形式既能及时指挥、统一命令,又能发挥职能部门和专业人员的工作特长,但总经理要注意协调和联系各职能部门,领导层要处理好管理系统中的各种矛盾。

第四节　投资估算及融资方案

一、投资估算

(一)投资估算相关说明

1. 编制依据。根据北京市近期工程造价水平,采用类似于工程指标法估算各项技术参数和数据。主要依据为:

(1)北京市建设工程概算定额;

(2)北京市现行其他有关造价文件;

(3)北京市同类建筑工程技术经济指标;

(4)北京市近期的材料及设备价格信息。

2. 编制范围

(1)工程费用,包括土建结构及装修工程费用、设备费用、室外工程费用等。其中,设备费用包括给排水工程、通风空调工程、采暖工程、强电工程、弱电工程、电梯工程等;室外工程包括室外管线、室外照明、道路及广场绿化等。

(2)工程建设其他费用:主要包括土地取得费用、建设基金、工程建设前期费用、工程建设费用、其他费用等。

(3)预备费:包括基本预备费和涨价预备费等。

(4)建设期贷款利息。

(二)分项成本估算

1. 土地取得费用

(1)地价。该地块是通过挂牌方式取得的,地上部分楼面地价为21 000元/平方米,地下部分地价为7 000元/平方米。具体项目如表13-5所示。

表13-5 地价情况表

建设面积(平方米)		单价(元/平方米)		总价(万元)		合计(万元)
地上	120 000	地上	21 000	地上	252 000	308 000
地下	80 000	地下	7 000	地下	56 000	

(2)居民房屋拆迁费

①房屋拆迁补偿费。目前,现状用地上仍有居民房屋建筑面积3 000平方米,考虑该区位地理位置,补偿价为9 600.0万元。

②搬迁补助和奖励。居民区共有180户,参照房屋拆迁有关规定,其他搬迁补助包括:

提前搬家奖:假设共有150户提前搬家,每户按照5万元计算,共计750万元;

空调移机费:每户按2台计,每台移机费按500元计,共计18万元;

电话移机费:每户按一部计,每部费用200元,共3.6万元;

有线电视移机费:每户按一部计,每部费用500元,共计9万元;

搬家补助费:共60万元;

工程配合奖:每户2万元,共360万元。

③房屋清理拆除费。按每平方米320元计算,共96万元。

④前期费用。前期费用包括房屋评估费、房屋搬迁服务费等费用,共计192.6万元。

以上居民房屋拆迁费合计为11 089.2元。

2. 建筑安装工程费。建筑安装工程费包括:①土建结构及装修工程;②设备工程,包括空调工程、给排水工程、弱电工程、电梯工程、燃气工程等;③室外工程等。建筑安装工程费合计为 106 920 万元。

3. 前期工程费。前期工程费用主要包括规划设计费用、可行性研究费用和水文、地质工程勘察费用等,本项目按实际发生或预计发生估算,为 3 956.04万元,参见表 13－6。

表 13－6 前期工程费

序号	项 目	费 用	备 注
1	可行性研究费	213.84 万元	按建筑安装工程费的 0.2% 计算
2	勘察费	534.6 万元	按建筑安装工程费的 0.5% 计算
3	规划设计费	3 207.6 万元	按建筑安装工程费的 3% 计算
4	合 计	3 956.04 万元	

4. 市政建设费。基础设施建设费主要包括城市基础建设费、红线外基础设施建设费和红线内基础设施建设费等。城市基础建设费已经包含在土地取得费中;本地块红线外基础设施建设费包含在项目转让费中;红线内的基础设施费用参照项目实际情况按照 150 元/建筑平方米计算,费用测算为该费用单价与项目建筑面积相乘得到。本项目的市政建设费为 3 000 万元。

5. 公共设施建设费。本项目没有公共设施建设,因此不考虑公共配套设施费用。

6. 管理费用。管理费用是指房地产开发企业的管理部门为组织管理房地产项目的开发经营活动而发生的各项费用。本次测算中的管理费用是根据项目的实际情况,按直接成本的 1% 计算。

7. 其他费用。其他费用主要考虑建设过程中发生的质量监理费、标底编制费、竣工图费、招投标管理费、招投标代理服务费等,其费用均参照目前北京市实际使用的收费标准进行核实确定与测算。

本项目主要包括工程监理费、竣工图编制费、工程质量管理监督费等,合计 1 877.19 万元。参见表 13－7。

表 13-7 其他费用

序号	项　目	费用(万元)	备　注
1	工程监理费	1 069.2	建筑安装工程费的1%
2	竣工图编制费	224.53	设计费的7%
3	工程质量监督费	177.32	建筑安装工程费的0.169%
4	施工图审查费	64	3.2元/平方米
5	工程许可证执照费	106.92	建筑安装工程费的0.1%
6	合同鉴定费	21.38	建筑安装工程费的0.02%
7	工程保险费	213.84	建筑安装工程费的0.2%
8	合　计	1 877.19	

8. 财务费用。企业贷款金额为100 000万元,在项目初始时借入,年利率7.2%,每季度还贷款利率,贷款期末还本付息。财务费用为14 400万元。

(三)成本估算

本次总投资估算主要基于目前北京建设市场上工程造价标准和有关收费标准,同时结合本项目实际投资情况进行测算,经过初步测算,本建设项目总投资为91 859.66万元,参见表13-8。

表 13-8 项目投资明细

序　号	名　称	费用(万元)	计算公式或说明
1	土地费用	319 089.20	包括地价及拆迁补偿
2	前期工程费	3 956.04	包括勘察费、可行性研究费、规划设计费
3	基础设施建设费	3 000.00	包括红线内基础设施建设费
4	建筑安装工程费	106 920.00	
5	公共配套设施建设费	0	不考虑公共配套
直接费	直接成本	432 965.24	1+2+3+4+5,共五项的和
6	管理费用	4 329.65	直接成本的1%
7	销售费用	3 000.00	估算
8	财务费用	14 400.00	
9	其他费用	1 877.19	包含质量监理费、竣工图费、标底编制费、招投标管理费、招投标代理服务费等
间接费	间接成本	23 606.84	6+7+8+9,共四项的和
	开发建设成本	456 572.08	直接成本+间接成本

二、融资方案

(一)项目资金来源

本项目资金来源主要通过自筹、向银行贷款和预售商品房的方式解决,按照本项目现金流量制订项目资金筹措计划表。由于本项目开发建设期比较短,结合本项目的实际情况,我们选择以自有资金作为本项目的主要资金来源,并取得一部分银行贷款,剩下的部分使用预售收入。

(二)融资方案分析

本项目总投资为456 572.08万元,其中,项目单位自筹资金239 800.23万元,利用房屋销售回款196 711.85万元,申请银行贷款100 000万元,银行贷款在2009年初取得。

1. 筹措和利用自有资金。为实施工程项目,满足开工前的资金周转,开发公司可根据收入资金的回报率适时投入一部分自有资金,主要包括现金和流动资产以及可以在近期收回的各种应收款项等,如:应收的银行票据、已完合同的应收工程款等。

2. 申请银行贷款。贷款是实施工程项目的重要资金来源,是承包商利用信贷资金经营、借钱赚钱的一种方法。开发公司可以向银行证明公司的资金信誉良好等方面的信息,并向银行提供公司资产负债表和近期损益表,还可以向银行提供该项目的风险分析。

3. 销售回款。房屋预售历来是房地产开发过程中筹集资金的重要方法,通过这种方式不仅可以达到尽快回收资金的目的,弥补开发过程中的资金不足,还可以节省利息支出,节约成本。由于本项目具有所处地理位置优越、交通便捷等众多优势,因此,销售回款达到196 711.85万元是有保障的。

在资金运用上,必须遵循安全稳健的原则,根据资金来源的不同性质合理安排资金的规模、结构和期限,保证资金的盈利性、流动性和安全性的协调统一。具体措施为:合理安排使用自有资金,在保证安全的前提下尽量减少利息支出。

(三)投资使用计划

本项目在前期尽量使用自有资金,预计在自有资金用完的时候开始使用银行贷款的方式维持项目的正常运转,最后使用销售回款。

(四)资金使用中的注意问题

随着施工准备、施工生产、竣工验收、缺陷责任期的变化,资金也在随着运动并产生变化。结合资金在工程建设过程中的变化,注意资金成本问题。

第五节　财务评价

一、销售收入估算

本项目建成后,商业、写字楼和酒店式公寓都将采取出售的方式,以便尽快收回建设投资。

(一)销售价格的确定

1. 写字楼销售价格的确定。中关村大厦、新中关以及西海国际均在本项目周边,选取该三个项目作为可比案例,运用市场比较法,得到本项目的预期售价为42 267.2 元/平方米。参见表13－9。

表13－9　运用市场比较法预测写字楼售价

比较因素		中关村大厦	新中关	西海国际
交易价格(元)		35 000	36 000	47 000
交易双方情况及交易目的		100/100	100/100	100/100
交易时间		100/100	100/100	100/100
交易房地产状况		100/100	100/100	100/100
交易方式、付款方式		100/100	100/100	100/100
土地使用年限		100/100	100/100	100/100
房地产用途		100/100	100/100	100/100
区域因素	商业繁华程度	99/100	99/100	100/100
	公共设施完善程度	99/100	99/100	98/100
	交通便捷程度	103/100	100/100	101/100
	自然条件状况	105/100	105/100	100/100
	周围景观	102/100	102/100	100/100
	城市规划限制	100/100	100/100	100/100

续表

比较因素		中关村大厦	新中关	西海国际
个别因素	临街状况	100/100	100/100	100/100
	建筑物新旧程度	104/100	103/100	102/100
	面　积	103/100	104/100	98/100
	装修情况	102/100	102/100	100/100
	设施设备	102/100	103/100	100/100
	工程质量	100/100	100/100	100/100
	建筑结构	100/100	100/100	100/100
	容积率	97/100	97/100	96/100
	朝　向	100/100	100/100	100/100
比准价格(元)		40 907.96	41 251.72	44 641.91
项目单位面积售价(元)		42 267.20		

2. 商业楼销售价格的确定。根据本项目的商业特征，选取 ABC 三所商场作为可比案例，由市场比较法得到商业的售价为 60 162.95 元/平方米，参见表 13－10。

表 13－10　运用市场比较法预测商业楼售价

比较因素		案例 A	案例 B	案例 C
交易价格(元)		57 000	58 000	56 000
交易双方情况及交易目的		100/100	100/100	100/100
交易时间		100/100	100/100	100/100
交易房地产状况		100/100	100/100	100/100
交易方式、付款方式		100/100	100/100	100/100
土地使用年限		100/100	100/100	100/100
房地产用途		100/100	100/100	100/100
区域因素	商业繁华程度	99/100	98/100	100/100
	公共设施完善程度	100/100	100/100	100/100
	交通便捷程度	97/100	98/100	98/100
	自然条件状况	99/100	98/100	98/100
	周围景观	102/100	103/100	102/100
	城市规划限制	100/100	100/100	100/100

续表

比较因素		案例 A	案例 B	案例 C
个别因素	临街状况	98/100	99/100	100/100
	建筑物新旧程度	104/100	103/100	103/100
	面　积	102/100	103/100	103/100
	装修情况	103/100	102/100	102/100
	设施设备	102/100	102/100	102/100
	工程质量	101/100	102/100	101/100
	建筑结构	100/100	100/100	100/100
	容积率	98/100	97/100	99/100
	朝　向	99/100	100/100	100/100
比准价格(元)		59 155.72	60 789.05	60 544.08
项目单位面积售价(元)			60 162.95	

3. 酒店式公寓销售价格的确定。由市场比较法,选取三个和本项目相近的酒店式公寓,其单位售价为44 531.12 元/平方米,参见表13－11。

表13－11　运用市场比较法预测酒店式公寓售价

比较因素		案例1	案例2	案例3
交易价格		40 000	41 000	39 000
交易双方情况及交易目的		100/100	100/100	100/100
交易时间		100/100	100/100	100/100
交易房地产状况		100/100	100/100	100/100
交易方式、付款方式		100/100	100/100	100/100
土地使用年限		100/100	100/100	100/100
房地产用途		100/100	100/100	100/100
区域因素	商业繁华程度	99/100	98/100	99/100
	公共设施完善程度	102/100	102/100	102/100
	交通便捷程度	99/100	98/100	100/100
	自然条件状况	100/100	99/100	101/100
	周围景观	101/100	100/100	103/100
	城市规划限制	101/100	100/100	100/100

续表

比较因素		案例1	案例2	案例3
个别因素	地　势	99/100	98/100	100/100
	建筑物新旧程度	103/100	102/100	103/100
	面　积	103/100	102/100	104/100
	装修情况	104/100	105/100	103/100
	设施设备	102/100	102/100	103/100
	工程质量	102/100	101/100	102/100
	建筑结构	100/100	100/100	100/100
	容积率	98/100	98/100	99/100
	朝　向	99/100	99/100	98/100
比准价格		44 971.29	42 547.09	46 074.97
项目单位面积售价			44 531.12	

(二)总销售收入

项目总销售收入参见表13-12。

表13-12　项目销售收入表

项目销售收入表(万元)					
序号	类　别	建筑面积	可售面积	单位售价	销售收入
1	酒店式公寓	52 000	52 000	44 531.12	231 561.82
2	写字楼	26 000	26 000	42 267.20	109 894.72
3	商　业	42 000	42 000	60 162.95	252 684.40
4	地上停车位		100	400 000	4 000
5	地下停车位		900	380 000	34 200
6	合　计				632 340.94

(三)营业外收入

项目结束后将固定资产变卖可得到固定资产余值58 439.29万元。

二、成本分析

总成本费用主要包括项目投资成本、销售税金及附加费(即两税一费)、土地增值税。经计算,本项目总成本费用为508 233.09万元,其测算具体说明如下:

(一)项目投资成本

经计算,本项目工程投资成本为456 572.08万元,包括土地费用、前期工程费用、基础设施费用、建筑安装工程费用、开发间接费用、管理费用、财务费用、销售费用、其他费用和不可预见费。其中,土地费用、前期工程费用、基础设施建设费用、建筑安装工程费用、公共配套设施费用、开发间接费用、其他费用和不可预见费构成项目开发成本；管理费用、财务费用与销售费用构成项目期间费用。

(二)销售税金及附加

销售税金及附加费亦即两税一费，主要包括营业税、城市维护建设税和教育费附加，按照现行的税率标准，销售不动产的营业税率是5%，城市维护建设税是增值税、消费税和营业税的7%，教育费附加是增值税、消费税和营业税的3%。总体税额为29 510.39万元。

(三)土地增值税

土地增值税以纳税人转让国有土地使用权及地上建筑物和其他附着物所取得的增值额为计税依据，增值额为纳税人转让国有土地使用权及地上建筑物和其他附着物所取得的收入减去除规定扣除项目金额以后的余额。本项目的扣除项目主要有以下几项：

1. 取得土地使用权所支付的金额，在本项目中，土地的取得费用为308 000万元。

2. 开发土地和新建房及配套设施的成本，包括土地拆迁补偿费、前期工程费、建筑安装工程费、基础设施费、公共配套设施费。在本项目中，一共是124 965.24万元。

3. 开发土地和新建房及配套设施的费用，包括销售费用、管理费用和财务费用。本项目中，一共是21 729.65万元。

4. 转让房地产时所交付的税金，本项目中，一共是34 778.75万元。

5. 加计扣除额：按取得土地使用权所支付的金额和开发土地、新建房及配套设施成本的20%扣除，扣除额为86 593.05万元。

因此，扣除部分合计576 066.69万元，项目的增值额为56 274.25万元。增值额未超过扣除部分的50%，应纳税额为16 882.26万元。

三、利润分析

从上述计算可知，本项目预计实现总收入约为690 780.2万元，预计总成本费用为507 669.94万元，利润总额为183 110.3万元，所得税为45 777.57万元，因此，税后利润为137 332.7万元。

四、现金流量分析

项目现金流量分析见表13－13。

表 13－13　现金流量表

序号	项目名称	现金流量(万元)									
		合计	第 0 季	第 1 季	第 2 季	第 3 季	第 4 季	第 5 季	第 6 季	第 7 季	第 8 季
1	现金流入	790 780.30	100 000	0	0	0	0	126 468.19	189 702.28	189 702.28	184 907.50
1.1	销售收入	632 340.94	0	0	0	0	0	126 468.19	189 702.28	189 702.28	126 468.19
1.2	长期借款	100 000	100 000				0	0	0	0	0
1.3	回收固定资产余值	58439.29	0	0	0	0	0	0	0	0	58 439.29
2	现金流出	653 447.50	310 000	3 332.23	3 182.95	4 534.19	3 221.56	6 198.84	8 283.39	8 622.56	306 071.80
2.1	开发建设投资	442 172.10	310 000	1 532.23	1 382.95	2 734.19	1 421.56	4 398.84	6 483.39	6 822.56	107 396.40
2.2	经营税金及附加	34 778.75	0	0	0	0	0	0	0	0	34 778.75
2.3	土地增值税	16 319.11	0	0	0	0	0	0	0	0	16 319.11
2.4	所得税	45 777.57	0	0	0	0	0	0	0	0	45 777.57
2.5	借款本息偿还	114 400.00	0	1 800	1 800	1 800	1 800	1 800	1 800	1 800	101 800.00
3	净现金流量	137 332.80	－210 000	－3 332.23	－3 182.95	－4 534.19	－3 221.56	120 269.40	181 418.89	181 079.72	－121 164.30
4	财务净现值	92 218.86									

五、财务指标分析

项目财务指标分析见表 13－14，该项目季度贴现率为 2.5%。

表 13－14 项目财务指标分析

序号	项目名称	计量单位	基本方案
1	项目总成本	万元	507 669.94
2	经营总收入	万元	690 780.20
3	利润总额	万元	183 110.30
4	所得税	万元	45 777.57
5	税后利润	万元	137 332.70
6	全投资财务内部收益率	%	9.28%
7	全投资财务净现值	万元	92 218.86
8	全投资静态回收期	月	29
9	全投资动态回收期	月	31
10	全投资投资利润率	%	27.05%

第六节 不确定性分析

一、盈亏平衡分析

本次分析以投资成本利润率为分析对象，选取开发完成后的项目单价和项目总成本为因素进行分析。

影响本项目出售部分税前利润的主要因素分别为建筑工程投资、出售价格和出售率等，这些因素受到政治、经济、社会条件的影响，有可能发生变化，影响本项目的经济效益。

经分析可知，当成本增加 24.56% 或者销售收入下降19.72% 时，达到盈亏平衡点；当成本增加 17.64% 或销售收入下降 14.99% 时，项目的税后利润率为 5%；当成本增加 5.87% 或销售收入降低 5.55% 时，项目的税后利润率为 15%；当成本降低 7.94% 或者销售收入增加8.62% 时，项目的税后利润率为 30%，见表 13－15。

表 13-15 盈亏平衡分析

序号	变化因素	基本方案（万元）	变化因素的变化临界点（税后利润率）			
			0.00%	5.00%	15.00%	30.00%
1	项目成本	507 669.94	24.56%	17.64%	5.87%	-7.94%
2	销售收入	632 340.94	-19.72%	-14.99%	-5.55%	8.62%

二、敏感性分析

敏感性分析是通过分析影响项目现金流量的主要因素发生变化时对项目评价指标的影响，从中找出敏感因素，并确定其影响程度。在本项目中，通过以总收入、总投资量为变量，对净现值、投资利润率和内部收益率评价指标的影响进行敏感性分析，该项目季度贴现率为 2.5%，见表 13-16、表 13-17。

（一）投资成本变动的敏感性分析

表 13-16 全投资状况下投资成本变动的敏感性分析

序号	项目名称	单位	敏感性分析结果				
			变化 1	变化 2	变化 3	变化 4	变化 5
			-15%	-10%	0	10%	15%
1	财务内部收益率		16.27%	13.83%	9.28%	4.92%	2.73%
2	财务净现值	万元	181 392.72	151 668.10	92 218.86	32 769.62	3 045.00
3	投资利润率		45.06%	38.39%	27.05%	17.77%	13.74%

（二）销售收入变动的敏感性分析

表 13-17 全投资状况下销售收入变动的敏感性分析

序号	项目名称	单位	敏感性分析结果				
			变化 1	变化 2	变化 3	变化 4	变化 5
			-15%	-10%	0	10%	15%
1	财务内部收益率		1.54%	4.43%	9.28%	13.40%	15.30%
2	财务净现值	万元	-10 787.83	23 547.73	92 218.86	160 889.98	195 225.55
3	投资利润率		11.74%	16.85%	27.05%	37.26%	42.36%

由上述分析可以看出，本项目的稳定性较强，但收入变动的反应比成

本变动的敏感性大，因此，开发商在经营过程中，可以适当扩大广告宣传来提高项目销售的均价，以使项目获得更好的盈利。

三、风险分析

为了确保风险分析的质量，有必要对本项目投资过程中可能存在的风险因素进行科学的分析，使投资决策者更好地把握风险的本质及变化规律，从而采取相应的措施或对策来减少风险损失。

(一)风险类型

1. 自然风险。自然风险是指由于自然因素的不确定性对房地产商品的生产过程和经营过程造成的影响，以及对房地产商品产生直接破坏，从而给房地产开发商和经营者造成经济上的损失。自然风险因素主要包括：火灾风险、风暴风险、气温风险、洪水风险和雪灾风险。

2. 政策风险。政策风险是指由于政策的潜在变化给房地产市场中商品交换者与经营者带来各种不同形式的经济损失。政府的政策对房地产的影响是全局性的，因而，由于政策的变化而带来的风险将对房地产市场产生重大影响。所以，应该密切关注房地产政策的变化趋势，以便及时处理由此而引发的风险。

3. 经济风险。经济风险主要是指一系列与经济环境和经济发展有关的不确定因素，包括：市场供求风险、财务风险、地价风险、融资风险、管理风险、工程招投标风险、国民经济状况变化风险等。

4. 社会风险。社会风险主要是指由于人文社会环境因素的变化对房地产市场产生影响，从而给从事房地产商品生产和经营的投资者带来损失的可能性。房地产市场的社会风险因素主要有城市规划风险、区域发展风险、公共干预风险、住客干预风险、治安风险等。

5. 技术风险。房地产技术风险是指由于科学技术的进步、技术结构以及相关变量的变动给房地产开发商和经营者可能带来的损失。这主要包括：建筑材料改变和更新的风险、建筑施工技术和工艺革新的风险、建筑设计变动或计算失误的风险、设备故障或损坏的风险、建筑生产力因素短缺风险等。

(二)风险控制

及早地发现或预测到这些风险并采取有效的措施，能够化解或缓和、减轻、控制这些风险。房地产投资的成功在很大程度上依赖于对风险的认识和管理。该项目控制风险的方式主要有以下几项：

1. 通过加快进度来回避风险。开发经营周期越长，项目建成以后的经济形势就越难预测。所以，回避房地产开发经营风险的办法就是加快完成开发项目。针对本项目，应采取提高选址的速度、利用经济手段和法律手段来保证拆迁工作的顺利进行，采用招投标的方式和建设单位签订具有法律效应的承包合同，以保证资金的充分供应，与建筑材料等物资的供应商签订施工材料供应合同，这样可以避免相关风险的发生。

2. 通过市场调查降低风险。通过市场调查，获得尽可能多的信息，从而使决策建立在科学的基础上，包括投资项目的选择、区位的选择、时机的选择、融资的选择、租售的选择等，将不确定性降低到最低限度，以便较好地控制房地产投资过程中的风险。

3. 通过加强管理来控制风险。良好的项目管理是项目顺利建成的重要保证，从投资开发来看，项目全过程的投资、进度和质量是重点。聘请有经验的房地产专家进行指导是非常有必要的，可以有效地减少经营费用，提高收益水平，进而降低并控制风险。

第七节　综合评价

一、社会评价

(一)对就业效益的影响

本项目的实施将提供更多的直接和间接的就业机会。首先，项目开发阶段房屋的建设、市政基础设施的建设、绿地的建设等工作都将产生直接和间接就业机会；其次，建成后的项目将形成新的消费和市场需求，会增加服务行业的就业岗位。

本项目的建设及其后期管理还将吸纳一定数量的管理人员、后勤保障人员就业，这对于缓解社会就业压力，特别是对促进周边地区居民的就业十分有利。

(二)对环境效益的影响

项目的实施将对环境效益产生积极的影响，营造出一个健康的购物、旅游、生活空间。并且，本项目的实施有利于美化区域环境，促进地区环境质量的改善。

(三)对政府财政的影响

通过对本项目的投资建设,可增加地方财政收入,带动本地区及周边地区的经济增长。

(四)对区域发展的影响

本项目的实施可以实现土地合理利用,优化和整合土地资源,提升周边土地价值,满足本区域经济发展和城市建设用地的需要。

项目区将形成现代化的商业圈,良好的区域环境、便捷方便的交通、合理的规划布局、新颖的建筑形式以及健全的配套功能,有助于提高区域成熟度,体现高品质的区域形象,为人们整体生活质量和生活品位的提升创造条件,提高人民物质文化生活水平及社会福利。具体情况参见表 13-18。

表 13-18 项目对社会的影响

社会因素	影响范围程度	可能带来的影响
对居民就业的影响	对设计院、施工单位、物业管理公司和商家等产生影响	提高居民就业率
对相关群体的影响	项目投资经营方、项目出售对象、管理方、政府部门	项目投资经营方获得较大利润,提高了居民的生活质量
对文化气氛的影响	文化、教育、卫生的各个方面,影响范围较广	增添文化气氛,形成健康、卫生的生活购物环境
对生活水平的影响	影响周边居民、学生、酒店式公寓住户,以及写字楼工作人员	改善了周边小区的生活环境和购物环境

二、环境评价

(一)施工期环境影响分析

1. 施工期污染源

(1)施工期噪声污染源。施工期的噪声主要来源于施工现场的各类机械设备和物料运输的交通噪声。施工场地噪声主要是施工机械设备的噪声、物料装卸碰撞噪声以及施工人员的活动噪声。物料运输的交通噪声主要是各施工阶段物料运输车辆引起的噪声。本项目运输车辆安排应尽量避开居民楼。

(2)施工期扬尘。施工期扬尘主要来自土方的挖掘扬尘及现场堆放扬尘;建筑材料(白灰、水泥、沙子、石子、砖等)的现场搬运及堆放扬尘;施工垃圾的清理及堆放扬尘;人来车往造成的现场道路扬尘。

(3)施工期废水污染。施工期产生的废水包括施工人员的生活污水和施工本身产生的废水,施工废水主要包括土方阶段降水井的排水,结构阶段混凝土养护排水,以及各种车辆冲洗水。

(4)施工期固体废弃物。施工期固体废弃物主要为施工人员的生活垃圾、施工渣土及损坏或废弃的各种建筑装修材料。

2. 施工期环境影响分析。根据噪声污染源分析可知,由于施工场地的噪声源主要为各类高噪声的施工机械,这些机械的单体声级一般均在 80dB 以上。由于土石方过程破坏了地表结构,会造成地面扬尘,污染环境,其扬尘量的大小与诸多因素有关,是一个复杂的问题。

通过对施工期环境影响的分析,施工期主要污染为噪声与扬尘,为减少其污染,应做到:①现场施工中,建筑材料的堆放及混凝土拌和应定点、定位,并采取防尘措施,设置挡风板。施工期间尽量选用烟气量较少的内燃机和车辆,减少尾气污染,施工道路经常保持清洁、湿润,以减少汽车轮胎与路面接触而引起扬尘污染,同时车辆应限速行驶;混凝土搅拌等高噪声作业及施工车的进出口,尽可能远离居民住宅,施工车场地尽量平整,减少颠簸声,以减少施工噪声对居民生活的影响。②施工中做到无高噪声及爆炸声,打桩时不在夜深人静的时候进行,吊装设备噪声满足环保要求。③施工中不产生超标准的空气污染,环保措施与工程进度做到“三同时”,即:项目的主体工程应与环境治理设施同时设计、同时施工、同时交付使用。④建筑垃圾及时清理,文明施工;地块周围树立高于 3 米的简易屏障,或者在使用的机械设备旁树立屏障,减少施工机械的噪声。

(二)项目建成后对环境的影响

项目建成后,污染源主要是燃料燃烧废气、生活污水和生活垃圾。

1. 大气污染源分析。本项目有 900 个地下停车位,停车场设有三个出入口,车库内废弃排放高度为 2.8 米,排放量约 9 000 立方米每小时。

项目的供暖和酒店式公寓以及商业餐饮的炊事均采用天然气,因此天然气燃烧废气也是项目建成后大气污染的重要组成部分。

2. 水污染源分析。拟建项目的水污染主要是生活污水,污水类型包括细雨排水、冲厕排水和厨房污水。预计生活耗水量每天约 550 立方米。

3. 生活垃圾。这主要是居民及办公人员在生产生活中产生的垃圾。

为了减少项目建成后给环境带来的危害,在加强小区绿化的同时,实施"公众参与"制度,即:采纳公众对拟建项目的各种意见、建议和要求,贯彻于整个环境影响评价中,增强公众与项目建设方的相互了解,弥补环境影响评价过程中可能存在的疏漏,制订出严格的环境监管措施与实施计划,使该项目的规划设计更加完善合理,增强项目的综合效益。

第八节 结论与建议

一、结论

本项目的建设有利于中关村科技园区周边环境的整治和土地资源的优化配置,进一步满足了中关村西部地区高科技企业对写字楼项目的需求,有利于改善中关村地区市政基础设施,提升首都城市形象,因此,该项目的建设是必要的。

按目前的规划条件和市场情况,从较保守的情况估算,本项目的建设期为两年,回收期为14个月。本项目具有良好的经营效益和盈利能力,从整个经营过程看,项目在保证正常销售的前提下,可以实现财务平衡。本项目预计实现总收入约为690 780.2万元,预计总成本费用为507 669.94万元,利润总额为183 110.3万元,所得税为45 777.57万元。

总体来看,项目是可行的。

二、建议

关注项目进程中的投资、质量、进度计划,注重可能发生的不利条件及变化因素的预测,以保证项目按期完成。

具体注意如下几方面事项:加快项目运作进度,以避免市场变动带来的收益风险;要做精品,应设计出标志性、有品位的产品;统一调配资金和物资,准备好抗风险资金;项目成本须合理控制,以保留应对市场降价的空间。

(注:本案例仅供教学参考,其中部分系数和参数的确定和采用在实际情况的基础上进行了修正和调整)

参考文献

[1] 董黎明,胡健颖.房地产开发经营与管理[M].北京:北京大学出版社,1995.

[2] 柴强.房地产估价[M].6版 北京:首都经济贸易大学出版社,2008.

[3] 苗晋平.现代房地产投资管理[M].北京:中国经济出版社,2005.

[4] 刘洪玉.房地产开发[M].北京:首都经济贸易大学出版社,2006.

[5] 刘秋雁.房地产投资分析[M].3版,大连:东北财经大学出版社,2011.

[6] 陆红生.不动产投资分析[M].北京:中国大地出版社,1996.

[7] 黄贤金,等.房地产企业经营管理[M].上海:上海财经大学出版社,2000.

[8] 刘正山.房地产投资分析[M].3版,大连:东北财经大学出版社,2010.

[9] 刘宁.房地产投资分析[M].大连:大连理工大学出版社,2009.

[10] 韩立英.土地使用权评估[M].北京:中国人民大学出版社,2003.

[11] 沈建忠.房地产基本制度与政策[M].北京:中国建筑工业出版社,2011.

[12] 申立银,俞明轩.房地产市场风险[M].天津:天津大学出版社,1996.

[13] 俞明轩,丰雷.房地产投资分析[M].北京:中国人民大学出版社,2002.

[14] 贺志东.房地产开发企业纳税筹划[M].北京:机械工业出版社,2003.

[15] 潘蜀健.房地产项目投资[M].北京:中国建筑工业出版社,1999.

[16] 孟晓苏.房地产投资与交易[M].北京:中国大地出版社,1993.

[17] 王振中,汪利娜.房地产投资、运作及技巧[M].北京:经济日报出

版社,1992.

[18] 张仲敏,任淮秀.投资经济学[M].北京:中国人民大学出版社,1994.

[19] 武献华,宋维佳,屈哲.工程经济学[M].大连:东北财经大学出版社,2002.

[20] 彭俊,刘卫东.房地产投资分析[M].上海:同济大学出版社,2004.

[21] 尹伯成,边华才.房地产投资学[M].上海:复旦大学出版社,2002.

[22] 丁芸,谭善勇.房地产投资分析与决策[M].北京:中国建筑工业出版社,2005.

[23] 董藩,刘正山.新编房地产投资学[M].大连:东北财经大学出版社,2004.

[24] 牛凤瑞.中国房地产发展报告[M].北京:社会科学文献出版社,2007.

[25] 刘佐.中国税制概览[M].北京:经济科学出版社,2011.

[26] 亨利·马尔科姆·斯坦纳.工程经济学原理[M].北京:经济科学出版社,2000.

[27] 摩利·塞尔丁.房地产投资策略.中国房地产开发总公司调研室,1989.

[28] 迈克·E.米勒斯.房地产开发原理与程序[M].北京:中信出版社,2003.

[29] 查尔斯·F.弗洛伊德.房地产原理[M].上海:上海人民出版社,2005.

[30] 盖伦·E.格里尔.房地产投资决策分析[M].上海:上海人民出版社,2005.

图书在版编目(CIP)数据

房地产投资分析/俞明轩编著. —3版(修订本). —北京:首都经济贸易大学出版社,2012.2

(房地产经营管理丛书)

ISBN 978-7-5638-0932-5

Ⅰ.①房… Ⅱ.①俞… Ⅲ.①房地产—投资—分析 Ⅳ.①F293.35

中国版本图书馆CIP数据核字(2004)第074539号

房地产投资分析(修订第三版)

俞明轩 编著

出版发行 首都经济贸易大学出版社

地　　址 北京市朝阳区红庙(邮编100026)

电　　话 (010)65976483 65065761 65071505(传真)

网　　址 http://www.sjmcb.com

E-mail publish@cueb.edu.cn

经　　销 全国新华书店

照　　排 首都经济贸易大学出版社激光照排服务部

印　　刷 北京地泰德印刷有限责任公司

开　　本 787毫米×960毫米 1/16

字　　数 387千字

印　　张 22

版　　次 2004年9月第1版 2008年7月修订第2版

2012年2月修订第3版 2012年2月总第5次印刷

印　　数 14 001~19 000

书　　号 ISBN 978-7-5638-0932-5/F·520

定　　价 35.00元

图书印装若有质量问题,本社负责调换